KB097310

Adventures
in Stationery

문구의 모험

문구의 모험

제임스 워드 지음 | 김병화 옮김

〔차례〕

—————

—————

일러두기
• 본문에 ◈ 기호로 표기된 주석은 모두 옮긴이주다.

완벽한
디자인의 본보기

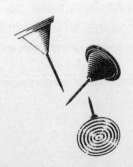

종이 클립을 생각하면 그 구체적인 모양이 금방 머릿속에 떠오른다. 끝이 둥근 이중의 고리, 트롬본 같은 모습으로 휘어진 철사. 하지만 그것은 클립의 한 종류인 젬 클립의 모습이다. 젬 클립은 젬 리미티드라는 영국 회사에서 따온 이름이다. 그 회사는 클립의 발명자와 직접 관련은 없지만 회사 이름이 클립의 대명사가 될 정도로 판매 면에서는 뛰어난 수완을 발휘했다. 다른 종류의 클립도 여러 가지 있다. 그런데도 어째서 우리는 그것을 누가 발명했는지 제대로 알지 못할까?

나는 영국 서리 주의 소도시인 우스터파크에서 자랐다. 어렸을 때는 정기적으로 중심가에 있는 문구점인 파울러스Fowlers에 가곤 했다. 언제 가도 이 가게에는 재미있는 것이 많았다. 언덕길 초입에 있는 더 큰 문구점인 WH스미스WHSmith에서도 한참씩 얼쩡거리며 펜을 구경하곤 했지만 뭔가 아쉬운 점이 있었다. 파울러스는 문구류를 더 진지하게 다루는 것 같았다. WH스미스에는 책과 잡지도 있었고 장난감과 간식거리, 비디오도 있었다. 파울러스는 문구류에 더 집중했다. 파울러스는 WH스미스에서는 팔지 않는 클립과 꼬리표tag를 여러 종류 판매했다. 그곳에는 풀스캡 서스펜션 파일foolscap suspension file 이 있었다. 사무용품, 그러니까 어른들이 쓰는 물건들이다. 그곳은 조용했다. 묵직한 분위기. 도서관과 좀 비슷했다. 아니, 적어도 이쪽 절반은 그랬다. 다른 쪽 절반은 카드와 포장지, 값싼 선물용품이 차지하고 있었다. 그쪽에는 흥미가 없었다. 하지만 이쪽 절반, 펜과 연필 판매대는 언제나 넋을 잃게 만들었다. 나는 이런 물건을 뒤적거리면서 한참씩 그곳에 서있곤 했다. 물건을 집어 들고 손 안에서 굴려보면서 가끔은 뭔가를 사기도 했다.

풀스캡은 가로 세로 13.2×17인치 크기의 종이 규격을 지칭하는 말로, 이런 파일을 행잉 파일hanging file이라고도 한다.

2, 3년 전에 파울러스에 다시 들렀는데 여전히 내 기억과 똑같았다. 변한 것은 거의 없었다. 심지어 계산대에 있는 남자도 같은 사람이었다. 사야 할 물건은 없었지만, 나는 상점 안을 이리저리 돌아다니면서 이런저런 것들을 구경했다. 기록용 카드(실바인 제품, 204×127밀리, 줄 쳐진 것) 상자 뒤쪽에서 촌스러운 상자가 하나 보였다. 사방 15센티미터 길이에 높이는 5센티미터가량의 정사각형 상자. 윗면에는 선명한 분홍색 바탕에 흰 글씨로, '벨로스VELOS 1377-회전식 탁상용 문구류 정리함'이라고 적혀 있었다. 아래쪽에는 문구함의 그림이 그려져 있고 그 옆에는 조금 작은 글씨로 '뚜껑 달린 6절식'이라고 씌어 있었다. 집어 들었다. 벨로스라는 이름은 한 번도 들어본 적이 없었는데, 상자를 보니 그럴 만도 했다. 이 문구함은 십중팔구 나보다 나이가 많을 테니까. 얼핏 보아도 그 상자는 1970년대 후반쯤 만들어진 것이 분명했다. 먼지가 덮여 있었다. 오랫동안 집어 든 사람도 없었던 모양이다. 계속 잊힌 채로 선반 뒤쪽에 처박혀 있었던 것이다. 이건 내가 가져야 했다. 계산대로 가져갔다. 계산대에 앉은 남자가 바코드를 찾았지만 어디에도 없었다. 그러니까 이건 바코드 스캐너를 쓰기 전에 생산된 물건이라는 뜻이다. 다행히 한쪽 구석에 색이 바랜 가격표가 붙어 있었다. 5.10파운드. (이게 원래 가격일 수는 없지 않을까? 그 당시 이 가격이라면 너무 비싼데. 가격표가 언제 바뀌었을까?) 계산대의 남자가 어깨를 으쓱하더니 가격을 입력했고, 내가 돈을 지불하자 작은 장부에 적었다.

집에 가서 그 상자를 조심스럽게 풀어보았다. 종이 상자를 찢고 싶지 않았다. 그 안에 그게 있었다. 1377-회전식 탁상용 문구류 정리함.

문구함은 흠집 하나 없었다. 놀랍지도 않았다. 오래되기는 했지만 완전한 새 제품이었으니까. 작고 둥글고 '고강도 스티렌으로 만들어진' 그것은 투명한 뚜껑이 덮여 있어서 여섯 칸의 칸막이가 그대로 보였다. 원형 문구함은 '온갖 자잘한 문구류'를 담을 칸이 여섯 개 있고, 가로로 자른 자몽 단면과 좀 비슷해 보였다. 뚜껑에는 칸과 같은 크기의 구멍이 하나 있고 미닫이식 덮개가 달려 있다. 여섯 칸에 뭐든 필요한 것을 담아두었다가 뚜껑을 돌려 원하는 물건이 담긴 칸에 구멍을 맞춘 다음 종이 클립이나 압정 같은 것을 꺼낼 수 있다. (상자에는 빈 문구함이 그려져 있다. '실제 사용례'는 없다. 벨로스 고객들은 각자 독창성을 발휘해야 한다.)

나는 문구함을 조심조심 채웠다. 첫 칸에는 종이 클립 67개가 들어갔다. 이런 클립을 언제 샀는지, 아니면 누구에게 얻었는지 기억나지 않았고 클립 자체는 아무 힌트도 주지 않았다. 이 말이 너무 모호하더라도 용서해주기 바란다. 여러분이 이런 무심한 태도를 꾸짖을까봐 미리 말해두지만 나는 내가 자라온 환경의 산물일 뿐이다. 우리는 다들 문명인이라고 주장하지만 사실은 너무나 무례하고 오만해서 누가 이런 클립을 발명했는지 제대로 기록해둘 생각조차 하지 않은 사람들이니까.

클립의 아버지들

종이 클립을 생각하면 그 구체적인 모양이 금방 머릿속에 떠오른다. 끝이 둥근 이중의 고리, 트롬본 같은 모습으로 휘어진 철사. 하지만 그것은 클립의 한 종류인 젬 클립의 모습이다. 젬 클립은 젬 리미티드 Gem Limited라는 영국 회사에서 따온 이름이다. 그 회사는 클립의 발명자와 직접 관련은 없지만 회사 이름이 클립의 대명사가 될 정도로 판매 면에서는 뛰어난 수완을 발휘했다. 다른 종류(어떤 이들의 표현에 따르면 더 나은 종류)의 클립도 여러 가지 있다. 그런데도 어째서 우리는 그것을 누가 발명했는지 제대로 알지 못할까? 한 가지 문제는 종이 클립의 형태와 구조가 너무 다양하다 보니, 자신이 발명자라고 주장하는 사람도 너무 많다는 것이다. 서로 자기가 발명자라고 주장하고 그에 따라 낭설이 난무한다. 대개 종이 클립은 1899년 요한 볼레르 Johann Vaaler(1866~1910)라는 노르웨이 발명가가 발명한 것으로 알려져 있다. 그가 신청한 특허(독일에서는 1899년에, 미국에서는 그 2년 뒤에 제출됨)는 "용수철 재질로 만든 클립. 장방형이나 삼각형 등의 모양으로 철사를 구부려서 고리를 만든 다음 고리의 한쪽 끝이 반대쪽 끝의 안쪽에서 서로 마주 보며 겹치게 만든 형태"의 클립을 위한 것이었다. 그가 특허 신청서에 첨부한 그림을 보면 젬클립과 약간 비슷하지만 '초기 사무용품 박물관Early Office Museum' 웹사이트(내가 제일 좋아하는 인터넷 사이트)가 통명스럽게 설명하듯이 "그의 디자인은 최초의 것도 아니고 중요하게 취급되지도 않았다".

종이 클립의 아버지라는 영예는 볼레르의 사후에 수여된 것이다. 그리고 그 이야기는 점점 발전하여 노르웨이에서는 그가 민중의 영웅 같은 존재로 변신했다. 나치 점령 당시 노르웨이 사람들은 저항의 상징으로 그 클립을 달고 다녔다. 이는 볼레르가 노르웨이인이라는 사실과는 상관없이(볼레르의 특허 신청서가 1920년대에 다시 발견되었지만 그가 종이 클립의 발명가라는 믿음이 널리 퍼진 것은 한참 뒤의 일이었다) 종이를 한데 묶어주는 클립의 기능이 점령군에 대항하여 한데 뭉치자("우리는 함께한다")는 경각심을 일깨워주는 표시로 사용된 것이었다. 전후에 볼레르가 클립을 발명했다는 믿음이 퍼지기 시작했다. 처음에는 노르웨이의 백과사전에 그 이야기가 실렸다가 레지스탕스 이야기와 섞여 종이 클립이 국가적 상징 비슷한 지위로 끌어올려졌다. 1989년 BI 비즈니스 스쿨은 산드비카 캠퍼스에 볼레르를 기리는 7미터 높이의 종이 클립 조각상을 세웠다(나중에 이 조각은 오슬로 캠퍼스로 옮겨졌다). 그러나 그 조각은 볼레르가 처음 특허를 신청했던 원래 클립 디자인이 아니라 변형된 젬 클립 모양으로 만들어졌다(클립의 한쪽 끝이 살짝 네모난 형태). 이와 비슷하게 10년 뒤에 노르웨이에서 볼레르 기념우표가 발행되었을 때도 그의 사진 옆에 그려진 것은 그가 디자인한 클립이 아니라 젬 클립이었다(비록 배경에는 그의 특허 신청서가 그려져 있지만).

형태상 볼레르의 디자인보다 젬 클립과 더 가까운 것은 매슈 스쿨리Matthew Schooley가 1898년에 특허를 신청한 '종이 클립 또는 홀더'였다. 스쿨리의 디자인은 특허 신청서에서 그가 설명한 대로 당시 사용되던 클립들을 개량한 것이었다.

저의 발명품보다 먼저 만들어진 종이 클립들이 일반적인 구상 면에서는 제 것과 비슷하다는 것을 알고 있습니다. 하지만 제가 아는 한, 종이에서 클립이 튀어나와 손에 걸리는 단점이 없는 것은 하나도 없습니다.

볼레르의 디자인은 철사를 평면상에서 구부린 것이지만 스쿨리의 디자인은 철사를 나선형으로 꼬아올린 입체적인 디자인이었기 때문에 "한데 묶인 종이에 납작하게 달라붙어서 불편하게 튀어나오거나 삐죽하게 솟아올라 손에 걸리는 일이 없다". 게다가 스쿨리는 "종이를 찌르거나 구기지 않는 구조"로 되어 있다고 덧붙였다. 분명 개량되기는 했지만 아직은 젬 클립의 수준에 도달하지 못했다.

젬 클립과 같은 유형의 클립이 최초로 특허 신청된 것은 1899년이었다. 윌리엄 미들브룩William Middlebrook은 "핀 대신 종이를 고정시키거나 철해주는 철사 클립" 자동 제조기의 특허를 신청하고, 그 기계로 제조된 클립의 "일반적 형태와 특성"을 보여주는 그림을 신청서에 첨부했다. 이 그림에 나온 클립은 확실히 젬 클립과 같은 유형의 디자인이지만 클립 자체는 특허 신청에 포함되지 않았다. 그저 그 기계가 어떤 물건을 만드는지 보여주기 위한 예시에 불과했다. 사실 젬 클립은 그 특허가 신청되기 10년 전에 이미 알려져 있었다. 헨리 페트로스키 Henry Petroski 교수(《포크는 왜 네 갈퀴를 달게 되었나Evolution of Useful Things》의 저자)는 그의 저서에서 1883년 출간된 아서 펜Arthur Penn의 《가족 서재 Home Library》를 인용하는데, 그 책에는 "같은 주제의 종이와 편지, 또는 원고를 한데 묶어주는" 기능면에서 다른 제품보다 우수하다고 젬클립을 칭찬하는 구절이 등장한다.

이름이 전해지지 않은 누군가가 스쿨리와 볼레르보다 먼저 젬 클립을 발명했지만 그보다도 먼저 나온 종이 클립 디자인이 여러 종 있었다. 종이 클립의 발명자로 흔히 알려진 또 한 사람은 새뮤얼 페이Samuel B. Fay지만 그가 원래 클립을 개발하면서 철하려던 것은 종이가 아니었다. 그가 1867년에 만든 디자인은 '표 묶는 죔쇠Ticket Fastener'로 쓰려던 것이었다. 즉 섬세한 옷감에 핀으로 이름표나 가격표를 붙이면 옷감에 구멍이 나고 흠집이 생기기 때문에 핀을 대신하기 위해 만든 물건이었다(비록 그가 메모에서 이 클립으로 종이 두 장을 한데 철할 수도 있다고 설명했지만). 페이의 클립은 철사를 구부려서 양쪽 끝을 꼬거나 서로 엇갈리게 해서 용수철 같은 고리를 만드는 방식이었다. 이 디자인은 내 벨로스 문구함의 두 번째 칸을 채우고 있는 황동제 프리미어-그립 크로스오버 클립Premier-Grip Crossover Clip과 동일하다.

진화의 조건

1904년 철학자 허버트 스펜서Herbert Spencer는 자서전에서 자신이 이미 1846년에 '묶는 핀binding pin'을 발명했다고 주장한다. 오늘날 '적자생존'이라는 말의 창시자로 유명한 스펜서는 발명가 노릇도 좀 했던 모양이다. 그 물건은 신문이나 정기간행물 같은 '실로 제본하지 않은 인쇄물'을 한데 묶어 읽기 편리하게 해주는 도구였다(신문 중간을 접은 다음 맨 위쪽과 맨 아래쪽에 핀을 하나씩 꽂으면 종잇장이 흩어지지 않게 고정된다). 스펜서는 애커먼 사Ackermann & Co.와 함께 그런 핀을 제작 판매하는 계약서에 서명했다. 첫해에 핀의 판매고는 대략 70파운드 정도(오늘날의 화폐 가치로는 6150파운드)였지만 그 뒤에는 판매량이 급락했다. 처음에 스펜서는 제품이 팔리지 않는 이유를 애커먼 사 탓으로 돌렸지만("아마 사업가로서 수완이 없었던 애커먼 씨의 잘못이 아닌가 싶다. 그는 오래지 않아 자포자기하여 권총 자살했다") 나중에는 새것을 원하는 대중의 "미친 듯한 욕구"가 너무나 "무분별해서 좋은 물건들이 계속 용도 폐기되고 질 나쁜 물건들이 새것이랍시고 등장하는 상황 때문"이라고 주장했다. 어차피 적자생존인 것이다.

이런 도구가 나오기 전에는 직선형 핀으로 종이를 고정시키곤 했다. 그러나 핀에는 여러 가지 문제가 있었다. 주된 문제는 핀을 쓰면 종이에 구멍이 생긴다는 점이었다. 전혀 이상적인 방법이 아니었다. 이 문제를 피할 수만 있다면 분명 개선책이 된다. 또 끝이 핀처럼 날카롭지 않다면 손가락도 덜 다칠 것이다. 돌이켜보면 페이가 고안한 클립은 그런 면에서 기존의 핀이 갖는 문제점을 확실하게 개량한 것이어서 왜 진작 고안되지 않았는지 의아할 정도였다. 하지만 이 의문, 즉 '왜 이전에는 그런 생각을 못했을까?'라는 의문은 디자인 과정의 근본적인 진실을 간과하고 있다. 당시 사무용품의 '생태계'에서는 직선 핀이 아주 효능이 좋았다는 사실 말이다. 그렇다, 핀에 문제는 있었지만 다른 대안이 없는 상황에서 핀에 대해 불평할 이유는 없었던 것이다. 핀을 개량할 이유도 없었다. 그 자체로 만족스러웠으니까. 핀이 진화하려면 핀이 존재하고 있던 생태계가 먼저 변해야 했다. 19세기 후반에 그 생태계를 바꾸고 새로운 종種, 즉 종이 클립이 등장하게 만든 사건이 셋 있었다.

무엇보다도 종이 클립이 존재하기 위해서는 클립이 제 기능을 발휘할 만큼 탄성을 가진 강철 철사를 만드는 기술이 필요했다. 둘째, 이런 철사 클립의 가격이 대중이 받아들일 수 있는 수준이어야 했다(핀 때문에 종이에 구멍이 나면 언짢기는 하겠지만 핀 대용물이 너무 비쌌으므로 이 정도의 미적인 단점은 기꺼이 받아들여졌다). 마지막으로, 위의 두 사건을 가능하게 했던 산업화의 부산물인 관료주의가 급성장해야 했다. 사무실 환경이 탄생했고 새로운 하부구조가 필요해졌다. 서류 작업이 더 많아지면서 새로운 조직 방식이 필요해졌다. 그리하여 종이 클립의 시대가 열렸다.

완벽한 디자인의 본보기

앞의 요건들 가운데 어느 것도 특정 장소에만 국한된 것이 아니었기 때문에 19세기 후반 수많은 나라에서 수많은 디자인이 거의 동시에 등장했다고 해도 놀랄 일은 아니다. 1867년 이후 금속 조각으로 두 장 이상의 종이를 한데 묶어줄 가장 좋은 방법이 무엇인지 탐색하던 수많은 발명가가 엄청난 수의 특허를 제출했다. 그중 '유레카Eureka' 클립이 있었다. 그 클립은 조지 파머George Farmer가 1894년에 특허를 얻은 것으로, 얇은 금속판을 잘라서 만든다. 유레카 클립은 분할된 타원 형태로, 중앙에 종이를 한데 잡아두는 다리가 달려 있다. 1895년에 특허 신청된 '유틸리티Utility' 클립은 구식의 고리 손잡이와 비슷한데, 몸체가 뒤로 접힌다. 기본적으로 페이의 클립 두 개를 합친 모양인 '나이아가라Niagara' 클립은 1897년에 특허가 신청되었다. 같은 해에 특허 신청된 '클리퍼Clipper' 클립은 나이애가라 클립을 뾰족하게 만든 것이고 '웨이스Weis' 클립은 1904년에 특허 신청된 것으로 이등변삼각형 안에 또다시 이등변삼각형이 들어 있는 형태다. '헤라클레스 리버시블 종이 클립Herculean Reversible Paper Clip'이라는 거창한 이름이 붙은 클립은 철사를 살짝 흐늘거리는 이등변삼각형 모양으로 구부린 것이며, '리걸Regal' 혹은 '아울Owl' 클립은 아주 작은 직육면체 새장에 꽉 끼어버린 올빼미처럼 기묘한 모습이다. 그리고 '아이디얼Ideal' 클립은 나비 모양의 복잡한 철사 제품으로 1902년에 특허를 얻었다. 이런 목록은 얼마든지 계속된다. '링클립Rinklip', '모굴Mogul', '데니슨Dennison', '이지온Ezeon' 등.

조지 맥길George McGill이라는 사람은 1902년에서 1903년 사이에 새로운 종이 클립 디자인으로 특허를 10여 개나 얻었다. 그는 분명히 문구류에 강박적으로 집착하는 불안정한 성품이었을 것이다(그는 종이 죔쇠paper fastener, 티켓 홀더, 스테이플러stapler도 디자인했다). 상상하건대 그는 아마 봉투 뒷면이나 종잇조각 같은 곳에 끊임없이 새로운 디자인을 이리저리 그려댔을 것이고 그의 아내는 함께 침대에 누웠을 때나 식사할 때도 남편의 마음이 항상 완벽한 클립 디자인을 찾아 헤매고 있을 것이라는 의심 때문에 좌절하고 절망하지 않았을까. 그는 자신의 꿈에 얼마나 다가갔을까? 어느 정도는 성공했던 것 같다. 맥길 때문에 상황이 너무 혼란스러워지자 초기 사무용품 박물관은 1902년 이전까지의 종이 클립 디자인만 소개하고 있다.

◆ 사실 페이퍼 패스너는 스테이플러와 동일한 품종이다. 국내에서 스테이플러의 동의어처럼 쓰이는 호치키스는 원래 호치키스 페이퍼 패스너Hotchkiss Paper Fastener 라는 상품 이름이었는데, 워낙 많이 쓰이다 보니 거의 보통 명사처럼 되어버린 경우다.

19세기 후반에 등장한 다양한 클립 디자인

1902년 이전에 특허받은 종이 클립 가운데 실제로 생산되었다는 증거가 있는 것들만 이곳에 소개했다. 제한 시점을 그 연도로 정한 것은 1903년에 종이 클립의 특허가 13종이나 났기 때문이다. 그중 10개는 조지

W. 맥길이라는 한 발명가가 따낸 특허였다. 맥길이 만든 밴조Banjo 종이 클립을 제외한 다른 디자인이 제작되거나 홍보되었다는 증거는 발견되지 않았다.

맥길의 디자인 가운데 많은 수가 특허를 등록하는 단계 이상으로 나아가지 못한 것은 사실이지만 초기 사무용품 박물관이 그를 대하는 태도는 조금 불공정하다. 그가 1903년에 등록한 디자인 가운데 적어도 하나는 더 생산되었다. 내 책상 위에 있는 링클립 한 상자가 그 증거다(상자에는 "특허권자 조지 W. 맥길, 1903년 6월 23일과 11월 17일"이라고 적혀 있다).

이 정신없는 실험의 시기에도 젬 클립같이 좁은 이중 루프 형태는 종이 클립 디자인으로 가장 오래 살아남았다. 완벽한 디자인의 본보기로 흔히 인용되기도 했던 이 클립은 뉴욕 현대미술관MoMA과 독일의 비트라 디자인 박물관Vitra Design Museum에도 전시되었다. '파이돈 디자인 클래식스Phaidon Design Classics' 시리즈의 편집자인 에밀리아 테라니Emilia Terragni는 그 종이 클립을 자신이 제일 좋아하는 물건 중 하나로 꼽았다.

그 종이 클립은 디자인의 정수를 담고 있기 때문이다. 디자인이 아름답고 작동 방식이 단순하며 100년 동안 변하지 않은 어떤 요소가 있다. 지금도 마찬가지다. 여전히 매우 기능적이고 누구나 그것을 쓴다.

하지만 많은 사람의 주장처럼 젬 클립이 정말로 완벽한가? 클립 디자인의 아름다움에 관한 글들은 언제나 클립의 본래 디자인을 논할 뿐 실제 사용되는 모습을 소개하지는 않는다. 실제로 종이를 철하는 용도로 사용되면 그 고전적인 형태의 절반은 종이 뒤에 가려진다. 아주 두꺼운 자료를 철하다 보면 모양이 비틀어지고 구부러질 수 있다. 젬 클립은 디자인의 단순성이 높이 평가되는 바람에 그 기능적 품질은 여러 면에서 과장되어왔다.

디자인이 100년 동안 변하지 않았다는 주장에도 의문의 여지가 있다. 오늘날 구할 수 있는 종이 클립은 1890년대 광고에 등장하는 것들과 매우 비슷하다. 하지만 젬 클립과 여러 성질을 공유하지만 여기저기 미묘하게 변형된 종이 클립도 많다. '입술형lipped' 클립을 구할 수도 있다. 그런 유형은 안쪽 루프의 아랫부분이 높아서 종이에 클립을 끼우기가 더 쉽다(이 아이디어는 조지 맥길이 1903년에 특허 출원한 이후 사용되어왔다). 또 다른 변형은 1934년 헨리 랭크노Henry Lankenau가 디자인한 '고딕Gothic' 클립이다. 고전적인 젬 클립은 끝이 둥근 로마네스크식이지만 고딕 클립의 끝은 종이 윗부분에 평행하게 놓이고 끼우기가 더 쉽도록 사각형이다. 골판지형 클립은 마찰력이 커서 쉽게 빠지지 않는다. 이런 차이들은 사소하지만 분명 변화였다. 최근 문구점 체인 리먼Ryman에서 훑어본 바로는 여러 종류의 종이 클립 가운데 순수한 젬 클립 방식과 변형된 방식이 차지하는 비중은 대략 50대 50 정도였다.

그렇다면 젬 클립이 완벽함의 대표자라는 통념은 왜 생겼을까? 실제로는 다들 생각하는 것만큼 우수하지 않은데도 말이다. 그 통념은 거의 모든 면에서 젬 클립이 기대 이상으로 만족스럽다는 사실에서 나온 것 같다. 완벽하지는 않아도 충분히 우수하다는 말이다. 전체적으로 10점 만점에 8점 정도다. 그것을 살짝 변형시킨 새로운 디자인들은 어떤 점에서는 기능이 더 낫지만 다른 점에서는 더 나쁘다. 입술형 클립은 밀어넣기는 쉽지만 그 때문에 서류 더미가 더 두꺼워진다. 고딕 클립 역시 쓰기에는 더 쉽지만 각진 끝부분에 종이가 긁히거나 찢어질 수 있다. 골판지형 클립은 종이가 빠져나가지 않게 해주지만 빼내려면 힘이 많이 든다. 사람들은 완벽하지 않은 젬 클립의 단점을 개선하기 위해 계속 노력할 것이다. 하지만 그 노력은 젬 클립만큼 균형 잡힌 디자인을 찾아내는 데 집중될 것이다.

문구류 카탈로그

벨로스 문구함 상자에는 같은 제품군에 속하는 상품 목록이 적힌 작은 광고 전단도 들어 있었다. 그중에는 그 회사에서 생산한 기본적인 사무용품 시리즈도 있었다.

130 스탬프 걸이대 Stamp Rack

176 회전식 탁상용 문구류 정리함 Carousel Desk Tidy

006 트윈 롤러 댐퍼 Twin Roller Damper

1365 댐퍼 Damper

* 롤러 댐퍼는 풀통 위에 롤러가 걸쳐져 있는 형태로, 롤러가 돌아가면서 풀이 계속 묻게 되므로, 우체국 등에서 풀을 손에 묻히지 않고 쓰게 해주는 기구.

1502 습식 스탬프 패드Moistener Stamp Pads

아래는 벨로스의 스테이플러와 스테이플러 침을 정리한 것이다.

347 롱암 스티처Long Arm Stitcher

300 팔콘Falcon

325 윈저Windsor

330 태커Tacker

23 스테이플러 침 제거기Staple Remover

321 스나이프Snipe

구멍 뚫는 기구들도 있었다.

4363 경량형 펀치Easy Punch

950 아이레터 및 펀치Eyeletter & Punch

4314 번개Lightning

4316 대용량Heavy Duty

4324 4구 천공기Four Hole

벨로스 사의 제품군에는 각각 다른 규격의 고무 밴드 75종과 서류용 골무 5종이 있었다. 탁상용 서류 보관대는 3단짜리, 5단짜리, 회전식, 상승식이 있었다. 탁상용 연필깎이는 6종, 휴대용 연필깎이는 3종이 있었다. 지도에 꽂는 압정은 색상만으로도 20종 이상이었고 튜브에 들어 있는 것과 투명한 비닐 팩에 담긴 것이 있었다. 마이크로 시트micro-fiche sheet 와 색인 카드를 정리하는 서류함은 크기별로 세 종류가 있었다(5×3인치, 6×4인치, 8×5인치). 각각의 제품은 밝은 배경 위에서 촬영되었다. 광고 전단은 당시 만들어지던 컬러판 부록들이 보여주는 특이한 광택을 지니고 있었다. 또한 두껍고 반짝거려서 마치 당밀 시럽에 담갔다 꺼낸 것처럼 보였다. 물건 자체는 그 시절에 유행한 색상 조합이었던 주황색과 갈색에 대한 끊임없는 집착을 보여주었다. 그 색상 조합을 보면 나도 모르게 너무 어려서 기억할 수도 없는 어떤 시절에 대한 그리움이 피어오른다.

압정

벨로스 1377-회전식 탁상용 문구류 정리함의 세 번째 칸은 황동으로 도금된 '압정drawing pins' 으로 채워졌다. 압정은 원래 제도사들이 작업 중인 도면을 고정시키는 용도로 쓰던 물건이다. 압정도 원래 단순한 직선형에서 발전되어온 여러 형태와 디자인이 있을 것이다. 종이 클립처럼 압정도 정확하게 누가 발명했는지에 대해서는 논란이 좀 있다. 어떤 사람은 오스트리아의 엔지니어인 하인리히 삭스Heinrich Sachs 가 발명했다고 주장한다. 1888년 디자인된 삭스 핀Sachs Pin 은 좁은 V 자 형의 로고가 각인된 작고 둥근 원판이 달린 강철 핀이었다. 이 로

---

* 그림이나 인쇄물을 촬영한 사진을 축약하는 방식으로 최소한의 정보를 저장하는 사진 필름.

고는 뒤로 굽혀져서 핀 형태로 변한다. 이 디자인은 영국에는 흔치 않았지만 다른 나라에서는 인기가 있었다.

내 문구함에도 담겨 있는 흔한 형태의 압정은 미국에서 '섬택thumbtack'이라 불렸던 황동제 압정이다. 황동으로 만든 작은 반구형 머리에 작고 뾰족한 침이 달려 있다. 독일의 시계 제작자인 요한 키르스텐Johann Kirsten이 1902년에서 1903년 사이에 이 핀을 발명했다는 주장이 있다. 키르스텐은 (당연히 그 이전의 많은 사람들이 그랬듯이) 간단한 직선 핀으로 도면을 고정시켰다고 한다. 그러다가 핀에 크고 납작한 머리가 있다면 엄지손가락이 덜 아프리라는 사실을 깨달은 그는 작은 황동 조각을 두드려서 머리 부분을 만들고 못을 박아 붙였다. 그러나 이 디자인으로 이익을 얻은 것은 키르스텐이 아니었다. 키르스텐은 그 핀을 직공들에게 팔았지만 자금이 부족해서(아마 술을 너무 많이 마신 탓이었을 것이다. 한번은 집에서 아이들이 굶고 있는데도 마차를 불러 이웃에 있는 술집까지 타고 갔다고 한다) 디자인을 공장주인 아르투르 린트슈테트Arthur Lindstedt에게 팔지 않을 수 없었다. 린트슈테트에게는 안된 일이지만 그 디자인에는 설계상의 결함이 있었다. 세게 누르면 머리와 못이 분리되었던 것이다. 이 때문에 상업적 잠재력에는 한계가 있었다. 그 압정으로는 할 수 있는 일이 별로 없었다. 아르투르에게서 회사를 넘겨받은 동생 오토는 직원들에게 그 문제를 해결하라고 주문했다. 1904년 1월 8일 베를린 특허국에 등록된 것은 이렇게 다시 만들어진 압정이었다(특허 등록번호 154 957 70 E). 린트슈테트는 압정 덕분에 부자가 되었다. 린트슈테트 공장의 작업자는 매일 수천 개씩 압정을 만들어(애덤 스미스가 뿌듯해할 것이다) 전 유럽에 판매했다. 키르스텐은 곧 잊히게 된다.

아니, 완전히 잊히지는 않은 모양이다. 2003년 뤼헨[*] 외곽의 작은 호텔 주인인 크리스타 코테Christa Kothe는 압정 발명 100주년을 기념하는 작은 조각상을 세웠다. 그 조각상이 세워진 장소는 키르스텐의 작업장이 있던 곳이나 뤼헨의 중심가가 아닌 호텔 바깥이었다. 그러니 이 조각상이 압정의 영웅을 진정으로 기념하기 위해서가 아니라 그저 호텔을 선전할 목적으로 세워졌다는 주장이 나올 수도 있다. 하지만 잘못된 점은 그 기념상이 엉뚱한 장소에 세워졌다는 것만이 아니었다. 장소 자체도 엉뚱한 곳이었을 뿐만 아니라 압정 발명 100주년을 기념하기에는 시기도 수십 년이나 늦었다. 키르스텐의 압정이 최초의 압정이 아니었기 때문이다.

옥스퍼드 영어사전은 도면을 나무판, 책상 등에 고정시켜주는 머리가 납작한 핀이 압정이라고 정의하고 그 사용법을 보여주는 예로 1859년의 어떤 글(F. A. 그리피스Griffiths의 《포병대 사수Artillerist's Man》)을 인용한다.

압정으로 그것을 튼튼하게 고정하고……

하지만 그보다도 더 거슬러 올라갈 수도 있다. 《예술과 과학의 등록 Register of the Arts and Sciences》(1826년) 3권에는 압정에 관한 이런 언급이 있다.

[*] 베를린 북쪽 80킬로미터 지점에 있는 소도시.

작고 가는 압정을 그 자리에, 원의 중심에 꽂아두면 원주를 훨씬 쉽고 정확하게 그릴 수 있을 것이다.

이 구절은 압정이 정확하게 어떤 모양인지는 분명히 밝혀주지 않는다. 그저 그 무렵 오랫동안 사용되어오던 직선 핀의 변종일 수도 있다. 작고 가는 물건이라는 묘사를 보면 그럴 것 같다는 생각이 든다. 이 구절에서 핀은 약간 다른 방식으로 사용되고 있다. 도면을 고정시키기보다는 부드러운 곡면을 그리도록 보조해주는 역할 말이다. 그렇다면 여기 등장하는 압정은 우리가 오늘날 익숙하게 쓰는 압정과는 완전히 다른 것일 수도 있다. 그러니 요한 키르스텐의 이야기를 바로 폐기 처분하면 안 될 것이다. 한편 로버트 그리피스 해트필드Robert Griffith Hatfield의 1844년 저술인 《미국의 가정용 목공American House-Carpenter》에는 압정이 훨씬 구체적으로 언급된다.

압정이란 밑면에 강철 핀이 튀어나와 있는 작은 황동제 단추다. 네 모서리에 이것을 하나씩 꽂으면 종이를 판자에 고정시킬 수 있다.

1851년 존 프라이 헤더John Fry Heather가 집필한 《수학 기구에 관한 논문Treatise on Mathematical Instruments》에도 비슷한 설명이 나온다.

압정은 황동제 머리 부분과 그것에 직각으로 박혀 있는 강철 핀으로 구성된다.

그리고 여기서 말하는 핀이 오늘날의 압정과 같은 물건임을 분명히 하기 위해 헤더는 삽화까지 그렸다. 그것은 정말로 우리가 애용하는 그 압정이다. 불쌍한 요한. 적어도 그는 종이 클립의 발명자로 여겨졌던 또 다른 요한처럼 모국 사람들이 잘못된 기억을 기념하기 위해 사후 수십 년 만에 조각상이라도 세워줬다는 사실에서 위안을 느낄 것이다. 이 얼마나 영광인가.

푸시핀

압정은 유럽이 낳은 유산으로 보이지만 내 벨로스 1377-회전식 탁상용 문구류 정리함의 네 번째 칸에는 그것에 필적하는 미국 제품이 채워졌다. 바로 에드윈 무어Edwin Moore가 1900년 뉴저지에서 디자인한 푸시핀Push-Pin이다. 사진관에서 일하던 무어는 인화지가 마르는 동안 고정시켜둘 쉬운 방법을 찾고 있었다. 당시 널리 쓰이던 핀이 만족스럽지 않았던 것이다.

그러나 그런 물건을 쓰는 데는 여러 단점이 따른다는 것을 알게 되었다. 신체 비율상 핀을 손가락으로 단단히 붙들고 있을 방도가 없다. 그래서 손가락이 미끄러지면서 얇은 인화지를 찢거나 흠집을 내는 일이 생긴다. 게다가 얇은 인화지 위에 뿌려지는 물 때문에 핀과 금속 뚜껑이 부식되면서 얇은 막에 얼룩을 만든다.

무어의 설명에 따르면 그가 생각한 해법은 '손잡이 있는 핀'이었다.

짧은 강철 침을 유리로 만든 아주 작은 톱 해트top hat 에 박아 넣은 것이었다. 그는 머리 끝부분이 점점 가늘어지는 변형된 형태도 제안했다. 그러면 "적절한 장식을 넣을" 수도 있으니까. 그리고 돼지, 개, 곰의 머리를 깨알같이 작게 그렸다(삽화로는 어느 동물인지 분명하게 알아볼 수 없다). 사진관을 떠난 무어는 112달러 60센트를 들여 푸시핀 공장을 차렸다. 그는 저녁 시간에 핀을 만들어 다음 날 아침에 팔곤 했다. 그는 첫 주문인 12다스(144개)를 2달러에 팔았다. 다행히 더 많은 주문이 몰려들기 시작했고 오래지 않아 그는 이스트먼 코닥 사에서 1000달러어치의 주문을 받았다. 이렇게 벌어들인 돈을 재투자한 무어는 광고에 돈을 많이 쓰기 시작했다(첫 광고는 1903년판 〈레이디스 홈 저널Ladies' Home Journal〉에 실렸고 그 비용은 168달러였다). 회사는 급속도로 성장했다. 사실 무어 푸시핀 회사는 지금까지도 자잘한 물건들을 생산하고 있다. 가령 숫자가 매겨지고 둥근 머리가 달린 지도핀(원구형 머리가 달린 길고 가는 핀으로, 내 벨로스 문구함의 다섯 번째 칸에 들어 있다), 픽-슈어 스테이Pic-Sure-Stay®와 스넙잇Snub-It™ 액자걸이, 태키-테이프Tacky-Tape®, 그리고 물론 푸시핀도 계속 생산된다(하지만 슬프게도 이제는 처음에 생산되던 유리 제품은 판매하지 않는다). 그 회사는 이제 플라스틱 핀, 알루미늄 핀, 나무 핀은 물론이고 새로운 '씬 핀Thin Pin'(물건에 구멍을 내지 않고 클립식으로 철하기 위해 90도로 굽혀서 사용하는 평평한 푸시핀)도 생산한다. 푸시핀은 유럽식 압정에 비해 여러 이

---

* 원래 굴뚝 모자를 뜻하지만 여기서는 장구 몸통, 또는 양쪽이 평평한 아령처럼 생긴 못대가리를 가리킨다.

점이 있었다. 손잡이가 있어서 압정보다 빼내기가 훨씬 쉽다. 특히 압정이 머리 부분까지 박혀버릴 때는 특히 그렇다. 1916년에 〈파퓰러 메카닉스Popular Mechanics〉는 이 문제를 해결하려는 시도를 설명하면서 새로운 압정을 소개했다.

……반구형 손잡이의 끝이 머리 양쪽의 구멍에 박혀 있다. 머리 절반의 반경을 다른 쪽보다 작게 만들어 손잡이를 납작하게 접어 넣을 수도 있고, 그렇게 하면 머리가 완전한 원형을 이루게 된다.

불필요하게 복잡해 보이는, 손잡이 달린 압정이 끝내 히트를 치지 못한 것은 이상한 일이 아니다. 특히 같은 문제를 푸시핀이 훨씬 조용히 처리해왔으니 더욱 그렇다. (그런데 푸시핀의 형태를 보면 머리 부분이 물건의 표면에 납작하게 눕지는 않기 때문에 좁은 복도에 걸린 알림판에 쓰기에는 부적합하다. 그런 장소에서는 무심결에 지나치는 사람의 어깨에 종이가 걸려 바닥에 떨어지면서 소소한 말썽을 일으킬 위험이 있다.)

푸시핀의 또 다른 이점은 흔히 문구류로 입게 되는 상처의 위험을 줄여준다는 점이다. 대개 압정이 바닥에 떨어지면 침이 위를 향하게 되고 그 침이 발바닥에 꽂히게 된다(발바닥이 핀을 덮치고 나면 고통스럽게 울부짖으면서 가까이 있는 의자로 비참하게 펄쩍펄쩍 뛰어가 발을 쳐들고 핀을 뽑아내게 된다). 그러나 푸시핀은 머리 부분이 더 작고 몸체가 길기

때문에 그런 식으로 바닥에 떨어질 일이 훨씬 적다. 대체로 침이 위쪽을 향하지 않고 모로 눕기 때문이다. RC 해밋 부처스 리미티드RC Hammett Butchers Limited * 의 운영자들이 푸시핀을 썼더라면 아마 사우스 칭퍼드의 도리스 니컬스 부인은 불행한 운명을 피할 수 있었을지도 모른다. 1932년 6월 18일 니컬스 부인은 동네 정육점에서 닭 한 마리와 돼지고기 파이 다섯 개를 샀다. 그날 저녁 늦게 파이 하나를 베어 물던 그녀는 입 안쪽에서 날카로운 통증을 느꼈다. 그녀는 손가락을 입안 깊이 집어넣어 압정을 하나 끌어냈다. 그녀는 목 안쪽에 염증이 생기자 의사에게 치료를 받는데도 여전히 먹지도 마시지도 못했다. "6월 22일 그녀는 심하게 아팠고 6월 23일과 24일에는 피를 토했다." 그다음 내가 압정과 관련해 읽은 제일 끔찍한 문장이 이어진다. "6월 25일에 그녀는 압정을 하나 토해냈다."

정육점 주인은 과실을 인정했지만 그런 사고가 "어디서든 일어날 수 있었다"고 주장했다. 어떤 남자가 "테이블에 놓인 미국산 옷감을 치우면서 거기 꽂아두었던 압정이 테이블에 흩어졌다. 돼지고기 파이를 가져온 사람이 그 사실을 미처 알지 못하고 그 위에 파이를 내려놓았다". 그 시련이 해결되기까지는 시간이 좀 걸렸다. 니컬스 부인은 두어 달 동안 체중이 거의 15킬로그램이나 줄었다. 그해 12월에 열린 재판에서 그녀의 주치의인 브라이언 버클리 샤프 박사는 그녀가 "어

---

* 리처드 크리스마스 해밋Richard Christmas Hammett이 1940~50년대에 런던에서 운영했던 정육점 체인 이름. 여기 나오는 불행한 사건의 원인 제공자로, R. C. 해밋은 햄소시지 등 육류 가공 장인으로 유명했고 《육류와 책에 관한 핸드북A Handbook on Meet and Text Book》이라는 책도 펴냈다.

떤 강인한 여성도 언짢게 만들었을 경악스러운 경험을 했다"고 설명했다. 맥나흔 판사는 니컬스 부인에게 피해 보상금으로 200파운드를 책정하면서 자신은 "압정을 삼키는 것보다 더 괴로운 일은 상상할 수도 없고, 그런 경험을 한다면 잊어버리기가 극도로 힘들 것"이라고 말했다. 그렇기는 해도 그는 그것이 "순수한 우연의 소치"였고 "돼지고기 파이에는 전혀 문제가 없었음"을 인정했다.

벨로스 문구함의 마지막 칸

내 벨로스 1377-회전식 문구류 정리함의 마지막 칸은 라피스코 서파클립 디스펜서Rapesco Supaclip dispenser에 쓰이는 철제 클립 두 다스로 채워졌다. 라피스코 서파클립 디스펜서는 페즈 디스펜서Pez dispenser 와 소닉 스크루드라이버Sonic Screwdriver 의 교차점 같은 물건이다. 작고 투명한 용수철이 장착되어 엄지손가락으로 방아쇠를 당겨서 작동시키는 수동식 도구다. 금속제 클램프 같은 클립은 디스펜서를 통해 억지로 벌려진 다음 종이를 단단하게 쥔다. 그 클립은 손으로 빼서 다시 쓸 수 있다. 라피스코 사는 서파클립을 "최고의 원조元祖 제품"이라고 설명한다. 아마 서파클립 디스펜서의 위엄을 복제하려고 애쓰는 사람

오스트리아의 사탕 회사 페즈가 출시하여 전 세계에서 인기를 얻은 라이터 정도 크기의 휴대용 사탕통. 용수철로 젖혀서 여닫을 수 있는 뚜껑에 산타클로스, 미키마우스 등 캐릭터 형상이 붙은 것도 있다.

영국의 공상과학 TV 드라마 시리즈 〈닥터 후Doctor Who〉의 주인공 닥터가 사용하는 만능 기구.

이 많다고 확신하는 모양이다.

종이 클립에 작별을 고하고 모방을 조심하라. 서파클립® 40 디스펜서가 묶는 종이의 용량은 최대 40장이다. 다른 복제품들은 그만큼 묶지 못한다.

아마 그들의 편집증은 근거가 있는 모양이다. 그런 질문을 너무 자주 받기 때문에 라피스코 사는 '자주 묻는 질문' 란에 다음과 같은 내용을 실어야 했다.

Q : 서파클립을 다른 종류의 디스펜서에 끼울 수 있는가?
A : 맞을 수도 있지만 가끔 작동 불량이 일어날 수도 있다.

리스 피치퍼드 사Rees Pitchford & Co. Ltd는 1946년 3월 14일에 벨로스라는 등록상표를 신고했고 다음과 같은 상품에 이 상표를 사용했다.

주 용도가 포토 마운팅photo mounting 이 아닌 접착제(문구용), 화가용붓, 사무실 필수품과 비품(가구 제외), 프린터 타이프 등에 적용된다. 그러나 칼과 플라이어plier , 펀치, 기타 언급되지 않은 물품은 여기 해당되지 않는다.

사진을 전시용 대지에 붙이는 작업.
작은 물건을 쥐거나 철사를 구부리고 절단하는 수동 공구.

하지만 벨로스라는 브랜드는 그보다 조금 앞서 만들어졌다. 리스 피치퍼드 사는 원래 프랭크 피치퍼드 사Frank Pitchford & Co.였고 창립 시기는 20세기 직후였다. 1930년대 후반에 그 회사는 명칭을 리스 피치퍼드 사로 바꾸었고 벨로스 브랜드는 오랫동안 번창했다. 벨로스의 V자는 스테이플러, 연필깎이, 천공기 위에 자랑스럽게 새겨져 있었다. 그러나 다른 수많은 문구 브랜드처럼 결국 그 회사는 대기업에 흡수되었고 등록상표는 2004년에 ACCO 브랜드 사ACCO Brands Corporation로 넘어갔다.

익명의 이니셜처럼 들리는 이름을 가진 ACCO 브랜드 사는 세계 최대의 사무용품 공급자 가운데 하나로 다른 회사들을 서서히 집어삼키면서 그들의 브랜드를 ACCO의 포트폴리오에 올리는 중이다. 1903년 아메리칸 클립 회사American Clip Company로 출발한 ACCO에는 윌슨 존스Wilson Jones, 스윙라인Swingline, 제너럴 바인딩 컴퍼니General Binding Company, 렉셀Rexel, 더웬트 연필Derwent Pencils 등이 포함되어 있다. 윌슨 존스는 3링 바인더의 발명가인 윌슨 존스가 1893년에 창립했고, 스윙라인은 스테이플러, 펀치, 트리머trimmers 같은 제품을 만드는 회사로서 스테이플러 생산의 1인자이자 사무실 생산성 부문의 대표 브랜드였다. 제너럴 바인딩 컴퍼니는 바인딩과 코팅용 도구와 사무용품 분야의 세계적 회사로서 1947년에 창립되었고 렉셀은 디자인과 혁신을 주도한 70년 역사의 회사로서 파쇄기, 트리머, 광범위한 파일용 제품부터 책상에서 쓰는 자잘한 도구에 이르기까지 수많은 제품을 생

 작은 칼, 가위, 면도기, 머리털 깎는 기계 등.

산한다. 더웬트 연필 회사는 "1832년부터 (영국의) 컴브리아에서 연필을 만들어왔고 자신들이 그 분야의 기술을 완성했다고 생각한다".

그러니 벨로스 사는 더 이상 존재하지 않는다. 얼굴 없는 다국적기업에 흡수되어버린 채 이름만 간신히 살아남았다. 렉셀은 다양한 천공기에 그 이름이 쓰이면서 수많은 사무실 필수품과 기본적인 문구류를 만들던 회사에서 일개 잡화 공급자로 격하되었다. 나는 잡화에는 별로 흥미가 없다. 내가 관심을 갖는 것은 문구류다. 하지만 애당초 그게 무슨 상관일까? 우스터파크의 상점에서 오래된 상자 하나를 보기 전에는 그 브랜드를 들어본 적도 없는데. 그들의 역사에 내가 왜 신경을 써야 할까. 하지만 벨로스에 대해 생각하면 할수록 나는 다른 회사에 대해서도 더 생각하게 되었다. 내가 들어본 적도 없는 회사들에 대해 생각했다. 과거에 벨로스 말고 또 어떤 회사가 있었을까. 문화적 유산이자 한때는 유명했던 이름들이 이제는 사라져서 애초에 존재했었다는 흔적도 거의 남지 않았다. 그러니 지금 우리에게 익숙한 이름들도 내일이면 사라져 존재가 희미해질까? 생각해보면 사람들도 마찬가지다. 아무렇지 않게 사용하는 물건들 뒤에 있는 사람들. 브랜드 뒤에 있는 그들의 이름, 그들의 삶, 그들의 역사. 그들은 누구였을까? 그들의 이야기는 무엇일까? 나는 그런 것을 알아내고 싶었다.

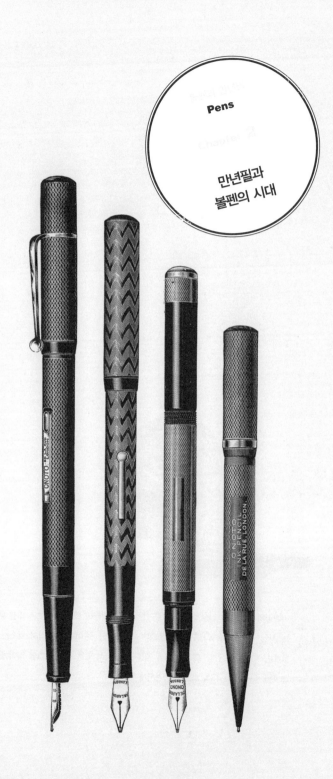

만년필과
볼펜의 시대

이메일의 사용도가 점점 높아지는데도 만년필 판매량이 매년 줄어드는 대신 늘어난다는 사실 자체가 놀랍다. 만년필 판매량이 안정적인 것(이따금 급격히 치솟는 상황은 물론)은 이상해 보인다. 그러나 글을 적을 일은 항상 있을 것이고 그럴 일이 줄어들기는 해도 그 기회는 더욱 소중히 여겨지게 된다.

이 책을 쓰기 전에 나는 출판사와의 계약서에 서명했다. 일은 그런 식으로 진행된다. 상대방을 믿지 않는다는 말이 아니라 그저 악수만 하고 고개를 끄덕이며 끝내는 것보다 계약서가 있는 편이 관련자 모두에게 낫다는 뜻이다. 문구에 관한 책의 계약서라는 점을 생각하니, 제대로 된 펜으로 서명을 해야겠다는 압박감이 느껴졌다.

그런데 어떤 것이 제대로 된 펜일까? 난 생각을 많이 해보았다. 처음에 생각한 것은 만년필이었다. 뭔가 원숙한 것. 어른스러운 것. 로열블루 잉크로 서명된 내 이름. 그런데 너무 잘난 척하는 기분이 드는데다 나는 만년필에는 좀 껄끄러운 느낌을 지니고 있었다. 만년필을 쓴다면 자연스러운 내가 아닐 것이다. 선명한 색의 잉크가 담긴 젤펜은 너무 가벼워 보일 것 같았다. 생각하면 할수록 확신이 강해졌다. 선택지는 하나뿐이었다. 다른 사람들은 뭔가 번쩍거리고 값비싼 펜을 골랐을 수도 있지만 난 아니다. 난 뭔가 더 소박하면서도 상징적인 것을 원했다. 뭔가 결정적인 것. 엄청나게 단순한 것. 그것은 빅 크리스털BIC Cristal 볼펜이었다.

빅 크리스털 볼펜

수많은 사람에게 빅 크리스털 볼펜은 볼펜과 동의어였다. 어찌나 익숙한지, 그 정식 호칭을 제대로 알고 있는 사람도 거의 없을 정도다. 하지만 그걸 '빅 크리스털'이라고 부르면 허세같이 느껴진다. 무수한 사람들에게 그건 간단하게 빅 비로Bic Biro다. 하지만 빅과 비로의 역사는 완전히 다른 두 회사의 역사, 수없이 서로를 고소하다가 합병과 결혼을 통해 결국 한데 합쳐진 회사의 역사다.

마르셀 비슈Marcel Bich는 1951년 프랑스에서 빅 크리스털 사를 세웠다. 비슈는 1930년대 초반에 이탈리아에서 프랑스로 이주한 사람이었다. 그는 영국의 스티븐스 잉크Stephens Ink 사가 소유한 어느 사무용품 회사에서 에두아르 부파르Edouard Buffard와 함께 일했다. 제2차 세계대전이 끝난 뒤 그와 부파르는 파리 외곽에 위치한 클리시의 작은 작업장을 사들였다. 부파르가 공장장, 비슈가 사장을 맡은 PPAla société Porteplume, Porte-mines et Accessoires 사는 그 지방의 만년필 회사에 부품을 납품하기 시작했다. 1940년대 말부터 PPA는 새로운 펜인 볼포인트ballpoint(즉 볼펜)에 대한 문의를 받기 시작했다. 비슈는 이 새로운 필기 도구의 잠재력을 재빨리 알아보았고 자신의 디자인을 개발하기로 결심했다.

스티븐스 잉크 사에 다니던 시절 비슈는 장 라포레Jean LaForest라는 사업가와 친분을 맺은 적이 있었다. 작은 펜 회사를 운영하던 라포레는 1932년에 동료인 장 피뇽Jean Pignon과 함께 볼펜의 메커니즘에 대한 특허를 공동으로 등록했다. 비슈는 당시 시장에 나와 있던 수많은 볼펜의 문제가 잉크 때문임을 확인했다. 잉크가 새어나와 종이에 얼룩을 만들거나 잉크 파이프 속에서 말라버리는 것이다. 비슈는 또 다른 회사인 고블랑칸Gaut-Blancan과 협력하여 새 펜에 쓰일 잉크를 개발했다. 비슈는 라포레와 피놓이 세운 토대 위에서 출발할 수 있었으므로 당시에 똑같이 볼펜 시장으로 몰려들던 경쟁자들이 직면한 수많은 문제를 극복한 펜을 개발할 수 있었다. PPA 사의 데콜타주 플라스티크 Décolletage Plastique 디자인 팀은 전통적인 나무 연필의 육각형 몸체를 본떠 지금은 눈에 익은 펜의 디자인을 만들어냈다. 1950년 말경 새 볼펜은 출시될 준비가 되어있었다.

비슈는 자기 성에 붙어 있던 h를 떼어내 지금 우리에게 익숙한 이름인 BIC 브랜드를 만들었고 처음에 그 펜의 판매를 맡은 회사는 라 소시에테 PPA였다. (라 소시에테 빅la société BIC이 세워지기까지는 2년을 더 기다려야 했다.) 잉크색은 흔히 쓰이는 검정, 파랑, 빨강, 녹색 외에 특별한 경우를 위한 보라색이 추가되어 다섯 가지였고, 세 가지 모델의 펜이 BIC 제품군에 포함되었다. 리필이 불가능한 크리스털은 60구舊프랑(지금 가치로는 1.50파운드), 리필 가능한 오파크Opaque는 100구프랑(지금 가치로는 2.50파운드), 고급스러운 기요세Guilloché는 200구프랑(지금 가치로는 5파운드가량)이었다. 리필이 가능한 품종에 비하면 값이 비싼데도 사람들이 제일 좋아했던 것은 크리스털이었다. 이 제품은 첫해에만 2500만 자루가 팔렸다.

첫 2, 3년 동안 그 회사는 펜을 선전하기 위해 공격적인 판매 전략을 세우고 라디오와 신문, 영화에 광고를 내보냈다. 1952년 투르드프 랑스Tour de France 경기 중에 그 회사는 밴을 임대하여 거대한 빅 크리스털 모형을 지붕에 싣고 선수들을 따라 경주로를 달렸다. 경기를 보러 나온 엄청난 군중과 함께 그 밴은 '주요 입지 선점prime real estate'이라 불리는 광고 수단이 되었고, 그 전략은 확실하게 효과가 있었다. 1958년 그 회사는 매일 100만 자루의 펜을 생산했고 그 후 빅과 투르드프랑스와의 관계는 계속 이어진다.

원래 펜촉에 들어 있던 구球는 강철제였지만 1961년에 탄화텅스텐으로 바뀌었다. 재질을 바꾼 덕분에 그 회사는 더 가는 펜촉을 만들 수 있었다. 표준 제품이던 1밀리미터 펜촉과 최신 제품이던 0.8밀리미터 펜촉을 구별하기 위해 새 모델에는 새로 채택된 회사 고유의 색상에 어울리는 밝은 주황색 뚜껑을 씌웠다. 그 색은 지금도 사용되고 있고 다른 회사들도 가는 펜촉의 제품을 굵은 펜촉의 제품과 구별하기 위해 이런 방식을 채택했다. 회사는 새 펜촉을 선전하기 위해 그래픽아티스트 레몽 사비냐크Raymond Savignac를 고용하여 마스코트를 만들었다. 등 뒤에 펜을 들고 있는 학생(머리 대신에 탄화텅스텐 공을 달고 있다)을 기본으로 한 '빅 보이BIC Boy' 캐릭터는 지금까지도 사용되고 있다.

갈대 솔에서 금속 펜촉까지

빅 크리스털의 디자인은 전통적인 나무 연필을 기본으로 삼았지만 그 선조는 훨씬 오래전인 문명 그 자체의 시초까지 거슬러 올라간다. 3

만 년 동안이나 인간은 주위 세계를 이해하는 방식으로 벽과 점토에 그림을 그려왔다. 고대의 동굴벽화는 그저 점토를 손가락으로 긁어서 그린 것이었을 수도 있다. 하지만 이런 그림이 암호화되고 형식을 갖추면서 언어와 비슷한 뭔가가 되었고 사람들은 간단한 도구로 상형적인 상징을 만들기 시작했다. 갈대 조각을 점토에 눌러 설형문자 cuneiform 같은 글씨를 만들었다. 이런 초기 형태의 문자 체계는 기원전 3000년경에 개발되었고 쐐기를 뜻하는 라틴어 단어인 쿠네우스cuneus 라는 이름을 갖게 되었다. 이집트에서는 검댕과 물로 만든 잉크를 갈대 솔로 찍어 파피루스에 글을 썼다. 그러다가 갈대 솔보다 갈대 펜이 점점 더 많이 사용되었다. 갈대 조각을 뾰족하게 깎은 다음 끝부분 중간에 칼집을 살짝 넣어 끝이 갈라진 촉을 만든다. 속이 빈 갈대 줄기 위에 잉크를 부어 넣으면 잉크는 현대식 만년필처럼 펜촉을 통해 흘러내리게 된다.

6세기 이후 깃털 펜이 등장했다. 굵은 선이 그어지는 갈대 펜은 파피루스 같은 거친 표면에 글을 쓰기에는 좋았지만 양피지나 벨럼vellum 같은 더 부드러운 종이가 발달하자 선을 더 가늘게 그을 수 있는 도구가 필요해졌다. 탄력성 있는 깃털(흔히 거위 깃털)은 더 뾰족하게 깎을 수 있었고 섬유질이 많은 갈대보다 잘 쪼개지지 않았다. 624년 세비야의 성 이시도루스Saint Isidore of Seville의 기록에 최초로 깃털 펜이 언급되었다. 그가 피나pinna(깃털 펜)와 칼라무스calamus(갈대 펜)를 모두 사용한 것을 보면 당시에는 두 종류가 함께 사용되었음을 알 수 있다.

---

* 송아지나 숫양의 가죽으로 만든 고급 양피지.

필경사가 쓰는 도구는 칼라무스와 피나다. 단어는 이런 펜에 의해 페이지에 고정된다. 칼라무스는 식물이 재료이고 피나는 새에게서 얻은 것이다. 그 끝은 둘로 갈라져 있지만 온전한 자루가 둘을 하나로 묶어준다.

이시도루스는 글쓰기 도구의 이름이 어떻게 붙었는지도 설명했다.

칼라무스는 액체를 담기 때문에 그런 이름이 붙었다. 선원들 사이에서 '칼라레calare'는 '두다'라는 뜻이기 때문이다. '매달리기pendendo'라는 단어에서 유래한 피나는 '날기'를 의미한다. 앞에서 말했듯이 새에게서 얻은 재료이기 때문이다.

깃털 펜이 19세기까지도 계속 사용된 것을 보면 글쓰기에 적합했다는 사실을 알 수 있다. 그때쯤이 되자 깃털 펜은 결국 금속제 펜촉으로 교체되었다. 금속제 펜촉은 로마 시대에도 있었지만 상대적으로 희귀했다. 금속으로는 깃털 펜만큼 섬세하고 표현력이 풍부한 선을 그을 수 있는 얇은 펜촉을 다듬어내기가 힘들었기 때문이다. 갈대 펜과 원시적인 금속 펜이 깃털 펜보다 우수한 점은 그 안에 잉크를 소량 담을 수 있다는 것이었다. 깃털 펜으로 끊임없이 잉크를 찍어 쓰다 보면 글쓰기 속도가 느려질 뿐만 아니라 선의 굵기가 한결같지 않았다.

10세기에 알 무잇즈Al-Mu'izz li-Din Allah 칼리프는 금속제 펜을 만들라고 지시했다. 어떤 사람들은 그것이 현대식 만년필의 원조라고 생각한다. 역사가 카디 알 누만 알 타미미Qadi al-Nu'man al Tamimi가 962년에 쓴《여행길과 휴가지에 가져갈 만한 교훈적 이야기와 행정 칙령의 책

Kitab al-Majalis wa 'l-musayarat wa 'l-mawaqif wa 'l-tawqi‹at》에 따르면 칼리프는 잉크병이 필요 없도록 잉크를 담고 있는 펜이 있었으면 좋겠다는 희망을 피력했다. 그런 펜은 글쓰기를 마치면 잉크가 건조되어 옷소매에 넣어두어도 잉크 얼룩이 생기지 않을 뿐만 아니라 잉크가 한 방울도 새어나오지 않는다. 잉크는 필요할 때만, 그리고 글을 쓸 때만 흘러나온다. 카디 알 누만이 그런 펜이 존재할 수 있는지 물어보자 알 무잇즈는 대답했다. 가능할 것이다. 신의 뜻이라면.

며칠 안에 칼리프의 장인은 '황금 펜'을 하나 만들었다. 하지만 그 펜은 "잉크를 필요한 양보다 조금 많이 뿜어냈기" 때문에 칼리프는 펜을 수리하라고 지시했다. 개량된 펜은 "손 안에서 뒤집거나 이쪽저쪽으로 흔들어도 잉크가 새어나오지 않았다". 카디는 그 펜에 감동받아 다음과 같이 썼다.

그 펜은 훌륭한 도덕적 본보기다. 특별히 잉크를 배출하라는 요청이 있거나 그것에게 글씨를 쓰라고 요청한 본래 이유에 포함되는 다른 유용한 용도가 아니라면 펜은 그 내용물을 배출하지 않으니까. 그 펜은 진정으로 원하는 사람에게 혜택을 줄 뿐이며, 잉크를 불러낼 권리를 가졌다고 펜이 인정하는 사람이 쓸 때 외에는 잉크가 흘러나오게 하지 않는다.

슬프게도 카디 알 누만은 어떤 근거로 그 펜에 대해 이런 평가를 내렸는지에 대해서는 아무 설명도 남기지 않았고, 펜의 구조에 대한 세부 설명도 찾을 수 없었다.

16세기 내내 몸통 속에 잉크를 담은 펜을 만들려는 시도가 여러 차

레 이어졌다. 레오나르도 다빈치의 《코덱스 아틀란티쿠스Codex Atlanticus》에는 1508년에 그린 드로잉이 있다. 그 그림에는 잉크가 새지 않게 마개를 막은 원통형의 잉크통을 탑재한 펜이 나온다. 스웨덴의 왕 구스타브 아돌프Gustav Adolph 2세가 1632년에 받은 은제 펜에는 잉크병이 함께 달려 있어서 잉크를 한번 채우면 두 시간 동안 글씨를 쓸 수 있었다. 1636년에 출판된 《수리물리학의 즐거움Deliciae Physico Mathematicae》에서 다니엘 슈벤터Daniel Shwenter는 깃털 펜이 이중으로 들어 있는 펜을 묘사한다. 두 번째 깃털 펜은 잉크를 넣은 다음 코르크마개로 봉해진다. 1663년 새뮤얼 피프스Samuel Pepys *는 윌리엄 코번트리William Coventry에게 받은 편지에 대해 언급하면서 이렇게 말했다. "그 편지와 함께 그가 보내주기로 한 잉크를 넣을 수 있는 은제 펜이 왔다. 아주 필요한 물건이었다." 사실 피프스는 런던 타워교 입구에서 "마차에서 내려 노점의 촛불"에 의지해, "펜과 잉크와 밀랍이 함께 들어 있는 물건이 얼마나 좋은지 일찍이 몰랐다"는 내용의 톰 헤이터Tom Hater **에게 보내는 편지를 아마 이 펜으로 썼을 것이다.

18세기가 되자 무한정 혹은 12시간가량 쓸 수 있는 금속제 펜촉이 개발되기 시작했다. 하지만 디자인이 복잡한 데다 잉크가 샐 위험이 있고 가격이 비쌌기 때문에 19세기 중반까지도 깃털 펜이 주로 사용되

---

* 평민 출신이었지만 독학으로 영국 해군의 전력을 강화하는 데 주도적 역할을 했으며, 찰스 2세와 제임스 2세의 큰 신임을 받았다. 그가 남긴 《일기Diary》에는 당시 상류사회와 정치인들의 생활상이 생생하게 담겨 있다.

** Thomas Hater. 해군성에서 피프스의 사무원으로 오래 근무했고 나중에 피프스가 물러난 뒤에는 해군성 장관까지 지냈다.

었다. 그러나 그때쯤이 되자 깃털 펜은 결국 잉크를 찍어 쓰는 금속 펜촉으로 대체되었다.

19세기에 기술이 발전하면서 그 어느 때보다 가늘고 유연한 펜촉이 만들어졌다. 그래서 금속제 펜촉이 인기를 얻기 시작했다. 금속제 펜촉은 깃털 펜촉보다 훨씬 오래 사용할 수 있었고 값싸게 대량생산될 수 있었다.

19세기 중반부터 널리 쓰이기 시작한 금속제 펜촉

펜촉은 장미나무나 은제 펜대에 끼워서 사용할 수 있었고, 닳으면 새 것으로 갈아 끼우기도 쉬웠다. 하지만 날카로운 금속제 펜촉의 긁히는 듯한 느낌을 싫어하는 사람도 있었다. 빅토르 위고Victor Hugo는 금속제 펜촉을 "바늘"이라고 부르면서 무시했다. 프랑스 작가이자 평론가인 쥘 자냉Jules Janin은 금속제 펜촉을 "악의 진짜 근원"이라고 부르면서 다음과 같이 말했다.

강철제 펜, 이 현대적 발명품은 우리에게 불쾌한 인상을 준다. 마치 독약에 담근 것 같고 거의 눈에 보이지도 않는 작은 단검에 대해 피치 못하게 사랑에 빠진 것 같다. 그 촉은 칼처럼 날카롭고 중상모략자의 혓바닥처럼 가슴을 파고든다.

그러나 자냉과 위고에게는 안된 일이지만 깃털 펜은 사라지고 있었다.

잉크를 머금은 만년필 만들기

1809년 페레그린 윌리엄슨Peregrine Williamson이 미국 볼티모어에서 '금속제 필기펜'의 디자인 특허를 냈지만 강철제 펜의 메카가 된 곳은 영국의 버밍엄이었다. 1822년 존 미첼John Mitchell은 강철제 펜촉을 대량생산할 수 있는 시스템을 개발했고 6년 뒤에 조사이어 메이슨Josiah Mason이 공장을 세웠다. 곧 메이슨은 영국 최대의 펜 제조업자가 되었다. 19세기 중반 전 세계 강철제 펜촉의 절반 이상이 버밍엄에서 생산되었다. 대량생산되는 이런 펜촉은 가격이 싼데도 성능은 믿을 만하여 학교에서도 인기가 높았고 20세기 후반까지도 널리 사용되었다 (1980년대 내가 초등학교에 다닐 때도 일부 교실의 책상에는 잉크병이 설치되어 있었다). 그런데 강철제 펜촉을 끼운 펜이 깃털 펜을 대체하기는 했지만 그 나름의 단점이 있었다. 몇 자 쓰고 나면 잉크병에서 잉크를 찍어야 한다는 것이었다.

초기의 만년필은 점적기點滴器나 피펫pipette으로 잉크병에서 펜의 몸체로 잉크를 옮겨야 했다. 점적기는 가는 유리관과 고무 벌브로 구성되었다. 사람들은 점적기를 항상 가지고 다녀야 했을 뿐만 아니라 아주 얇은 점적기의 유리관이 쉽게 깨지곤 했다. 그리하여 점적기는 차츰 '셀프 필링self-filling' 펜, 즉 고무로 만든 잉크 주머니가 내장된 펜으로 대체되었다.

1892년 독일의 후고 지게르트Hugo Siegert가 만년필에 잉크를 채우는 새로운 방법을 제안했지만 끝내 히트를 치지는 못했다. 그가 고안한 '복합 잉크스탠드와 펜홀더'를 보면 펜은 긴 고무 튜브로 큰 잉크병에 연결되어 있다. 병 머리 부분의 고무 벌브를 펌프질하면 잉크가 고무 튜브를 따라 펜으로 들어간다. 지게르트는 병 하나에 튜브를 하나 이상 연결할 수 있기 때문에 여러 자루의 펜에 동시에 잉크를 넣을 수 있다고 설명했다. 그런 장치가 왜 성공하지 못했는지 이해할 수가 없다. 거대한 중앙집중식 잉크병이 긴 고무 튜브들을 통해 사무실 가득 앉아 있는 사람들의 펜으로 잉크를 공급한다면 장관일 것 같은데. 마치 테리 길리엄Terry Gilliam 감독의 영화 〈브라질Brazil〉처럼. 당신이 사무실 근무자라면 이 아이디어를 상사나 비품 담당자에게 제안해보라. 이 아이디어가 실현되는 것을 보아야겠다.

처음으로 상업적 성공을 거둘 만년필이 등장한 것은 1884년의 일이었다. 그것은 루이스 에드슨 워터맨Lewis Edson Waterman이 디자인한 '아이디얼Ideal' 만년필이었다. 1837년 뉴욕에서 태어난 워터맨은 아주 기초적인 교육밖에 받지 못했지만 교사, 도서 영업사원, 보험 영업사원 등 여러 직업을 거쳤다. 그가 고성능 만년필을 개발해야겠다고 생각한 것은 마지막 직업인 보험 영업사원을 하고 있을 때였다고 한다. 고객과 대형 계약을 성사시키고 막 계약서에 서명하려는데 펜에서 잉크가 새는 바람에 중요한 서류에 잉크 얼룩이 크게 번져버렸다. 그가 새 계약서를 준비하는 동안 고객은 가버리고 말았다. 워터맨은 다시는 그런 일이 일어나지 않게 하겠다고 결심했다.

관료주의의 압제 하에 게릴라 엔지니어가 등장하고 테러와 유머가 교차하는 플롯과 카프카적 구조물과 기발한 상상력이 발휘된 새로운 스타일의 미래 영화로 〈블레이드 러너Blade Runner〉와 함께 1980년대 SF 영화의 대표작으로 꼽힌다.

이 이야기가 사람들의 귀에 솔깃하게 들릴 수는 있겠지만 거의 전부가 거짓말이다. 빈티지펜스Vintage Pens 웹사이트를 운영하는 데이비드 니시무라David Nishimura는 워터맨 펜 회사Waterman Pen Company의 홍보 자료를 연구하여 (워터맨이 죽고 20년 뒤인) 1921년 이전에는 잉크 얼룩 이야기가 전혀 나오지 않았다는 사실을 알아냈다. 그 회사 사보인 〈펜 예언자Pen Prophet〉의 1904년판에 회사의 기원에 대해 상당히 자세하게 설명하는 기사가 실린 적이 있는데, 거기에도 없었다. 니시무라는 그 이야기가 워터맨의 홍보 부서에서 루이스 워터맨을 아주 현실적이면서도 수줍음 많은 지미 스튜어트Jimmy Stewart° 같은 이미지로 포장하여 홍보하기 위해 꾸며낸 것이라 믿는다.

워터맨의 펜은 펜촉에 잉크가 "안정적이고 균일하게 흘러내리도록" 디자인되었다. 펜은 잉크를 담고 있는 고무 배럴, 중력과 모세관 현상의 복합 작용에 의해 잉크를 끌어당기도록 펜촉에 만든 일련의 틈 혹은 균열이 인상적이었다. 워터맨의 아이디어는 지극히 간단했다. "아이디얼 만년필은 단순성이라는 본질을 먹고 삽니다." 제임스 매지니스James Maginnis는 1905년 〈기술협회보Journal of the Society of Arts〉에 실린 만년필에 대한 글에 이렇게 썼다. 이런 단순한 디자인과 뛰어난 품질 덕분에 아이디얼 펜은 순식간에 성공을 거두었다. 2년 만에 생산량은 매주 36개에서 1000개로 늘었다. 2006년 루이스 에드슨 워터

° 1900년대 중반에 활약한 미국 배우 제임스 스튜어트. 소박하고 수줍어하는 건실한 청년 이미지의 대표 주자로 정의감 넘치고 가족을 소중히 여기는 남자를 많이 연기하여 미국인들의 선호도 1위에 뽑히곤 했다.

맨은 미국 발명가 명예의 전당에 입성했다. 명예의 전당 웹사이트에 실린 간략한 전기에 따르면 워터맨이 "중요한 보험 계약서를 쓰려다가 허접한 펜에서 잉크가 새는 바람에 일이 지체되고 계약자를 놓치게 되자 좀 더 나은 필기구를 발명하기로 맹세했다"고 한다. 이것 참 부끄럽군.

1913년 파커 펜 회사Parker Pen Company는 버튼 필러button filler 시스템을 도입했다. 펜촉을 잉크병에 담그고 만년필 꼭지에 달린 버튼을 눌러 잉크를 빨아올리면 되는 간단한 방식이었다. 펜 안의 막대가 안쪽 자루를 눌렀다가 다시 놓아주면 펜에 잉크가 채워지는 것이다. 파커는 새로운 종류의 뚜껑인 '잭 나이프Jack Knife'도 도입했다. 그것은 뚜껑 속의 뚜껑으로 잉크가 새는 것을 방지해주는 장치였다. "그것은 새로운 매력 포인트이며 아주 유용하기 때문에 구매욕을 자극한다."

파커 펜 회사가 이 무렵에 생산한 만년필은 대다수가 상당히 엄숙한 형태였지만(주로 검은색 에보나이트 재질) 어느 직원의 관찰을 계기로 이런 대세가 바뀌었다. 1920년 루이스 테블Lewis Tebbel은 사장인 조지 파커George Parker에게 간단한 아이디어를 내놓았다. 표준적인 사무직을 위한 제품 말고 그보다 높은 곳을 겨냥하는 제품을 만들면 어떻겠습니까? 전해지는 이야기에 따르면 테블과 파커는 사무실 건물 옥상에서 아래쪽 길거리를 오가는 리무진들을 내려다보며 이야기를 나눴다고 한다. 그래, 경제는 아직 어려움을 겪고 있지만, 그래도 사치스럽게 돌아다닐 여유가 있는 사람들이 있다면 화려한 펜이 팔릴 시장도 있겠지. 뭔가 돈을 더 내고도 사고 싶어질 펜 말이다.

테블이 구상한 것은 '빅 레드' 파커 듀오폴드Big Red Parker Duofold였

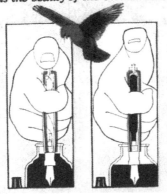

Rivals the beauty of the Scarlet Tanager

Parker Duofold takes longer to fill because of its Over-size ink capacity. Immerse Point in ink, press button and release—

Pen now starts to fill. Count 10 before you withdraw it from the ink so it can fill completely.

다. 밝은 주황색 에보나이트 재질로, 다른 파커 펜에 비해 의도적으로 더 높은 가격이 붙은 이 펜은 순식간에 수많은 사람들이 원하는 지위의 상징물이 되었다. 다른 색깔도 추가되었다(모던 그린, 만다린 옐로, 제이드 그린, 시 그린 펄). 그런 색깔 이름은 그 펜의 사치스러운 지위를 강조하기 위해 만들어졌다. 그러나 그 펜의 최고 지위는 1933년에 만들어진 배큐매틱Vacumatic에게 돌아갔다. 이 펜의 잉크 용량은 듀오폴드의 거의 두 배에 달했고 잉크 잔량을 보여주는 검고 밝은 셀룰로이드 띠가 몸통을 감싸고 있었다. 하지만 파커 펜 회사의 가장 성공적인 제품은 그다음 모델이었다.

1941년에 출시된 파커51은 미래 지향적인(10년 뒤를 내다보는 것이므로) 동시에 향수를(그 펜은 파커 펜 회사의 창립 51주년이던 1939년에 개발되었으므로) 자극하는 물건이었다. 10년 전에 파커는 그들 고유의 빨리 마르는 잉크를 출시했지만 이제 그보다도 더 빨리 건조되는 잉크를 개발했고(글을 쓰는 동안 마른다) 강렬한 색깔을 다양하게 선보였다(인디아 블랙, 튀니스 블루, 차이나 레드, 팬아메리칸 그린). 불행하게도 새 잉크는 부식성이 강해서 당시 시장에서 유통되던 거의 모든 만년필 몸통의 재료이던 셀룰로이드와 고무 잉크 튜브를 상하게 했다. 그래서 파커 사는 파커51의 몸통을 루사이트Lucite(당시 항공기에 사용되던 투명한 강력 플라스틱)로 만들었다. 다른 만년필에는 판매 불가능한 속성 건조 잉크를 루사이트로 만든 만년필에는 써도 괜찮았다. 14K로 만든 펜촉의 끝부분에는 플라시니엄Plathenium(백금platinum과 루시니엄ruthenium의 합금) 재질로 만든 후드 같은 것이 부착되어 있었다. "귀금속 펜촉"은 "당신의 글쓰기 스타일에 따라 닳을 테니, 두어 시간만 쓰면 아주 부드럽게 모양이 잡혀 수십 년간 그 상태로 유지될 것이다."

자, 체중 100킬로그램인 남자가 신제품인 파커51을 두어 시간 과감하게 사용한다면 펜촉이 그의 손 안에서 남성적인 스타일로 연마될 것이다. 하지만 아주 가냘픈 소녀가 쓴다면 그 펜촉은 그녀 특유의 여성적인 방식으로 연마될 것이다. 군이 돋보기를 쓰지 않아도 어느 쪽이 누가 쓴 것인지 알 수 있다.

말린 베이커Marlin Baker, 게일린 세일러Gaylen Sayler, 밀턴 피쿠스Milton Pickus가 조지 파커의 아들인 케네스 파커Kenneth Parker의 지시를 받아 디자인한 파커51의 유선형 몸통은 로켓이나 폭격기를 닮았고 펜촉에는 독특하게 후드가 달린 덕분에 이 디자인은 금방 명작의 반열에 들었다. (이름도 비슷한 머스탱 P-51 항공기는 이 펜과 아무 관련이 없다. 하지만

파커는 나중에 광고에서 이 둘의 유사성을 강조한다.) 바우하우스의 교수였던 라슬로 모호이너지László Moholy-Nagy는 파커51을 "우리 시대의 가장 성공적인 소품 디자인의 하나"라고 말하면서 "가볍고, 간편하고, 지극히 우수한 몸체에 걸리적거리는 부분 없이 완벽하게 기능적"이라고 찬양했다.

미국이 제2차 세계대전에 참전하면서 파커51의 생산은 전쟁 물자를 우선적으로 확보하기 위해 부족한 물자를 할당하던 전시생산국War Production Board의 규제를 받았다. 그러나 경쟁사들과는 달리 파커는 대량 광고를 줄이지 않았고 여러 해는 걸려야 맞출수 있을 만한 엄청난 수요를 창출했다. 파커는 이렇게 광고했다. "파커51은 이제 판매상들에게 배급제로 분배해야 합니다. 하지만 당신이 단골로 다니는 가게에서 예약할 수는 있겠지요."

볼펜의 탄생

라슬로 모호이너지가 파커51에 찬탄하고 있을 당시 또 한 명의 라슬로는 만년필에 그다지 감동하지 않았다. 유대인 치과 의사의 아들인 라슬로 비로László Biró는 1899년 부다페스트에서 태어났다. 제1차 세계대전이 발발하자 비로는 1917년에 사관학교에 입학했다. 전쟁이 끝나 제대한 비로는 형인 죄르지를 따라 의학을 공부했다. 대학에 다니는 동안 비로는 최면술에 흥미를 느끼고 형과 함께 그 주제에 대한 논문을 여러 편 썼다. 비로는 최면술 시범을 보이고 강연을 다니면서 학위를 따지 않은 채 학교를 떠났다. (그는 나중에 자신이 "헝가리에서는 최초로 최면술을 진지하게 다룬 사람이었다. 돈을 어찌나 많이 벌었는지, 의학 공부에 대한 흥미가 완전히 사라졌다"고 썼다.)

그 뒤 비로는 여러 직업에 손을 댔고 어떤 직업에든 그리 오래 종사하지 않았다. 보험 영업사원, 도서 출판업, 석유 회사 직원으로도 일했다. 석유 회사에서 일할 당시 비로는 돈을 좀 벌어 친구에게서 중고 부가티 스포츠카를 샀다. 2주일 뒤 부다페스트에서 열리는 자동차 경주에 참가할 계획이었다(사실 그는 운전할 줄도 몰랐다). 운전을 배우기 시작하면서 그는 기어를 바꿀 때마다 클러치를 작동시키느라 애를 먹었고 결국 자동 기어를 개발하기로 했다. 사실 비로의 발명은 처음이 아니었다. 이전에도 그는 아버지가 만든 디자인을 기초로 수성 만년필의 특허를 냈다. 그 만년필은 고체 잉크가 들어 있는 튜브에 물을 넣어 잉크를 녹여 쓰는 방식이었다. 또 세탁기의 초기 모델도 만들었다. 그러나 이런 발명품이 성공을 거둔 것 같지는 않다. 그는 여기저기에 관심을 보이느라 한 우물만 팔 수가 없었다. 비로는 엔지니어 친구와 함께 일 년이 넘도록 자동 기어를 만들었고 마침내 만족스러운 디자인을 내놓았다. 그들은 제너럴 모터스General Motors와 5년간 매달 100달러(현재 가치로는 1025파운드)씩 지급받는 계약을 맺었다. 하지만 그 디자인은 한번도 생산되지 않았다.

비로가 그다음에 얻은 일자리는 주간 신문인 〈엘로르Elöre〉의 기자직이었다. 어느 날 그는 신문사의 인쇄실을 찾아갔다가 기계의 열기 때문에 펠리칸Pelikan 만년필의 잉크가 새어나와 짜증이 났다. 인쇄기의 회전식 롤러를 보던 그는 비슷한 작동 방식을 활용하여 새로운 펜을 만들 수 있을지 궁리하기 시작했다. 어떤 이야기에 따르면 비로는 1936년 어느 카페에 앉아 그 메커니즘이 어떻게 작동할 수 있을지를 스케치했다고 한다. 그는 문제에 봉착해 있었다. 원통형(인쇄기에 쓰이는 것과 같은 형태)은 한 방향으로만 움직인다. 하지만 펜은 어떤 방향으로도 굴러가야 한다. 그곳에 앉아있던 그의 눈에 길에서 구슬놀이를 하는 아이들이 보였다. 물웅덩이를 지나간 구슬 하나가 젖은 자국을 남기면서 지나갔다. "머릿속에서 해결책이 번개 치듯 번뜩였다. 구형球形이야!"

종이에 흔적을 남기기 위해 구를 쓰자는 아이디어를 떠올린 것이 비로만은 아니었다. 매사추세츠의 존 라우드John Loud는 펜촉에 금속 제 공을 넣은 펜의 특허를 냈다. 그것은 목재, 거친 포장지, 기타 거친 표면에 글을 쓰기에 특히 유용했다. 이후 다른 사람들의 비슷한 디자인이 뒤를 이어 나왔다. 하지만 초기 볼펜들은 펜촉의 폭이 아주 넓었다(주목할 만한 예외는 라포레와 피뇽이 마르셀 비슈와 팀을 이루어 만든 것과 폴 아이스너Paul Eisner와 벤젤 클림스Wenzel Klimes가 1935년에 판매한 펜, 두 가지뿐이었다). 그러나 이런 펜들은 성능이 믿을 만하지 못해서 걸핏하면 잉크가 새거나 글씨가 쓰이지 않았다. 비로는 디자인을 개선하기 위해 누구보다 열심히 노력했다. 그는 펜 자체만이 아니라 그 속에 넣을 잉크의 성능도 연구했다.

라슬로는 당시 치과 의사로 일하던 형에게 연락했다. 죄르지가 화학을 좀 알고 있었으므로, 새 펜에 적합한 잉크를 개발하기로 했다. 죄르지는 응용화학 교수를 찾아가 "카트리지에서는 액체 상태로 있다가도 종이에 닿으면 금방 마르는 잉크를 찾고 있다"고 말했다. 교수는 그런 것은 제작이 불가능하다고 대답했다. "염료에는 두 종류가 있어요." 교수가 설명했다. "빨리 마르는 종류가 있고 천천히 마르는 종류가 있어요. 빨리 말라야 할 때는 빨리 마르고 그러지 말아야 할 때는 천천히 마르는 그런 종류의 염료를 말하는 겁니까? 염료란 그런 식으로 마르지 않고, 또 그렇게 존재할 수도 없어요." 그 뒤 6년 동안 비로와 죄르지는 그 교수가 틀렸음을 입증하기 위해 노력한다.

〔 제품 출시 경쟁 〕

당시에 비로는 아직 신문사에서 일하고 있었고 제너럴 모터스에서도 매달 돈을 받고 있었다. 그러나 발명품 원형을 만들려면 돈이 많이 필요했다. 어린 시절의 친구인 임레 겔레르트Irme Gellért가 재정 지원을 좀 해주었지만 비로는 더 많은 투자를 끌어들이려면 뭔가 믿을 만한 시범용 제품이 있어야 한다는 사실을 깨달았다. 하지만 그가 만든 시범용 제품은 수시로 잉크가 새거나 작동하지 않았다. 겔레르트와 죄르지는 투자자들을 계속 만났다. 죄르지가 사업 이야기를 하는 동안 겔레르트는 테이블 밑에서 펜을 남몰래 시험해보았다. 글씨가 나오는 펜이 있으면 겔레르트는 그것을 투자자에게 보여주었다. 작동하는 펜이 없으면 그는 샘플을 마침 가져오지 않았다면서 다음에는 반드시 여분의 샘플을 갖고 오겠다고 약속하고 새로 만남을 잡곤 했다.

　비로와 겔레르트는 유고슬라비아로 가서 길레르모 빅Guillermo Vig이라는 이름의 은행가와 만나게 되었다. 약속 시간에 앞서 호텔에 도착한 그들은 호텔 안내대에서 입실 기록을 작성하기 위해 샘플 펜을 한 자루 꺼내 썼다(마침 제대로 작동하는 펜이 하나 있었다). 그들 곁에 서 있던 노인이 그 펜을 보고 그에 관해 물어보더니, 자신은 후스토 장군인데, 아르헨티나에서 왔고 공학에 관심이 있다고 소개했다. 비로와 겔레르트는 노인의 방으로 가서 펜에 대해 자세히 설명해주었다. 후스토는 그런 펜을 판매할 시장이 아르헨티나에 있을 것이라면서 관심이 있으면 아르헨티나 비자를 주선해주겠다고 제안했다. 그들은 이 문제를 논의하기 위해 두어 달 뒤 파리의 아르헨티나 대사관에서 다시 만

날 약속을 잡았다. 빅과의 만남은 성과가 좋았고 그들은 발칸 지역에서 연간 4만 자루가량의 판매 거래에 합의했다. 회의가 끝난 뒤 그들은 빅에게 아르헨티나 노인과 만난 이야기를 하고, 그 노인의 명함을 보여주었다. 빅은 그들이 만난 노인이 아르헨티나의 전임 대통령인 아구스틴 P. 후스토Agustín P. Justo 장군이라고 말했다. 후스토는 아르헨티나와 유고슬라비아의 무역 문제를 논의하기 위해 이 나라에 온 것이었다.

헝가리에서 반유대주의 분위기가 고조되자 비로는 그해가 가기 전에 헝가리를 떠나야겠다고 결심했다. 1938년 12월 31일 그는 프랑스로 갔다. 하지만 프랑스에서 실질적인 거래를 성사시키지 못했으므로 (또 비자 기간도 만료되었다) 그는 1940년 아르헨티나로 갔다. 그의 형은 일 년 뒤에 따라갔다. 비로는 형이 치료한 환자의 남편인 루이스 랑Luis Lang과 함께 사업을 벌여 비로 SRL을 설립했다. 그들의 첫 펜(에터펜Eterpen)은 1942년에 생산되었다. 하지만 잉크가 여전히 말썽을 부렸다. 잉크가 굳으면 글씨를 쓸 수가 없으니, 고객이 반품하러 왔다. 얼마 안 되던 자본금은 금방 동나버렸다. 랑이 변호사에게 도움을 청하자 변호사는 헨리 조지 마틴Henry George Martin이라는 사람을 소개해주었다.

마틴은 1899년 런던에서 태어나 1924년 아르헨티나로 이주했다. 마틴은 랑이 보여준 펜에 감명받았다. 그는 투자자를 모으고 그 대리인의 신분으로 회사의 지분 51퍼센트를 사들였다. 마틴은 미국의 에버샤프Eversharp와 에버하드 파버 Eberhard Faber와 새로 동업 계약을 맺고 이들에게 비로의 디자인을 넘겨주는 과정에서 크게 활약했다. 그는 또 1944년 런던에서 마일스 에어크래프트 사Miles Aircraft Ltd의 프레더릭 마일스Frederick Miles와 동업하여 마일스-마틴 펜 회사Miles-Martin Pen Company를 세웠다. 아르헨티나로 돌아온 마틴에게 미국의 사업가 밀턴 레이놀즈Milton Reynolds가 접근했다. 레이놀즈는 볼펜의 소문을 듣고 그 펜의 미국 내 판권을 사고 싶어했다. 그러나 에버샤프/에버하드 파버와 마틴 사이에 계약서가 서명된 직후여서 비로의 디자인권을 얻지 못한 레이놀즈는 에버샤프/에버하드 파버가 미국에서 볼펜을 출시하기 전에 자기가 먼저 펜을 생산하기로 했다.

1945년 10월 29일 레이놀즈는 레이놀즈 인터내셔널 펜Reynolds International pen을 출시했다. 그것은 미국에서 최초로 판매된 볼펜이었다. 레이놀즈는 뉴욕의 김블스Gimbels 백화점과 독점 판매 계약을 맺고 〈뉴욕 타임스New York Times〉 지에 "글쓰기 혁명을 일으킬 기적의 펜"이 출시되었다는 광고를 실었다. 그 광고에 따르면 "환상적인 원자 시대의 기적과 같은 만년필, 당신이 그 소문을 읽고 궁금해하고 고대했던 그 만년필fountain pen"은 2년 동안 잉크를 다시 채우지 않아도 된다. (레이놀즈가 자기 제품을 만년필이라 묘사한 것이 좀 혼란스럽다. 하지만 당시에 그 용어는 몸통에 잉크 주머니를 담고 있는 모든 유형의 펜을 지칭했다. 새로운 종류의 펜, 볼펜이 나온 뒤에야 그런 펜들을 지칭하는 새로운 용어가 필요해졌다.) 그 펜에는 보증서도 딸려 있었다.

레이놀즈 인터내셔널 펜을 처음 구매한 날로부터 2년 이내에 고장이 난다면 김블스로 가져오십시오. 즉시 환불해드리겠습니다.

소매가격이 12달러 50센트(지금의 160달러에 해당)나 되었는데도 에버샤프/에버하드 파버를 선수 친 판매 전략이 확실히 효과가 있었다. 〈뉴요커〉 지에 따르면 출시된 날 오전에 상점 앞에는 5000명이 기다리고 있었고 군중을 통제하기 위해 급히 경찰관 50명이 추가로 호출되었다고 한다. 첫날 1만 자루가 팔렸고 석 달 안에 100만 자루가 넘게 팔렸다. 레이놀즈는 출시 시점이 성공의 결정적인 요인이었다고 말한다. "난 그 펜이 1945년 크리스마스 철에 판매된다면 성공하리라고 확신했다." 시기가 딱 맞아야 했다. 전쟁도 끝났으니 대중은 놀랄 만한 것을 원했고 또 갖고 싶어했다. 볼펜이 일 년만 늦게 시장에 풀렸더라도 그 정도로는 팔리지 않았을 것이다.

비로는 디자인을 완벽하게 다듬느라 여러 해를 소모했다. 즉 펜촉으로 잉크를 끌어오기 위해 중력만이 아니라 모세관 현상도 활용했던 것이다. 레이놀즈 인터내셔널 펜은 서둘러 제작되느라 중력만 활용했다. 그 결과 레이놀즈는 더 쉽게 흘러내리는 잉크를 따로 개발해야 했다. 레이놀즈가 새틴플로Satinflo라고 이름 붙인 새 잉크는 종이 위에 엉기고, 햇빛에 색이 바래고, 종이에 스며들곤 했다. 레이놀즈는 몸통에 공기구멍도 내지 않았다. 잉크가 사용되면서 분량이 줄어들면 중간에 진공 구간이 생기고 잉크가 나오지 않게 된다. 또 공기구멍이 없으면 볼펜이 따뜻해질 경우(예를 들면, 상의 주머니에 꽂아둘 경우) 잉크가 새기도 한다. 기본적으로 그 펜은 불량품이었다. 처음 여덟 달 동안 레이놀즈는 고장 난 펜 10만 4643자루를 교환해주었다. 당시 아직 볼펜 시장에 들어가지 않았던 케네스 파커는 레이놀즈 인터내셔널 펜을 두고 "먹지 사본 여덟 장은 만들지만 원본은 만들지 못하는 유일한 펜"이라고 묘사했다.

1946년 에버샤프는 마침내 자체의 볼펜인 에버샤프 CA를 출시했다. 비로가 특허를 냈던 모세관 작동 방식의 디자인(그 때문에 모세관 작용Capillar Action의 이니셜인 CA라는 이름이 붙었다)을 기초로 한 그 펜은 레이놀즈가 서둘러 출시한 볼펜에 비해 확실히 개량된 제품이었다. 펜은 뉴욕의 세인트레지스 호텔에서 열린 칵테일파티에서 첫선을 보였다. 얼마나 단단한지 보여주기 위해 에버샤프 CA 한 자루를 나무통에 망치로 박아 넣었고, 또 한 자루는 가압加壓 유리병에 봉인하여 비행기에서도 잉크가 새지 않는다는 것을, 또 한 자루는 액체 질소에 빠뜨려 극한의 저온에서도 작동한다는 것을 보여주었다. 결말을 미리 알려주면 에버샤프 CA가 메이시스 백화점에 첫선을 보인 날에 레이놀즈도 새 제품(레이놀즈 400)을 출시했다. 새 모델이 소개되었지만 레이놀즈의 기술적 결함은 계속되었다. 메이시스 백화점의 판매원은 일부러 깨끗한 흰 장갑을 끼고 에버샤프 펜의 잉크가 새지 않는다는 것을 과시했지만 레이놀즈 펜을 파는 김블스 백화점의 직원들은 그럴 수가 없다는 사실이 그 결함을 부각해주었다.

볼펜의 명예 회복

볼펜이 처음 나왔을 때의 열광이 사라지자 미국 고객들에게 남은 것은 제대로 작동하지 않고 잉크도 살짝 새는 물건뿐이었다. 에버샤프 CA는 레이놀즈 인터내셔널 펜에 비해 확실히 개선되기는 했지만 문제가 없지 않았고 시장에는 과장된 홍보 문구로 치장된 값싼 모조품이 흘러넘쳤다. 1940년대 말 미국의 볼펜 판매량은 한 해 5만 자루로 급격히 떨어졌다. 거품은 터졌고 남은 것은 잉크 자국뿐이었다.

그러나 사업가 패트릭 프롤리Patrick Frawley는 볼펜이 여전히 잠재력을 갖고 있다고 확신했다. 그는 4만 달러를 투자하여 토드 펜 회사Todd Pen Company를 매입한 다음 회사 명칭을 프롤리 코퍼레이션Frawley Corporation으로 바꾸었다. 프롤리는 새로 개발된 잉크를 1949년에 출시된 첫 제품인 페이퍼메이트Paper-Mate 펜에 사용했다. 그다음 해에 회사는 페이퍼메이트에 쓰인 푸시버튼의 특허를 냈으며, 볼펜을 사용하지 않을 때는 용수철을 이용해 펜촉을 몸통에 집어넣을 수 있는 '투톤' 펜'tu-tone' Retractable pen(가격은 1달러 69센트였다)으로 볼펜에 대한 소비자의 신뢰를 회복시켰다. 1953년에는 대규모 광고 공세를 펼치면서 그레이시 앨런Gracie Allen("그레이시 앨런은 말한다, '난 페이퍼메이트의 스타일과 산뜻한 새 색깔을 사랑해요!'"), 조지 번스George Burns("조지 번스는 말한다, '페이퍼메이트의 푸시버튼은 정말 대단해서 절대 고장 나지 않는답니다!'") 같은 유명 인사를 광고에 출연시키고 하트 두 개를 나란히 붙인 단순한 로고로 페이퍼메이트 브랜드의 위치를 공고히 했다. 1950년에 그 회사의 판매액은 50만 달러였지만 다음 해에는 200만 달러, 1953년에는 2000만 달러로 올랐다. 1955년 프롤리는 페이퍼메이트를 1550만 달러에 질레트 사Gillette Company에 팔았다. 원래 투자액이 4만 달러였던 것을 생각하면 나쁜 수익이 아니다. 프롤리 덕분에 볼펜이 다시 괜찮은 물건으로 인식되었다.

만년필 시장에 집중하던(특히 파커51이 성공을 거둔 뒤라) 파커는 품질을 중시한다는 자신들의 평판에 해를 입히지 않는 펜을 만들 수 있겠다는 확신이 들기 전에는 볼펜 출시를 망설였다. 파커 사는 1950년 인기 있는 호팔롱 캐시디Hopalong Cassidy　캐릭터를 기초로 볼펜을 생산한 적이 있었다. 하지만 "파커 사가 생산하고 판매"했는데도 파커 측은 그 볼펜이 "파커 볼펜은 아니며", 파커는 "볼펜 사업을 아직 시작하지 않았다"고 계속 주장했다. 그러나 결국은 파커 사도 굴복하고 대규모로 볼펜 사업에 뛰어들었다. 파커 사의 디자인팀은 쓰지 않을 때는 펜촉을 몸통에 집어넣을 수 있는 볼펜을 개발하기 위해 여러 해 동안 연구했고 1953년 가을에는 설계도면을 넘어서서 실제로 생산되는 단계로 나아가기 위해 "90일 동안 미친 듯이 일해서" 오퍼레이션 스크램블Operation Scramble이라는 제품을 출시했다.

파커 조터Parker Jotter는 1954년 1월에 출시되어 지금도 판매되는 제품이다. 66명의 연구진이 개발한 이 펜은 경쟁 제품들보다 여섯 배는 더 오래 쓸 수 있었고, 펜촉의 굵기도 세 종류로 나왔다(가는 것, 중간 것, 굵은 것). 결정적으로 이 펜은 잉크가 새지 않았다. 푸시버튼을 눌러서 펜을 꺼내거나 집어넣을 때마다 글씨 쓰는 끝 부분이 90도 회전해서 글씨를 쓰는 동안 어느 한쪽만 불균등하게 닳는 일을 방지해준다. 조터의 품질을 보장하기 위한 모든 노력에도 불구하고 파커는 여전히 볼펜 때문에 평판에 흠이 생길까 불안한 나머지 초기의 볼펜에

클래런스 멀포드Clarence E. Mulford가 1904년에 발표한 카우보이 이야기 시리즈의 주인공. 기본적으로 전형적인 카우보이답게 무례하고 무모하고 거친 언행을 특징으로 했지만, 1935년부터 단편영화 시리즈로 만들어지면서 영웅화되고 순화되었다. 원작 캐릭터도 그에 맞추어 다듬어졌다. 1949년부터는 TV 서부극 시리즈로도 제작되었다.

는 다른 파커 펜들처럼 화살형 클립을 달지 않았다. 케네스 파커는 그 펜이 실패작이 되더라도 파커 브랜드와 연루되지 않기를 바랐던 것이다. 하지만 걱정할 필요가 없었다. 그 펜은 워낙 큰 성공작이어서 4년 이내에 화살 클립을 부착할 수 있게 되었고, 지금까지 7억 5000만 자루가 판매되었다.

볼펜의 평판이 미국에서는 밀턴 레이놀즈 같은 기회주의자 때문에 심각하게 훼손되었지만 유럽에서는 사정이 그보다는 나았다. 헨리 마틴과 라슬로 비로의 연합에 프레더릭 마일스의 기계공학적 배경이 합쳐진 덕분에 1945년 마일스-마틴 펜 회사가 영국에서 첫 번째 볼펜('비로'라는 브랜드명으로 나옴)을 출시하자 반응이 좋았다. 2차 대전 직후라 원자재가 부족했기 때문에 생산량이 제한되어 수요가 공급을 훨씬 추월했고 소매점에는 매달 25자루씩만 할당되었다. 비로 펜은 "잉크를 다시 넣지 않아도 글쓰기 분량에 따라 6개월 이상 쓸 수 있다"는 (특이하지만 결정적으로 중요한 품질보증서가 동봉되어) 광고와 함께 판매되었다. 잉크를 다시 넣을 수는 있었지만 그러려면 볼펜을 상점으로 가져가야 했다. (일부 소매점은 우편으로 리필 서비스를 제공하기도 했다. 다 쓴 펜을 우편으로 보내면 다음 날 충전된 펜이 우송되는 것이다). 1947년경 영국에는 다른 볼펜 제조업자들이 등장하기 시작했고 2년 안에 영국 내에 50개 이상의 볼펜 회사가 난립했다.

경쟁자들에게 계속 앞서기 위해, 또 가장 중요한 크리스마스 시장을 장악하기 위해 1949년에 마일스-마틴은 다양한 신제품을 출시했다. 그중에는 비로-퀼Biro-quill("여섯 가지 색으로 나온 이 매혹적인 크리스마스 신제품은 비로 리필이 몸체에 단단히 붙어 있는 진짜 깃털모양 펜으로 비싸지 않으면서도 어떤 방에든 즐거운 색채감을 더해주는 선물입니다"), 그리고 성인용인 비로 발리타Biro Balita가 있었다. 비로 발리타는 라이터가 함께 부착된 볼펜이었다("이런 크리스마스 선물은 전 세계에서 이것뿐입니다").

1952년 그 회사는 메이비 토드 사Mabie Todd & Co. Ltd를 사들여서 비로-스완 사Biro-Swan Ltd로 이름이 바뀌었다. 같은 해에 헨리 마틴은 라슬로 비로의 특허를 침해했다는 이유로 마르셀 비슈를 상대로 소송을 제기했다. 아이러니하게도 비슈의 동업자인 장 라포레도 그보다 먼저 마일스-마틴 펜 회사를 상대로 소송을 제기했었다. 그 회사의 제품이 그가 1932년에 얻은 특허를 침해했다는 것이었다. 그 소송에서는 마틴이 라포레에게 승소했고 이번에도 판결은 마틴에게 유리하게 내려졌다. 원래 판결은 비슈에게서 모든 주식을 압수하라는 것이었다. 대신 비슈는 마틴과 로열티 협상을 맺어 모든 펜 판매가의 6퍼센트, 그리고 모든 리필 판매가의 10퍼센트를 비로-스완 측에 주기로 했다. 이 합의안은 1957년에 라 소시에테 빅la société BIC이 비로-스완 사의 지분 47퍼센트를 사들일 때까지 계속 유지되었다. 빅은 그 뒤 10년 동안 그 회사의 지분을 계속 사들였다. 두 회사는 1964년에 존 마틴(헨리 마틴의 아들)이 마르셀 비슈의 딸인 카롤린과 결혼하자 더욱 가까워졌다. 마틴과 비슈 일가는 결국 결혼으로 맺어져서 오랫동안 행복하게 살았지만 비로 형제는 그런 해피엔딩을 맞지 못했다. 비로는 재정 문제도 있었고 가족을 아르헨티나로 데려오기 위해서도 점차 자기 회사의 지분을 팔아넘기지 않을 수 없었다. 말년에 그는 아르헨티나의 펜 회사인 실바펜Sylvapen의 자문으로 일했다.

만년필의 부활

1950년대 중반에 이르자 미국에서 볼펜은 만년필보다 세 배는 더 많이 팔리게 되었다. 볼펜이 선호되는 중요한 요인으로, 만년필은 여전히 잉크병을 가지고 다니면서 잉크를 채워야 한다는 점이 있었다. 이는 불편하기도 하고 지저분하기도 했다. 간편하고 잉크도 새지 않는 볼펜과 경쟁하기 위해 워터맨은 1954년에 워터맨 CF cartridge filled (충전용 카트리지)를 출시했다. 이것은 플라스틱으로 만든 잉크 카트리지를 사용한 최초의 만년필이었다. 잉크 카트리지는 원래 1890년에 이글 연필 회사 Eagle Pencil Company가 도입했지만 유리 카트리지는 쉽게 깨지곤 했다. 워터맨은 유리 카트리지를 쓰는 시제품을 1927년과 1936년에 출시했지만 똑같은 문제를 겪었다. 카트리지를 쓰는 만년필이라는 개념이 제대로 성공한 것은 플라스틱 제조 기술이 발전하여 플라스틱 카트리지가 만들어진 뒤의 일이었다.

플라스틱 잉크 카트리지가 이점은 있었지만 만년필은 아무리 해도 볼펜처럼 값싸고 편리할 수는 없었다. 그런데 일부 사람들에게는 바로 이 점이 매력이었다. 2012년 BBC는 만년필 판매가 증가하는 추세라고 보도했고, 그 전해에 아마존은 어느 때보다도 많은 만년필을 판매했다고 발표했다. 파커 사는 만년필의 부활을 축하했다. 만년필이 복귀하는 모양새였다. 그런데 사실 만년필의 복귀는 이미 여러 번 이루어졌다. 1980년에는 만년필의 인기가 엄청나게 되살아났다. 1986년에는 값비싼 만년필에 대한 부유한 쇼핑객의 관심이 다시 붐을 이뤘다. 1989년 만년필은 여러 해 만에 그늘에서 몸을 일으켜 다시 한

번 일상의 귀중한 필수품이 되었다. 1992년에 만년필은 다시 인기를 누렸다. 1993년에는 만년필에 대한 관심이 새로 일어났다. 1998년에는 사치스러운 만년필의 거대한 복귀가 이루어졌고 2001년에는 고전적인 만년필이 또다시 복귀했다.

이처럼 만년필이 예전 인기를 되찾고 있다는 이야기가 자주 다시 등장하는 이유는 그런 이야기가 거짓말일 것이라는 의심을 유발하지 않으면서도 사람들의 관심을 끌 만큼은 의외이기 때문이다. 이메일의 사용도가 점점 높아지는데도 만년필 판매량이 매년 줄어드는 대신 늘어난다는 사실 자체가 놀랍다. 만년필 판매량이 안정적인 것(이따금 급격히 치솟는 상황은 물론)은 이상해 보인다. 그러나 글을 적을 일은 항상 있을 것이고 그럴 일이 줄어들기는 해도 그 기회는 더욱 소중히 여겨지게 된다. 유럽과 중동 그리고 아시아 지역의 파커 사무용품 담당 부사장인 고든 스콧Gordon Scott은 가장 최근에 만년필이 인기를 회복했을 당시 "과거에는 만년필이 우리에게 작업도구였지만 이제는 장식품에 더 가까운 것으로 변해간다"고 말했다. 이메일과 아이팟의 세계에서는 값싼 만년필조차 지위 상징물status symbol이 될 수 있다. 재산이 얼마나 많은지가 아니라 얼마나 취향이 세련되었는지를 알려주는 상징물 말이다. 물론 당신이 얼마나 부자인지 자랑하고 싶다면 값비싼 만년필을 살 수도 있다.

독일의 사업가 알프레드 네헤미아스

Alfred Nehemias와 엔지니어인 아우구스트 에버스타인August Eberstein은 1906년에 미국 여행을 하던 중에 그곳에서 판매되던 새로운 만년필에 깊은 인상을 받았다. 독일로 돌아온 그들은 펜을 만들기로 결심하고 함부르크의 문구 판매상인 클라우스-요하네스 보스Claus-Johannes Voss와 연락했다. 그들이 세운 심플로 필러 펜 회사Simplo Filler Pen Company는 2년 안에 첫 번째 제품인 루주에누아르Rouge et Noir 만년필을 출시했다. 그다음 제품은 그 회사가 달성하려는 품질의 상징처럼 유럽 최고봉인 몽블랑Mont Blanc이라는 이름을 달았다. 1913년 그 회사는 여섯 모의 흰색 별을 로고로 채택했다. 그 산의 이름은 나중에 그 회사의 이름이 되었다.

1924년 몽블랑은 첫 번째 마이스터스튁Meisterstück 만년필을 출시했고 1952년에는 마이스터스튁 149를 선보였다. 합성수지로 만든 149의 검은 몸체와 금도금된 삼중의 띠를 두른 뚜껑은 처음 선보인 이후 지금까지 거의 변하지 않았다. 각 펜촉에 새겨진 숫자 4810은 미터로 표시된 몽블랑의 해발고도다. 몽블랑은 마이스터스튁 브랜드로 단지 만년필만이 아니라 시계, 가죽 제품, 보석 등 광범위한 분야의 고급 제품을 팔기 시작했다. 1983년 몽블랑은 귀금속 마이스터스튁 솔리테르Meisterstück Solitaire 컬렉션을 선보였고 순금 몽블랑 마이스터스튁 솔리테르 로열Montblanc Meisterstück Solitaire Royal도 그중 하나였다. 다이아몬드가 박힌 몽블랑 마이스터스튁 솔리테르 로열(4810개의 다이아몬드가 달렸다)은 1994년 7만 5000파운드의 가격으로 기네스에 세계 최고가 펜으로 등록되었다. 이 기록은 2007년 73만 달러짜리 몽블랑 미스터리 마스터피스Montblanc Mystery Masterpiece(보석상 반 클레프Van Cleef와의 협업으로 제작)가 나오면서 빛이 바랬다. 펜 한 자루에 73만 달러라니, 이거야 원.

익스트림 볼펜 테스트

물론 수많은 사람에게 그런 사치는 상상도 못할 수준이고 값싼 볼펜의 매력에 저항할 길은 없다. 1950년대 내내 볼펜의 인기가 높아지자 1958년 소비자 잡지인 〈어느 것which?〉은 대표적 볼펜 제품 21종류를 테스트했다. 잉크가 새는지, 다양한 상황에서 얼마나 깨끗함을 유지하는지, 얼마나 잘 써지는지, 리필 잉크가 얼마나 오래가는지, 얼마나 잘 만들어진 제품인지 등을 테스트했던 것이다. 각 펜을 엄밀하게 똑같은 조건에서 검사하기 위해 일련의 정교한 테스트가 구성되었다. 과학적 접근법을 취하겠다는 뜻이었다.

디자인이 잘된 펜이라면 높은 고도에서도 잉크가 새지 않아야 하므로, 〈어느 것?〉은 펜을 비행기에 싣고 4500미터 상공으로 올라간 다음 낮은 기압 상태에 한 시간 동안 방치했다가 지상으로 갖고 내려왔다. 이런 실험을 45번이나 되풀이했지만 21종의 펜 중 어느 것도 잉크가 새지 않았다. 펜촉에서든 몸통에서든 새는 흔적은 없었다. 여기까지는 좋았다.

안주머니에 펜을 넣어두면 어찌 되는지를 시험하기 위해 펜을 섭씨 32도가량으로 맞춘 오븐에 12시간 넣어둔 다음 잉크가 새는지 확인해보았다. 또 12시간 뒤에 다시 확인했다. 마지막으로 섭씨 49도가량의 오븐으로도 실험을 되풀이했다. 펜을 햇볕에 내버려두거나, 라디에이터 위에 펜이 든 가방이나 상의를 걸쳐두면 그런 온도를 접할 수 있다는 것이었다. 펜이 꽂힌 상의를 라디에이터 위에 걸쳐두면 어떤 일이 생기는지를 테스트하고 싶을 경우 그냥 그 상의를 라디에이터 위에 걸쳐두는 편이 더 간단하고 정확한 방법일 것 같지만 말이다. 애석하게도 이 테스트에서 퀸스웨이Queensway 100과 125가 잉크가 샜고 롤팁 로타 리트랙터블Rolltip Rota Retractable과 롤팁 모델 22도 그랬다. 주머니나 가방에서 잉크가 샐 위험이 있는 펜은 쓸 만한 펜이 아니라는 것이 이 잡지의 판단이었기 때문에 이런 펜들은 거부당했다.

〈어느 것?〉은 어느 펜이 제일 잘 써지는지도 실험해보았다. 아마 이것이 4500미터 고도로 올라가거나 섭씨 49도의 오븐에 들어가는 것보다 더 중요한 과제일 것이다. 그들은 변수가 되는 인간적 요인을 배제하기 위해 정교한 기계를 만들어 실험을 진행했다. 그 기계는 여러 자루의 펜을 쥐고 동시에 동일한 조건 하에서 펜을 실험했다. 그 기계에 끼워진 펜은 대문자 D와 비슷한 글자를 썼다. 그런데 그 글자가 얼마나 큰지, 펜 아래에 놓인 종이의 길이가 약 30미터에 달했을 때 각 펜이 그은 자국의 길이는 약 1.6킬로미터에 달했다('약'이라는 단어 때문에 이 실험의 과학적 정밀성이 살짝 훼손되었다).

각 펜의 리필 세 개가 이 기계에 끼워졌다(그리고 때에 따라서는 결과를 점검하기 위해 여섯 개가 쓰이기도 했다). 이 실험에 사용된 종이는 330미터가 넘었고 그 종이에 그려진 자국은 210킬로미터가 훨씬 넘었다. 사무실에서는 대단히 재미있는 날이었을 것이다. 그리고 그 보상도 상당했다. 실험 결과 결함이 전혀 없는 펜은 하나도 없었고 같은 브랜드라도 리필에 따라 편차가 상당하다는 사실이 밝혀졌기 때문이다.

최종적으로 플라티넘 클린포인트 슬림Platignum Kleenpoint Slim과 스크립토Scripto 250이 볼펜이 가져야 할 핵심적인 품질 면에서 최고의 가격 대비 성능을 보인 것으로 판정되었다.

우주에서도 쓸 수 있는 펜

〈어느 것?〉 지의 모든 테스트를 틀림없이 통과할 펜으로 피셔 우주 펜Fisher Space Pen이 있다. 흔히들 우주에 대한 미국과 러시아의 접근 방식이 대조적이라고 본다. 속설을 소개하는 웹사이트인 스노프스Snopes는 1990년대 후반에 널리 돌아다니던 이메일 하나를 인용한다.

> 오늘의 생각
> 지난 1960년대의 우주 경쟁 시대에 나사NASA는 큰 문제에 봉착했다. 우주인들은 진공 상태인 우주에서도 잘 쓰이는 펜이 있어야 했다. 나사는 작업에 들어갔다. 그래서 150만 달러를 들여 우주 펜을 개발했다. 기억하는 사람들도 있을 것이다. 그 펜은 시장에서 인기를 약간 누렸다.
> 러시아인들도 같은 문제에 봉착했다. 그래서 그들은 연필을 썼다.

이 이야기는 틀 밖에서 생각하는 것이 얼마나 중요한지를 보여준다. 그리고 문제가 생겼을 때 가장 간단한 해결책이 최고의 해결책인 경우가 많다는 것도. 흔히 수평적 사고lateral thinking 의 아버지라고 불

기존의 관념이나 상식에 의존하지 않는 새로운 사고방식.

리는 에드워드 드 보노Edward de Bono가 1999년 자신의 저서 《뉴 밀레니엄을 위한 새로운 사고New Thinking for the New Millennium》에 이 이야기를 수록한 이유도 당연히 그것이었다. 그러나 이 이야기는 새빨간 거짓말이다.

실제로 (1965년 3월 23일에 발사된) 제미니 3호의 승무원들이 연필을 가져가기는 했다. 당시에 연필 34자루의 구입비로 모두 4382.50달러가 들었다고 해서, 그런데도 실제로 우주선에 실린 것은 두 자루뿐이었다고 해서 논란이 벌어졌다(연필 한 자루당 128.84달러, 지금 가치로는 960달러가량). 연필 구입비에 대해 해명하러 나선 나사의 로버트 길러스Robert Gilruth는 그 지역의 작은 문구점에서 구입한 실제 필기도구의 가격은 자루당 1.75달러였다고 대답했다. 128.84달러에 포함된 비용 내역을 보면 연필 집는 릴, 베이스 플레이트, 연필통의 제작비와 조립비가 포함되어 있었다. 가게에서 보통 연필을 한 자루 사서 그대로 우주선에 가져갈 수는 없지 않겠는가. 연필 집는 릴과 베이스 플레이트와 연필통이 있어야 한다. 당연히.

초기의 머큐리 계획이 진행되던 기간에 승무원들은 유성 연필을 썼지만 그런 제품은 여러 이유에서 만족스럽지 못했다. 두꺼운 장갑을 꼈기 때문에 손놀림이 힘들었고 연필이 제멋대로 돌아다니다가 중요한 기구에 부딪힐 수 있었다. 연필이 유영해서 달아나는 일을 막기 위해 웨이트리스나 성직자들이 쓰는 방법도 써보았다. 그러니까 스프링 줄을 연필에 매어두는 것이다. 이런 보통 연필은 가격이 1.75달러에 불과했다. 그러나 불행히도 이런 도구를 실험하는 과정에서, 용수철 클립이 중력을 이용하는 장치이다 보니 무중력 상태에서는 작동하지 않음이 밝혀졌다. 한 자루당 128.84달러라는 가격이 매겨진 것은 여러 가지 디자인과 제작과 테스트가 소량을 대상으로 진행되었기 때문에 제작 단가가 높아진 탓이었다. 사무실 등에서 일반적으로 쓰이는 제품처럼 대량생산되는 물건이라면 제작 단가는 대폭 낮아질 것이라고 길러스는 설명했다.

어쨌든 연필은 무중력 상태에 별로 적합한 도구가 아니다. 연필심은 걸핏하면 부러지기 때문에 민감한 기기에 해를 끼칠 수 있고 우주인들의 눈을 찌를 수도 있다. 펜이 훨씬 나은 도구다. 하지만 나사가 더 복잡한 도구를 선호하여 연필이라는 간단한 해결책을 간과했다는 주장이 사실이 아닌 것처럼 그 대안을 찾아내기 위해 수백만 달러를 썼다는 말도 사실이 아니다.

우주 펜 개발에 돈을 쓴 것은 나사가 아니었기 때문이다. 그 제품을 개발한 사람은 폴 피셔Paul C. Fisher라는 발명가였고 비용은 온전히 그가 부담했다. 제2차 세계대전 중에 피셔는 항공기 프로펠러에 쓰이는 볼 베어링 공장에서 일했다. 어떤 면에서는 이 경험 덕분에 그가 볼펜의 펜촉에 쓰이는 미세한 금속 공 제작에 필요한 정밀 공법을 알게 되었을 것이다. 전쟁이 끝난 뒤에 그는 다양한 볼펜에 모두 쓰일 수 있는 잉크 카트리지인 '유니버설 리필'을 개발했다. 그전에는 각 제조사가 고유의 리필, 즉 자신들의 펜에만 꼭 맞는 리필 잉크를 디자인해 팔았다. 이런 상황에 어떤 단점이 있는지, 또 그로 인해 사용자와 판매상이 얼마나 불편을 겪는지는 분명했다. 1958년 피셔는 특허 신청서에서 이렇게 설명했다. "어떤 소매상도 수많은 볼펜 회사에 맞는 각각의 리필 잉크를 모두 갖춰놓을 수는 없다. 고객은 자기 볼펜에 맞는 리필을 사기 위해 여러 소매상을 돌아다닐 때가 많다." 하지만 미국의 볼펜 고객들이 직면한 문제를 해결해주는 일 외에도 피셔에게는 더 큰 야심이 있었다.

1960년 뉴햄프셔 1차 경선에서 존 F. 케네디John F. Kennedy의 상대로 나선 폴 피셔는 뉴햄프셔 대학교에서 열린 케네디 진영의 연설회를 가로챈 적이 있었다. 그가 기자석을 뛰어넘어 무대로 올라갔던 것이다. 피셔는 군중에게 발언할 시간을 똑같이 달라고 요구했다. 케네디는 그의 요구에 동의하면서 대수롭지 않은 투로 이렇게 말했다. "헌법에 따르면 대통령은 반드시 미국인이어야 한다고 되어 있습니다. 미국에서 태어난 시민으로 서른다섯 살 이상이어야 한다고요. 피셔 씨와 나는 이 자격을 공유합니다." 케네디가 이겼다.

대통령이 되지 못한 피셔는 볼펜으로 관심을 돌렸다. 1962년 경쟁자였던 케네디가 10년 안에 인간을 달에 보내겠다고 약속하자 이 약속에 자극받은 것이 분명한 피셔는 '무중력 펜anti-gravity pen'을 개발하기 시작했다. 피셔는 100만 달러가 넘는 자비를 들여 압축형 잉크 카트리지를 넣은 펜을 개발했다. 피셔 우주 펜은 "우주에서도" 쓸 수 있고, "거꾸로 쥐는" 것은 물론 어떤 각도로도 글씨를 쓸 수 있었다. 피셔는 자기 펜을 나사로 보내 테스트해달라고 했고 감동적이게도 그의 펜은 모든 품질 검사를 통과했다. 사실 나사가 문제 삼은 것은 그 펜의 성능이 아니라 피셔의 홍보 자료였다. 피셔가 한 광고업체에 보낸 광고 초안에 따르면 그 펜은 "미국의 우주 계획을 위해 폴 피셔가 개발한 것developed by Paul Fisher for America's Space Program"이라고 되어 있었다. 나사는 for와 America's 사이에 possible use를 집어넣어 '미국……을 위해'라는 말을 '미국에서 사용될 수 있는'으로 바꾸라고 제안했다.

그 광고 초안에는 피셔의 펜이 "외계의 무중력 진공 상태에서 글씨를 쓸 수 있는 유일한 펜"이라는 주장도 들어 있었다. 그런데 파이버 팁 펜도 우주에서 사용된 적이 있으므로, 이 부분도 "진공 상태에서 글씨를 쓸 수 있는 유일한 볼펜"으로 수정되었다. 이런 우여곡절이 있기는 했지만 나사는 피셔의 펜 수백 자루를 자루당 4달러에서 6달러의 가격으로 주문하여 아폴로 계획에 사용했다. 피셔는 자기 펜이 미국 우주인들에 의해 우주에서 사용되었다고 주장할 정당한 근거를 갖게 되었다.

아무리 우주 경쟁이 절정에 달했던 시절이라고 해도 미국의 우주 시장만으로는 그 가격의 볼펜이 상업적으로 성공할 가능성이 적었다. 그런데 피셔에게는 다행스럽게도 우주 펜은 우주에 갈 계획이 당분간은 없는 일반인에게도 상당한 매력을 발휘했다. 〈사인필드Seinfeld〉 의 에피소드 '펜Pen'에서 잭 클롬푸스가 그 펜을 쓰는 것을 본 제리 사인 필드가 그 펜에 대해 물어본다. "이 펜? 이건 우주인 펜이야. 거꾸로 누워서도 쓸 수 있지. 이걸 우주인들이 우주에서 쓴다고." 잭이 설명한다. 제리가 말한다. "난 침대에 누워서 글을 쓸 때가 많은데 엎드린 자세가 아니면 펜이 써지지 않아." 제리가 확실하게 인정했듯이 거꾸로 들고도 글씨가 써지는 펜은 우주에 있지 않더라도 확실히 장점이 있었다(우주에서 '거꾸로'라는 개념이 존재할 수나 있는지 모르겠다). 하지만 제리는 잭이 주는 펜을 받지 말았어야 했다. 피셔 우주 펜은 "필요할

---

* 미국 NBC TV에서 1990~98년까지 방영한, 뉴욕을 배경으로 한 시트콤.

때면 언제든 글씨를 쓸 수 있다. 영하 45도의 얼어붙는 추위에서도, 섭씨 120도의 타는 듯한 열기 속에서도, 우주의 무중력 진공 상태에서도, 물 속에서도, 기름기 위에서도 글씨를 쓸 수 있다. 심지어 거꾸로 볼펜을 들어도 글씨를 쓰는 것이 가능하다!" 그런데 내가 신경 쓰이는 것은 '심지어 거꾸로 들어도' 라는 구절이다. 그 구절은 섭씨 165도라는 온도 차이에도 아랑곳하지 않고 그 펜으로 즐겁게 글씨를 쓰는 사람들을 연상시키지만, 누워서 공책에 뭔가를 쓰는 행동이 극한 활동의 일종인 것 같다는 인상도 주기 때문이다.

손글씨와 잉크가 말해주는 것

1950년대 볼펜의 인기는 거침 없이 높아졌다. 그러자 볼펜이 애당초 목표로 했던 그 행동, 즉 손글씨에 이 발명품이 미칠 영향에 대한 우려가 나타나기 시작했다. 1955년 《독학하라, 손글씨Teach Yourself…… Handwriting》의 저자 존 르 덤플턴John Le F. Dumpleton은 이렇게 말했다.

서예적 관점에서 (볼펜의) 가장 큰 단점은 균일한 굵기의 자국만 그을 수 있는 정형화된 펜촉이다. 또 볼펜은 쉽게 미끄러지는 성질이 있기 때문에 쓰는 사람에게 어떤 규율을 부과할 수가 없다. 그렇기는 해도 단련된 필기자의 손에서라면 (볼펜으로도) 비공식적 글쓰기가 요구하는 매우 만족스러운 결과를 달성할 수 있다.

그 열쇠는 펜을 쥐는 자세에 있다. 파커는 유명한 볼펜 사용법 안내서에서 볼펜을 만년필보다 더 직각에 가깝게 쥔다면 더 나은 결과와 더 장기간의 수명을 보장해줄 것이라고 설명했다. 전통적인 만년필의 경우 펜과 종이의 이상적인 각도는 45도이지만 볼펜은 거의 수직에 가깝게 세우라는 것이다. 사람들은 볼펜이 긋는 선은 굵기가 균일하기 때문에 손글씨에서 개성을 없앤다고 생각했다. 이 비판에 맞서기 위해 비로 펜 회사는 1951년 '손글씨 전문가'인 프랭크 델리노Frank Delino를 영국 산업박람회에 참여시켰다.

델리노는 11일 동안 680명을 만나 비로 펜으로 쓴 그들의 손글씨를 보고 그들의 성격을 판독해냈다. 거의 모든 경우 '상담자'들은 그가 판독한 내용이 완전히 정확하다고 인정했다. 그러니 비로 펜이 손글씨에서 개성과 스타일을 없앤다는 속설은 근거가 없는 것으로 판명되었다.

델리노는 손글씨를 분석하여 성격을 밝혀낸다는 필적학graphology을 주창하는 사람이었다. 당시의 어느 뉴스에서 그는 서명을 분석하여 연극계와 영화계에서 활동한 여배우 실라 심Sheila Sim을 "예술적"인 성격이라고 했고, 그레이시 필즈Gracie Fields 는 "대단한 결단력"의 소유자라고 주장했다. 해설자는 설명한다. "델리노에게 그것은 모두 과학이었고, 사업이었다고." 주로 비즈니스였다.

---

* 1898-1979. 영국 출신의 배우, 가수, 코미디언. 아역 배우로 무대 활동을 시작한 뒤 20세기 내내, 특히 2차 대전을 전후로 하여 왕성하게 활동했고 사회 사업에도 활발하게 참여하여 나중에 영국 여왕에게서 데임 작위를 받았다.

실라 심과 그레이시 필즈의 서명을 연구할 당시 델리노는 약간 유리한 입장이었다. 그들이 누구인지 이미 알고 있었으니까. 필적학자가 손글씨의 주인이 누구인지 알고 있다면 해석에 영향을 미칠 수도 있다. 2005년 다보스 경제포럼에 참석한 〈데일리 미러Daily Mirror〉 지의 기자는 메모와 낙서가 그려진 종이 한 장을 필적학자에게 가져가 그것이 토니 블레어Tony Blair에 관해 어떤 사실을 알려주는지 말해달라고 부탁했다. "그는 집중하려고 애쓰고 있지만 정신이 사방으로 분산되어 있군요. 하지만 그는 늦지 않게 문제의 근본에 도달할 거예요. 그것이 바로 테플론 토니Teflon Tony* 지요." 〈타임스〉 지는 또 다른 필적학자의 말을 인용하여 그 낙서는 블레어가 엄청난 압박감을 느끼고 있는 공격적이고 불안정한 사람임을 보여주었다고 주장했다. 그런데 며칠 뒤에 그 낙서는 토니 블레어가 아니라 빌 게이츠Bill Gates의 것임이 드러났다. 당시 다우닝가** 의 어느 대변인이 말했다. "우리는 그 기사를 보도한 사람 중 누구도 다우닝가 10번지에 연락하여 그 낙서가 실제로 블레어 씨의 것이 맞는지 물어보지 않아 놀랐습니다. 특히 손글씨와 낙서가 완전히 다르다는 점은 누가 봐도 뻔하기 때문에 더욱 이상했지요."

◆ 듀폰 사가 개발한, 요리 기구에 '눌어붙지 않게 해주는' 코팅용 소재인 테플론은 주로 정치계에서 비판을 받아도 개의치 않는 사람을 가리키는 별명으로 쓰이며 레이건 대통령, 클린턴 대통령도 이런 별명으로 불린 적이 있지만 영국 수상이던 토니 블레어에게 가해지는 비판이 그에게 큰 타격을 입히지 못했다는 의미로도 쓰인다.
◆◆ 다우닝가 10번지는 영국 수상 관저의 주소이자 별명으로 흔히 쓰인다.

필적학이 가짜 과학이라면 사람들의 손글씨 샘플을 보고 그들의 성격에 대해 우리가 알아낼 내용은 없는 것일까? 아마 힌트는 얻을 수 있을지도 모른다. 그러니까 'o를 폐쇄형으로 쓰지 않는다'거나 '획을 올려 긋는다'는 식의 필적학보다 더 명백한 어떤 것, 즉 잉크 색깔이 힌트가 될 수 있다. 1954년에 출판된 킹즐리 에이미스Kingsley Amis의 《럭키 짐Lucky Jim》에서 짐 딕슨은 공책에서 급히 뜯어낸 종이에 쓰인 편지 한 장을 받는다. 거기에는 글귀 몇 줄이 악필로 쓰여 있었다. 초록색 잉크는 편지를 보낸 사람이 수상한 성격임을 암시한다(그 편지를 쓴 케이튼은 나중에 표절꾼으로 밝혀진다). 하지만 케이튼은 급히 서두르던 참에 제일 먼저 눈에 띈 초록색 펜을 집어 들었을 뿐일 지도 모른다. 초록색 펜과 기벽奇癖의 연관성은 칼 세이건Carl Sagan이 1973년에 쓴 《우주 커넥션Cosmic Connection》에서 조금 더 뚜렷이 드러난다. 세이건은 자신이 받은 편지를 설명했다.

손글씨로 된 85페이지짜리 편지가 우편으로 배달되었다. 그 편지는 오타와의 한 정신병원에 있는 신사가 초록색 볼펜으로 쓴 것이었다. 그는 내가 다른 행성에도 생명이 존재할 수 있다고 생각한다는 이야기를 어느 지방 신문에서 읽었다면서 내게 그 가정이 전적으로 옳다는 확신을 주고 싶다고 말했다. 자신이 직접 체험했기 때문에 안다는 것이었다.

'초록색 잉크 여단green ink brigade'이라는 말은 기자와 정치인에게 음모의 증거나 뭔가 비현실적인 이론을 설명하는 길고 살짝 혼란스러운 편지를 쓰는 사람들을 가리키는 용어다. 녹색 잉크가 편집광적인 음모 이론가와 밀접하게 연루된다면 가장 유명한 녹색 잉크 사용자가 해외정보부 MI6의 초대 원장인 맨스필드 커밍Mansfield Cumming이라는 사실은 뭔가 아이러니하다. 커밍은 편지 끝에 자기 성의 이니셜인 C를 녹색 잉크로 서명하곤 했다. 그런 관행은 현재의 원장인 존 소워스John Sawers 경에게까지 계속 이어지고 있다.

볼펜과 만년필의 잉크에는 염료 잉크dye-based ink 를 쓰기 때문에 색깔에 제약이 있다. 볼펜은 끈적끈적한 유성 잉크oil-based ink를 쓴다. 그 잉크는 진하고 끈적거리는 질감이기 때문에 펜을 거꾸로 들고 써도 밀봉된 튜브에서 잉크가 흘러나오지 않지만 이런 형태로는 다양한 색깔을 만들어내기가 어렵다. 만년필은 더 묽고 물기가 많은 잉크를 쓴다. 그래서 고체인 안료 입자가 액체 용매 속에 부유하고 있는 안료 잉크를 넣으면 속에서 엉기게 된다.

고대 이집트에서 사용되던 아주 초기의 잉크는 검댕이나 재를 물이나 고무, 밀랍과 섞은 것이었다. 붉은색 잉크의 재료는 황토였다. 중국에서는 검댕을 갈아 고운 가루로 만든 다음 아교와 섞어 먹을 만들었다. 먹에 물을 묻힌 다음 벼루에 갈아 먹물을 만든다. 인도에서는 뼈와 타르와 역청 * * 을 태워 카본 블랙carbon black을 만든 다음 물과 셸락shellac * * * 과 섞어 마시masi라는 물질을 만

---

* 색소가 용액 상태로 되어 있는 잉크. 색소가 현탁물 상태로 되어 있는 안료 잉크 pigment-based ink와 다르다. 내수, 내광성, 선명도 등 성능은 안료 잉크가 낫다.
* * 타르나 원유를 증류한 뒤 남는 끈적끈적한 물질.

들었다.

서기 79년 대플리니우스는 《박물지Naturalis Historia》에서 검은 염료를 만드는 과정을 설명했다.

흑색 안료는 송진이나 역청을 태워 얻는 검댕을 재료로 다양하게 만들어진다. 그리고 여기서 대기 속으로 연기를 날려 보내지 않는 공장이 세워지게 되었다. 최고 품질의 흑색 안료는 소나무 송진으로 만들어진다.

온갖 종류의 흑색 안료를 만드는 과정에서 최종 단계는 햇볕에 말리는 것이다. 잉크에 쓰이는 검정은 고무수지와 섞는다. 벽에 쓰이는 검정은 풀과 섞는다.

인디고로는 청색을 만든다. 5세기 무렵부터 아이언갤 잉크iron gall ink가 흔히 사용되었다. 염철iron salt을 탄닌산tanninc acid과 섞은 아이언갤 잉크는 종이에 처음 쓰면 상당히 옅은 색이지만 종이에 흡착하여 영구적으로 고정되고 나면 색이 진해진다. 19세기까지 사용되었던 이 잉크는 어떻게 섞어 쓰든 부식성이 강하여 종이가 삭아 부스러졌다. 부식성이 강한 아이언갤 잉크는 만년필에 쓰기에는 적당하지 않았다. 펜 자체도 삭게 만들기 때문에 새로운 잉크 제조법이 개발되었다.

1963년 일본의 펜 회사인 오토OHTO는 롤러볼rollerball을 개발했다. 이것은 다른 회사의 제품처럼 유성 잉크가 아니라 수성 잉크를 쓰는 볼펜이었다. 수성 잉크를 쓰면 잉크가 묽어서 펜촉의 공이 지면에서

∘∘∘ 곤충 추출물인 열가소성 천연 수지를 원료로 하는 바니시 종류.

더 유연하게 굴러가기 때문에 글씨가 더 쉽게 쓰인다. 그렇게 유연한 움직임이 곧 펜의 이름이 되었다. 이후 여러 회사가 롤러볼 펜을 만들기 시작했다. 수성 잉크는 수용성 염료를 써서 더 많은 색깔을 만들 수 있다. 이와 비슷한 펜을 만들려고 안달하던 사쿠라 컬러 제조회사 Sakura Colour Products Corporation는 자기들이 경쟁자에게 이미 뒤처졌음을 깨닫고, 다른 회사들처럼 또 다른 롤러볼 펜을 출시하기보다는 젤gel에 기초한 잉크를 개발했다. 사쿠라 사의 연구팀은 '점도 높은' 재료를 연구했다. 즉 가만히 놓아두면 점성이 매우 커지지만 흔들면 묽어지고 유동성이 좋아지는 재료였다. 여러 해 계속된 실험(달걀 흰자와 얌 yam 등 다양한 재료를 실험했다)을 통해 연구팀은 유성 잉크와 수성 잉크를 섞은 잉크를 만들어 1982년에 특허를 냈다. 그들이 만들어낸 젤 잉크는 액체 염료가 아니라 고체 안료를 펜에 사용할 수 있음을 의미했다. 알루미늄 가루와 유리 가루를 젤에 추가하여 금속제 광택과 반짝이는 효과를 낼 수도 있다. 결과적으로 수많은 색깔의 잉크를 생산할 수 있다. 사쿠라 젤리 롤Sakura Gelly Roll의 제품군에는 74색깔이 있고, 문라이트Moonlight, 스타더스트Stardust, 메탈릭Metallic, 클래식Classic 컬렉션이 포함되어 있다.

선택지는 많지만, 그래도 나는 흰 종이 위에 검은색 잉크라는 단순성이 더 좋다. 그것은 내 말에 권위를, 내 삶의 모든 영역에 결여된 권위를 더해준다.

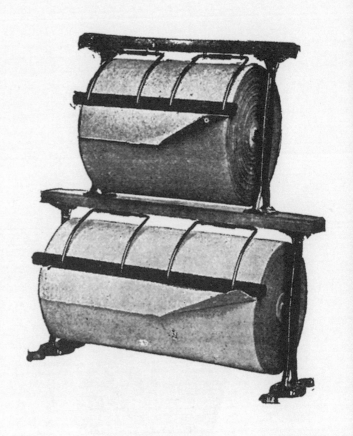

Papers

Chapter 3

몰스킨 노트의
마지막 페이지

내가 쓰는 몰스킨 공책에는 지금은 도저히 판독 불가능한 메모와 생각들이 끼적여져 있다. 앞 장에는 망설이는 기색이 보인다. 그때의 손글씨는 불안해하고 조심성이 지나치다. 새 공책 앞에서는 겁이 좀 날 수도 있다. 긴장이 풀리고 제대로 써나가기까지, 찍찍 줄을 긋고 실수를 해도 좋다는 것을 인정하기까지는 시간이 좀 걸린다.

내 책상 뒤의 가로 8인치, 세로 5인치인 오렌지와 크림색의 색인 카드 상자(이베이에서 산 벨로스 85 제품) 곁에는 작은 검은색 공책 세 권이 쌓여 있다. 이 공책에는 아이디어나 글귀 같은 것들을 잊지 않기 위해 끼적여두었다. 아마 다시 읽을 일은 절대로 없을 텐데도 보관하고 있다(다시 읽는다고 해도 무슨 말을 썼는지 알아보지도 못하겠지만). 그 공책은 물론 몰스킨Moleskine이다. 그렇게 강한 감정을 불러일으키는 공책은 몰스킨 외에 거의 없다. 작고 검은 몰스킨은 거의 종교적인 열광을 불러일으킨다. 그런가 하면 허세의 상징으로 조롱받기도 한다. 전 세계 어느 도시에나 있는 똑같이 생긴 유명 커피숍에 앉아 있으면서도 자신이 독창적인 사람임을 과시하기 위해 사용하는 허세적 소도구라는 것이다. 작고 검은 몰스킨이나 희고 납작한 맥북 같은 것들.

진짜 몰스킨 공책

몰스킨 공책 안쪽에는 공책의 역사를 자세히 설명하는 작은 안내서가 있다. 몰스킨은 빈센트 반 고흐, 파블로 피카소, 어니스트 헤밍웨이, 브루스 채트윈Bruce Chatwin 같은 유명 인사가 사용한 전설적인 공책의 상속자이자 계승자다. 여기서 중요한 것은 '상속자이자 계승자' 라는 문구다. 그런데 반 고흐, 피카소, 헤밍웨이, 채트윈이 사용한 공책은 사실 몰스킨 공책이 아니었다. 그저 몰스킨 공책과 비슷한 종류의 공책이었을 뿐이다.

모서리가 둥근 직사각형의 단순한 검은색 공책, 고무줄 페이지 홀더, 확장 가능한 안쪽 포켓, 그 자체의 완벽성을 여분으로 가진 이름 없는 물체.

몰스킨이라는 이름은 여행기 작가인 브루스 채트윈에게서 왔다. 채트윈은 《송라인The Songlines》에서 자신이 좋아하던 공책, 파리의 어느 문구점에서 팔던 카르네 몰스킨carnets moleskine(여기서 몰스킨은 '기름 먹인 검은 천 제본' 을 뜻한다) 공책을 묘사한다. "속지는 모눈종이이고 겉장을 고정시키는 고무줄이 달린 공책"이라고 채트윈은 썼다.

1986년 채트윈은 파리를 떠나 오스트레일리아로 여행을 떠나기 직전 공책을 넉넉히 사두려고 그 문구점에 갔다. 문구점 주인은 그 공책을 공급받기가 점점 힘들어진다면서 공급처 한 군데는 이미 연락이 끊겼다고 알려주었다. 억만장자 사업가인 하워드 휴스Howard Hughes는 1968년 배스킨라빈스 사가 자신이 가장 좋아하는 아이스크림(바나나넛)의 생산을 중단할 계획이라는 소식을 듣자 그 제품을 1500리터나 주문했다(며칠 뒤 그가 가장 좋아하는 맛을 프렌치바닐라로 바꾸는 바람에 그가 거주하던 그 소유의 호텔이 고객들에게 그 아이스크림을 나눠주는데 일 년도 더 걸렸다). 이와 비슷하게 자신이 좋아하는 공책이 사라질 위기에 처한 것을 알게 된 채트윈은 그 공책을 100권 사두기로 했다. "100권 정도면 평생 쓸 수 있겠지." 그는 이렇게 썼다. 그러나 휴스와 달리 채트윈은 너무 늦었다. 채트윈은 그날 오후에 주문을 하려고 문구점에 다시 들렀다. "나는 문구점 주인과의 약속 시간에 맞춰 5시에 거기로 갔다. 그런데 제조업자가 죽었다는 소식이 와 있었다. 그의 상속자들은 사업체를 팔았다. 문구점 주인은 안경을 벗더니, 애도하는 듯한 표정으로 말했다. '진정한 몰스킨은 이제 더는 없어요'." 진짜 몰스킨은 더 이상 존재하지 않는다.

채트윈 훨씬 이전에, 프랑스인보다 훨씬 이전에 인간은 종잇조각에 글씨를 써두곤 했다. 그리고 종이가 생기기 전에는 파피루스가 있었다. 파피루스의 원료인 시페루스 파피루스Cyperus papyrus는 얕은 물가에서 높이 4.5미터가량에 직경 6센티미터가량의 세모꼴 줄기를 길러낸다. 기원전 3000년경 이 줄기를 사용하여 글쓰기 재료를 만들기 시작했다.

대플리니우스는 《박물지》에서 이집트인이 파피루스를 어떻게 만드는지 설명한다. 줄기를 길고 가늘게 쪼갠다("최대한 넓게 벗겨낸다"). 이렇게 만든 얇은 조각을 나일 강물에 적신 평평한 바닥에 늘어놓는다. "나일 강물은 흙탕물일 때는 풀 같은 성질을 띤다." 파피루스 조각을 탁자 위에 가지런히 늘어놓고 "고르지 않은 가장자리는 잘라낸다. 그런 다음 세로로 한층 겹쳐 놓는다. 그리고 파피루스 조각을 단단히 눌러 햇볕에 말린다. 파피루스 조각들이 한데 엮이면 고급품을 가장 먼저 골라내고 그다음에 하급품을 차례로 골라낸다".

파피루스는 수천 년 동안 가장 중요한 글쓰기 재료로 사용되었지만 페르가몬의 에우메네스 2세와 이집트의 프톨레마이오스 5세가 기원전 190년경 분쟁을 벌이면서 상황이 변했다. 페르가몬에 대한 파피루스 공급이 금지되었던 것이다. 플리니우스는 양피지가 발명된 곳이 페르가몬이었다고 쓴다. 그러나 실제로 양피지는 이미 수백 년 전부터 사용되어왔고 이 시기에 페르가몬에서 제조 과정이 더 정교해졌다(영어로 양피지를 뜻하는 parchment는 페르가몬의 라틴어 표기에서 왔다). 양피지는 동물 가죽(가장 흔히 쓰이는 것이 송아지, 양, 염소다)으로 만들어진다. 동물 가죽을 벗긴 다음 석회수로 씻어내 털을 제거하고 가죽을 나무틀에 고정시켜 팽팽하게 잡아당긴다. 가죽에 남아 있는 털을 칼로 긁어낸 다음 나무틀에 고정한 채로 말린다. 송아지 가죽으로 만든 양피지가 특히 고급품으로 벨럼이라는 이름으로 알려졌다(송아지calf나 송아지 고기veal를 뜻하는 라틴어 비툴리눔vitulinum에서 유래했다).

　양피지와 벨럼은 파피루스에 비해 장점이 많았다. 파피루스는 이집트처럼 건조한 기후에서는 그런대로 잘 붙어 있었지만 서유럽같이 습한 곳에서는 낱낱이 분리되곤 했다. 또 한 면에만 글씨를 쓸 수 있는 파피루스와 달리 양피지는 양면을 다 쓸 수 있었고 내구성도 훨씬 좋았다. 또 양피지는 글씨를 긁어내거나 씻어내고 재활용할 수도 있었다. (재활용된 양피지는 고대 그리스어로 팔림프세스트palimpsests라 불렸다. '문질러 다시 부드럽게 만든 것'이라는 뜻이다.) 양피지, 특히 벨럼 덕분에 훨씬 섬세한 글씨 스타일이 출현할 수 있었는데, 특히 깃털 펜으로 쓰면 글씨가 더 섬세해졌다. 이런 장점이 있기는 했지만 양피지가 널리 사용되는 데는 장애물이 좀 있었다. 로마의 의사인 갈레누스Claudius Galenus는 양피지의 반짝이는 표면 때문에 눈이 피곤해진다고 불평했다고 한다. 여러분이 지금 읽고 있는 책의 종이라면 아마 틀림없이 그 불쌍한 남자의 눈을 멀게 만들었을 것이다. 그러나 4세기 중반쯤 되자 양피지가 파피루스의 패권에 도전하기 시작했다.

명품의 조건

채트윈이 문구점에서 실망한 지 10년 뒤 몰스킨은 다시 태어났다. 밀라노의 작은 출판 회사인 모도 앤드 모도Modo&Modo는 그 "전설적인 공책"을 되살려내기로 결정했다. 그들은 "특별한 전통을 부활시키기" 위해 "문학적 위상"을 가진 이 이름을 선택했다. 처음 제작한 분량은 5000권이었고 이탈리아 전역의 문구점에서 판매되었다. 2년이 안 되어 그 회사는 유럽과 미국 전역에 이 공책을 공급하게 되었다. 이제 그 브랜드는 세계적인 것이 되었다. 2006년 SG캐피털 유럽SGCapital Europe은 "몰스킨 브랜드의 잠재력을 최대한 키우겠다는 목표 하에" 4500만 파운드에 모도 앤드 모도를 사들였다. 2013년 주식 시장에 상장되었을 때 이 회사의 가치는 4억 3000만 유로로 평가되었다.

이렇게 해서 예전에는 소박하게 "이름 없는 물건"이던 공책이 이제는 브랜드의 안내 지침과 몰스킨 등록상표MOLESKINE®의 온라인 사용 규칙까지 갖춘 세계적 명품이 되었다. 이 회사가 자사 웹사이트에서 설명하듯이 "몰스킨이라는 이름에 자신의 존재 방식과 행동 방식이 깊이 연결되어 있음을 느끼는 모든 사람"이 공짜로 등록상표를 사용하도록 "기꺼이 허락할" 마음이 있지만 그럴 수는 없다. 왜냐하면 "오랜 세월 그것에 수반된 전통"뿐만 아니라 그 "역사와 성격"은 어떤 상황에서든 아주 신중하게 평가되어야 하기 때문이다. 그들은 "그 이름 혹은 등록상표"를 온라인에서 쓰고 싶은 사람은 필히 자기들에게 요청해야 한다고 주장한다("모든 요청은 신중하게 검토되고 답을 받을 것이다"). 몰스킨 등록상표는 "노트패드, 메모지, 비망록 같은 일반적 지시 대명사의 동의어"로 사용되면 안 된다고 그 회사는 주장한다.

하나의 브랜드로서 몰스킨이 거둔 엄청난 성공과 그 회사의 영리한 마케팅(문학의 교묘한 차용과 불분명한 역사적 연상의 융합)에서 그 성공을 함께 나누고 싶어하는 비슷한 상품들이 곧 등장하리라는 것은 쉽게 예상할 수 있다. 몰스킨이 자신들의 등록상표를 사람들이 "일반적 지시대명사"로 사용하는 것에 대해 그토록 까다롭게 굴었던 것도 이 때문이었다. 하지만 몰스킨이 그토록 특별한 물건이 되는 이유가 그 유산만으로 충분치 않다면 다른 어떤 이유가 있을까? 그 회사는 경쟁에서 앞서는 이유가 공책의 품질에 있다고 주장할 것이다. 품질과 디자인과 마감 상태가 워낙 좋아 대량생산된 다른 어떤 공책도 이를 능가할 수 없다고 그 회사는 주장한다.

그런데 최근 영국에서 로이텀Leuchtturm 1917이 출시되면서 몰스킨은 특별한 문구류 가운데 가장 선호도 높은 공책이라는 지위를 위협당하고 있다. 1917이라는 이름이 시사하듯이 로이텀 사는 1917년에 창립되었지만 그들의 제품은 2011년에야 캐럴라인 와이퍼Carolynne Wyper와 트레이시 쇼트네스Tracy Schotness에 의해 영국에 선보이게 되었다.

실로 꿰맨 몰스킨 공책의 중성지와 로이텀 1917의 "잉크 스며듦을 방지하는 종이ink-proof paper"가 그 같은 가격을 받을 근거가 되는가? (이제는 대형 문구점들이 소형과 중형 몰스킨을 이상적 모델로 삼아 자체적으로 공책을 만들고 있는 판인데?) 고객들이 이런 세세한 사항에 얼마나 민감하게 반응할까? SG캐피털이 몰스킨 사를 사들였을 당시 재미있는 일이 있었다. 그들이 공책의 포장 방식을 두어 가지 바꾸면서 작은 쪽지가 추가된 것이다.

중국에서 인쇄되고 제본됨.

제조국 표시가 갑자기 등장하는 바람에 몰스킨이 제조지를 중국으로 옮겼다고 생각하는 사람들이 생겼다. 그런데 사실 처음부터 몰스킨의 제조지는 중국이었다. 단지 그 제품 어디에도 그런 사실이 언급되지 않았을 뿐이다. 소유권이 SG캐피털로 넘어가기 전과 후의 제품에는 실질적인 차이가 없었지만 몰스킨의 인터넷 토론방과 팬사이트에서 사람들은 새 몰스킨의 품질이 뭔가 열등해졌다고 주장하기 시작했다.

몰스킨이 제조지를 중국으로 옮긴 뒤로 모든 공책이 약간 달라졌다. 표지는 느낌이 다르고, 제본도 좀 더 빡빡해졌고, 냄새도 뭔가 이상해졌다.

채트윈의 무의식적인 메아리처럼 어떤 사람들은 '진짜' 몰스킨을 사재기하려고도 했다("몰스킨이 중국에서 만들어진다는 것을 알고 나서 근처의 보더스Borders 서점˚에 가서 중국산이 아닌 몰스킨을 사재기했다"). 공책의

˚ 미국에서 반스 앤드 노블스 다음으로 큰 오프라인 서점이었지만 경영난으로 2011년에 문을 닫았다.

품질도 플라세보효과의 한 사례일까? 몰스킨 공책이 경쟁 제품보다 좋은 이유는 이탈리아 장인이 만들어서라고 생각하다가 중국에서 만들어졌다는 사실을 알고는 최악의 사태를 예상하는 것일까? 사람들은 중국산이면 무조건 저급품이라고 주장하지만 사실 중국은 종이가 처음 만들어진 곳이고 오랫동안 세계의 제지 산업을 이끌어온 곳이다. 참 아이러니하다.

종이를 만든 사람

지금 우리가 알고 있는 것과 같은 종이를 발명한 업적은 채륜蔡倫(50년경~121년)에게 돌아간다. 이집트식으로 만들어진 파피루스가 유용한 필기 재료가 되어주었고 종이라는 영어 단어 paper의 어원이 되기도 했지만 사실 파피루스와 종이 사이에는 차이가 있다. 파피루스는 시페루스 파피루스라는 식물을 한 층씩 교차시켜 만들었다. 그에 비해 종이는 물에 담가 갈가리 풀어진 부드러운 섬유로 만든다. 채륜의 제지법은 후자였다.

채륜은 후한後漢 화제和帝의 환관이었다. 서기 89년 그는 무기와 군수품 개발 책임자로 승진했다. 그는 이 업무를 맡고 나서 값싼 글쓰기 재료의 필요성을 느꼈다. 5세기《후한서後漢書》에 실린 채륜의 전기에 따르면 "고대에는 글씨와 명문이 일반적으로 대나무 조각이나 비단 천에 쓰였다. 비단은 값이 비싸고 대나무는 무겁기 때문에 이 둘은 손쉽게 쓰일 만한 재료가 아니었다." 채륜은 "나무껍질과 대마 찌꺼기, 넝마, 그물로 종이를 만들 생각을 했다". 서기 105년에 그는 자신이 발견한 내용을 화제에게 바치고 치하받았다. 채륜은 하사금을 받았고 114년에는 용정후龍亭候에 봉해졌다. 화제는 105년에 서거하고 황후가 실권을 쥐었다. 황후가 121년에 죽자 화제의 조카인 안제安帝가 권력을 쥐면서 화제의 자문관들을 몰아냈다. 채륜은 감옥에 갇힐 처지가 되자 "목욕재계한 다음 가장 좋은 옷으로 갈아입고 독약을 마셨다".

여러 세기 동안 채륜은 종이의 발명자로 인정받았다. 그러다 2006년 중국 북서부의 간쑤 지방에서 종이 한 장이 발견되었다. 그 종이는 채륜의 발명보다 100년 이상 앞서 만들어졌음이 밝혀졌다. 이후 돈황 미술관의 학예연구관 푸리 청은 이 종이를 만든 기술이 "상당히 원숙한" 수준에 도달해 있으며, 이런 종이가 이미 상당히 오래전부터 사용되었을 것이라고 말했다. 그러나 그는 그렇다고 하여 채륜의 업적이 축소되는 것은 아니라고 말했다. 채륜의 업적은 이 기술을 체계적이고 과학적으로 개선하여 제지법을 확정한 것이었다.

채륜이 혼자서 종이를 발명했든, 아니면 이미 한 세기 전부터 알려졌던 제지 과정을 공식화했든 간에 그 이후 종이는 중국 문명에 큰 혜택을 주었다. 종이는 글쓰기 재료로서 사상의 전달에 쓰일 뿐만 아니라 다른 여러 용도로도 쓰인다. 미술, 사업 관리, 신용, 장식, 위생(6세기 이후 휴지가 일상적으로 쓰이기 시작했다) 등등의 용도 말이다. 채륜의 제지법은 정확하게 알려져 있지는 않지만 나무껍질이나 옷감을 끓여서 부드럽게 만드는 과정이 포함되었을 것이다. 그다음에 물을 붓고 방망이로 두드리거나 절구에 빻아 펄프를 만든다. 펄프를 체 위에 얇게 펴서 물을 빼고 돗자리 같은 모양이 되면 판자 위에 펼쳐놓고 말린다. 마지막으로 돌로 문질러 윤을 내고 표면을 매끈하게 만든다. 제지 과정이 더 정교해지면서 펄프를 손으로 체 위에 문질러 펴기보다는 체를 펄프에 담갔다가 꺼내는 방법을 쓰게 되었지만 기본적으로 여러 세기 동안 그 과정에서 변한 것은 없었다.

중국이 아랍 세계와 교역 관계를 맺으면서 제지법이 확산되기 시작했다(종이를 뜻하는 아랍어인 카기드kághid는 뽕나무로 만든 종이를 뜻하는 중국어 쿠치에서 유래한 것으로 알려져 있다). 751년 탈라스 전투에서 중국군이 아랍군에 패하자 아랍 측은 포로로 잡힌 중국인 제지업자 두 명에게 기술을 털어놓으면 석방해주겠다고 제안했다고 한다. 이 이야기가 전부 사실은 아닐지 모르지만 어쨌든 탈라스 전투 직후 종이가 사마르칸트에서 생산되기 시작했다. 794년에는 바그다드에 두 번째 제지 공장이 세워졌다. 9세기경에는 종이 생산이 다마스쿠스와 트리폴리까지 퍼졌다. 이후 종이 생산은 아랍 세계 전역으로 서서히 확산되었다. 10세기에 페스는 종이 생산의 중심지가 되었고 이곳을 통해 종이가 유럽으로 전파된 것으로 여겨진다. 1150년에는 스페인의 하티바에 유럽 최초의 제지 공장이 세워졌다. 그러므로 프랑스에서 구입한 공책에 대한 어느 영국 작가의 회상을 이탈리아 회사가 자기 방식으로 해석하여 생산을 재개한 제품의 품질이 중국의 싸구려 제조업 때문에 저하되었다고 한다면 이는 아무리 좋게 봐주려 해도 좀 거만한 생각이 아닌가 싶다.

대량 제지 기술

내가 쓰는 몰스킨 공책에는 지금은 도저히 판독 불가능한 메모와 생각들이 끼적여져 있다. 앞 장에는 망설이는 기색이 보인다. 그때의 손글씨는 불안해하고 조심성이 지나치다. 새 공책 앞에서는 겁이 좀 날 수도 있다. 긴장이 풀리고 제대로 써나가기까지, 찍찍 줄을 긋고 실수를 해도 좋다는 것을 인정하기까지는 시간이 좀 걸린다. 이것이 몰스킨의 값이 비싼 탓일까? 몰스킨 공책이 더 비싸다면 그 값에 어울리게 뭔가 특별한 내용을 담아야 할 것 같다. 옥스퍼드 대학교의 보들리언 도서관에는 브루스 채트윈이 썼던 원래 몰스킨 공책이 보관되어 있다. 그 공책에는 그의 책이나 〈선데이 타임스〉 기사를 위한 메모가 들어 있기도 하고 엘리자베스 채트윈Elizabeth Chatwin이 작성한 쇼핑 목록, 하루 일과, 요리법 같은 것도 들어 있다. 채트윈 가족이 자신들의 스몰–미디엄 사이즈 몰스킨 공책에 쇼핑 목록을 적었다면 나도 나의 빅–미디엄 몰스킨 공책을 같은 용도로 쓸 수 있다. 긴장을 풀어야 한다.

고급 몰스킨의 가격이 너무 비싸서 내가 공포증을 느낀다면 가격대의 반대쪽 끝을 봐야 할 것 같다. 존엄한 검정 몰스킨보다 덜 위압적이고 경쾌한 오렌지색 실바인 메모북Silvine Memo Book 말이다. 폭이 좁고 엉성한 이런 공책은 몰스킨이 대표하는 모든 것을 깨뜨린다. 값이 싸서 쓰고 버리기 쉽다. 실 제본 대신 스테이플러로 찍어서 만든 이런 공책은 어떤 가판대나 편의점에서도 구할 수 있다. 그런데도 꼼꼼히 가공된 몰스킨의 정교한 (그러면서도 대부분이 허구인) 역사와 달리 실바인은 진짜 전통이 있는 브랜드다.

윌리엄 싱클레어William Sinclair는 1816년 요크셔의 오틀리에서 태어났다. 윌리엄 워커William Walker 밑에서 인쇄공과 제본사로 도제 수업을 마친 싱클레어는 1837년 근처의 웨더비에서 자기 가게를 열었지만 1854년 다시 오틀리로 돌아왔다. 오틀리 시에서 번창하던 인쇄 산업은 1858년 와프데일Wharfedale 인쇄기(원통형 인쇄기의 최초 형태 중 하나)가 발명되자 더욱 활발해졌다. 1865년 싱클레어가 죽고 나서 그의 두 아들(이름도 거의 비슷한 조너선과 존)이 사업을 이어받았고 지금 회사를 운영하는 사람들은 싱클레어 가문의 6세대다. 그 회사는 1901년에 실바인 상표를 등록했고 오늘날에는 이 브랜드로 300종 이상의 제품을 생산한다. 오렌지색 메모북은 1920년대에 지금도 생산되는 금전출납부, 연습장과 함께 실바인 제품군으로 소개되었다.

싱클레어가 생산한 것처럼 값이 싸서 쉽게 쓰고 버릴 수 있는 공책은 19세기에 종이 생산 기술이 진보하지 않았더라면 만들어지지 못했을 것이다. 채륜 이후 종이 생산 과정에는 거의 발전이 없었다. 수력을 이용한 기계가 13세기에 도입되어 원자재(대개 대마천이나 넝마)를 펄프로 만드는 과정이 많이 쉬워지기는 했다. 그러나 종이는 여전히 체판을 하나씩 펄프에 담가서 만들어졌다. 이것은 시간을 잡아먹는 작업이었다. 1855년 발간된 《종이와 제지Paper and Papermaking》에서 리처드 헤링Richard Herring(영국의 코미디언 헤링과는 동명이인)은 고대식 Antiquarian 종이(가로 53인치, 세로 31인치 크기의 대형 도화지)가 어떻게 만들어지는지를 설명했다.

종이 한 장에 들어가는 액체 펄프가 너무 무거워서 최소한 아홉 명이 필요했고 도르래로 큰 통에서 주형을 꺼내려면 조수가 더 있어야 했다.

종이 생산은 신체적으로 힘든 작업이었고 작업자의 노임도 많이 들었으므로 신중한 사업가라면 쉽게 손댈 만한 일이 아니었다. 그래서 작업 공정을 기계화하려는 시도가 있었다. 1790년 프랑스 엔지니어 루이-니콜라 로베르Louis-Nicolas Robert가 프랑스 에손에 있는 디도Didot 제지 공장에서 일하기 시작했다. 그는 제지업자 길드의 요구에 좌절하여 인력에 대한 의존도를 줄여줄 기계를 설계하기 시작했다.

두어 달 뒤에 그는 자기 설계도를 공장주 피에르-프랑수아 디도Pierre-François Didot에게 보여주었다. 디도는 기계가 "빈약하다"고 좀 퉁명스럽게 말했지만, 그래도 로베르에게 그 생각을 발전시켜보라고 격려했다. 로베르는 기계 모델을 하나 만들었는데 그 기계는 작동하지 않았다. 그런 결함에도 불구하고 디도는 여전히 로베르를 신뢰했지만 그가 에너지를 다른 곳에 쓰는 것이 좋겠다고 생각했다. 그는 로베르를 다른 분야로 이동시켰다. 여섯 달 동안 로베르는 제분 공장에 파견되었다. 디도는 로베르에게 이런 공백기를 준 뒤 다시 기계를 설계해보라면서 기술자들을 모아 설계팀을 꾸려주었다. 새 팀은 제대로 작동하는 기계를 만들어냈다("버드 오르간bird organ 보다 크지 않다"). 이 기계 모델에 만족한 그들은 24인치 너비의 종이를 만들 수 있는 더 큰 기계를 제작했다(대중적으로 많이 쓰이는 콜롱비에Colombier판 종이 제작

---

* 손풍금의 일종으로 현재 남아 있는 것들은 대략 26.5×20×15센티미터 정도의 크기.

에 적당한 크기). 로베르가 두 대의 기계로 만든 종이 두 장을 피에르 프랑수아의 아들 생-레제Saint-Léger에게 보여주자 크게 감명받은 생-레제는 바로 다음 날 로베르와 함께 파리로 가서 새 발명품의 특허를 내기로 했다.

예전에는 철사 틀에 끼운 체로 종이를 한 장 한 장 떠야 했지만 로베르의 기계는 연속되는 루프형 철사망으로 이루어졌다. 회전하는 원통이 액체 펄프를 철사망에 뿜고 철사망은 앞으로 끌려가면서 아래에 놓인 큰 통으로 물기가 빠진다. 그런 다음 펄프가 펠트로 감싸인 롤러 아래를 지나는 동안 남아 있던 수분이 압착되어 그 기계와 같은 너비의 "엄청나게 기다란" 종이를 만드는 것이다. "어린아이도 이 기계를 작동시킬 수 있다"고 로베르는 썼다.

디도 일가의 격려에도 불구하고 로베르는 결국 그 집안과 갈라서게 된다. 그는 특허권을 2만 5000구프랑(지금의 4만 파운드)에 그들에게 팔았지만 디도 일가가 제때 돈을 주지 않자 1801년 특허권을 회수했다. 프랑스 혁명 이후로는 상업화를 향한 발명의 진척 속도가 더 느려졌다. 1799년 생-레제 디도는 처남인 존 갬블John Gamble에게 편지를 보내 영국에서 그 기계를 발전시킬 가능성이 있는지 물어보았다. 갬블은 런던의 문구업자인 헨리와 실리 푸어드리니에Henry & Sealy Fourdrinier 형제를 만났다. 두 사람은 이 기계에 흥미를 보였고, 브라이언 동킨Brian Donkin이라는 기계공의 도움을 받아 로베르의 설계를 기초로 새 기계를 만들었다. 그 뒤 6년 동안 푸어드리니에는 6만 파운

가로 세로 23.5×34.5인치. 센티미터로는 57.2×87.6센티미터.

드(지금 화폐 가치로는 580만 파운드가량)를 들여 동킨과 함께 그 기계를 개발했지만 그들이 얻은 특허에 문제가 있었기 때문에 힘든 노고에 대한 보상도 받지 못한 채 그들의 설계는 순식간에 복제되어 퍼져나 갔다.

현대의 제지 기계는 여전히 푸어드리니에 기계의 원리를 기초로 하고 있지만 한 가지 중요한 차이가 있다. 종이를 건조시키고 매끈하게 만드는 기술이 추가된 것이다. 원래 푸어드리니에 기계에서는 일단 수분이 종이에서 압착되어 빠지더라도 각 종잇장은 절단된 다음 걸대에 걸려 건조되어야 했다. 현대식 기계에서는 종이가 롤에 감긴 채로 열건조 실린더 위를 지나간다. 그다음 건조된 종이가 한 쌍의 압축 롤러 사이를 지나가면서 표면이 매끈해지고 두께가 균일해진다.

푸어드리니에 기계가 개발되는 동안에도 종이 원료인 펄프의 주재료는 여전히 넝마와 옷감 조각이었다. 하지만 늘어나는 종이 수요를 따라잡을 만큼 넝마를 구하기가 힘들어졌다. 19세기 중반 영국은 한 해에 필요한 종이를 공급하기 위해 넝마 12만 톤을 소모했다. 그중 4분의 3은 수입에 의존했다(주로 이탈리아와 독일에서 수입). 그것을 대체할 재료가 있어야 했다.

목제 펄프의 발견

1801년 마티아스 쿠프스Matthias Koops는 《까마득한 옛날부터 종이가 발명될 때까지 일어난 사건들을 서술하고 생각을 전달하기 위해 사용된 물질들에 대한 역사적 서술Historical Account of the Substances Which Have

Paper》이라는 거창한 제목의 책을 출판했다. 당시 대부분의 책이 전통적인 넝마 펄프로 만들어진 종이에 인쇄된 것과 달리 쿠프스의 책은 짚을 재료로 했다. 하지만 마지막 몇 페이지는 다른 재료에 인쇄되었다. 부록에 쿠프스는 이렇게 밝혔다.

다음 몇 줄은 나무만으로 만들어진 종이, 그 어떤 넝마나 폐지, 나무껍질이나 짚, 기타 지금까지 종이 재료로 쓰이던 다른 식물성 재료를 쓰지 않고 이 나라에서 생산된 물자로만 만들어진 종이에 인쇄되었다. 그것이 가능하다는 증거가 필요하다면 바로 이 종이가 가장 충분한 증거일 것이다.

쿠프스는 같은 해에 자기가 고안해낸 "짚, 건초, 억새, 잡초, 대마, 아마, 나무, 나무껍질을 원료로 하여 인쇄 등의 용도에 적당한 종이를 만드는" 제조법의 특허를 등록했다. 쿠프스의 방법에는 나무를 얇게 벗겨 석회수에 담근 다음 탄산 결정체를 넣어 끓이는 과정이 포함된다. 그리고 나서 이 혼합물을 씻고 다시 끓인 다음 "잘 알려져 있는 일반적 제지법에 따라" 여분의 물기를 눌러 짜서 종이로 만든다. 쿠프스는 때로 "펄프가 되기 전의 압착된 재료를 며칠 동안 발효시키고 열을 가하는 편이 더 낫다"고 지적한다. 종이 재료에 나무를 포함시키기는 했지만 나무가 이 용도에 사용될 수 있다는 사실을 알아낸 것은 쿠프스가 아니었다. 심지어 인간도 아니었다. 그 사실을 발견한 것은 말벌이었으니까.

1719년 프랑스 과학자 르네 앙투안 페르숄 드 레오뮈르René Antoine Ferchault de Réaumur는 말벌이 둥지를 짓는 재료가 종이와 아주 비슷하다는 것을 알아차렸다.

미국 말벌은 인간의 종이처럼 아주 얇은 종이를 만든다. 그들은 서식지에 흔한 나무의 섬유를 추출한다. 그들은 넝마와 리넨을 쓰지 않고도 식물 섬유로 종이를 만들 수 있다는 사실을 가르쳐준다. 그리고 특정한 나무를 써서 얇고 좋은 재질의 종이를 만들 수 있는지 없는지 실험해보라고 우리에게 권하는 것 같다. 미국 말벌이 쓰는 것과 비슷한 나무를 사용한다면 아주 흰색의 종이를 만들 수 있을 것이다. 이 재료는 아주 희니까 말이다. 말벌이 쓰는 섬유질을 더 많이 두드리고 분쇄하고, 또 말벌의 몸에서 나오는 것 같은 묽은 풀을 쓴다면 아주 얇은 종이가 만들어질지도 모른다.

레오뮈르는 "우리가 종이의 원료로 쓰는 넝마는 경제적이지 못하고 제지업자라면 누구나 이 재료를 구하기가 점점 힘들어진다는 것도 알고 있다"는 말도 했다. 이런 관찰에도 불구하고 레오뮈르는 끝내 그 생각을 더 발전시키지는 않았다.

몇몇 사람이 여러 재료로 그의 생각을 실험했지만 실제로 종이를 개발한 것은 쿠프스였다. 그에게는 불운한 일이었지만 그 실험은 비용이 아주 많이 들었다. 쿠프스와 그의 투자자들이 런던의 밀뱅크에 거대한 제지 공장을 세우는 데 4만 5000파운드(지금의 280만 파운드)가량이 들었다. 하지만 그 공장은 짚 등의 재료로 종이를 만드는 데는 성공했지만 투자액을 회수하기에는 부족했고 결국 파산하고 말았다. 1802년 12월 공장 노동자들은 주주들에게 공장 문을 닫게 되었다고 알리는 편지를 썼다. "엄청난 분량의 젖은 종이가 창고에 방치되어 있고 통 속에서는 펄프가 썩고 있습니다. 우리가 해고된 것은 우리의 불운일 뿐, 우리 탓은 아닙니다. 그러니 당신들의 결정을 알게 되어 우리는 당연히 기뻐해야겠지요." 그들이 받은 대우를 생각하면 그 편지를 마무리 짓는 서명에 담겨 있는 자제력은 칭찬할만 했다. "상심하기는 했지만 매우 순종적인 당신의 종복들로부터." 나무로 종이를 만드는 성공적인 방법을 알아내기까지는 아직 수십 년이 더 지나야 했다. 그 기다림의 시간이 지난 뒤에 두 사람이 한꺼번에 출현했다.

찰스 프너티Charles Fenerty는 1821년 캐나다 노바스코샤에서 태어났다. 그의 가족은 캐나다의 산림에 목재 하치장을 소유하고 있었다. 프너티는 근처의 숲에서 벌목 공장을 보며 자랐다. 1820년대와 1830년대 내내 캐나다 전역에 수많은 제지 공장이 세워졌지만 넝마의 공급도는 낮았다. 1840년대 초반 프너티는 목재 펄프로 종이를 만드는 방법을 실험하기 시작했다. 1844년 그는 그 지역 신문사에 편지를 보내면서 자기가 만든 새 종이의 샘플을 동봉했다.

동봉된 것은 작은 **종이**입니다. 이 쓸모 있는 물건이 **나무로** 만들어질 수는 없을까 하는 생각을 확인하기 위해 제가 해본 실험의 결과물이지요. 실험 결과 그 생각은 옳았습니다. 제가 보내드린 샘플을 보면 제 생각이 실현 가능하다는 사실을 깨달으실 겁니다. 어떤 면을 보든 대마와 목면 등 흔한 재료로 만들어진 보통 포장지만큼 내구력이 강한 이 하얀 샘플은 실제로는 가문비나무로 만들어졌습니다. 가문비나무를 펄프로 만들어 통상의 제지법에 따라 생산한 것입니다.

당시 프너티는 고작 20대 초반이었기 때문에 자신을 신출내기로 취급하던 캐나다 제지업자들을 설득하느라 무척 애를 먹었다. 대략 같은 시기에 독일의 직물업자인 프리드리히 고틀로프 켈러Friedrich Gottlob Keller가 나무 분쇄기의 특허를 얻었다. 그는 나무토막을 젖은 회전식 숫돌로 갈아 섬유질만 남을 때까지 나무를 분쇄한 다음 목제 펄프를 만들었다. 그가 만든 최초의 종이는 강도를 보충하기 위해 옷감이 40퍼센트 함유되어 있었지만 나중에는 완전히 나무로만 종이를 만들어낼 수 있었다. 1846년 켈러는 자신의 특허를 작센의 제지업자 하인리히 뵐터Heinrich Voelter에게 팔았다. 뵐터는 엔지니어 요한 마테우스 보이트Johann Matthäus Voith와 함께 사업을 시작했다. 두 사람은 켈러가 설계한 기계를 대량생산했지만 켈러는 나중에 빈털터리가 되었다.

더 강한 종이

얼마 지나지 않아 나무 종이가 넝마 종이를 거의 완전히 대체하게 되었지만 아직도 나무 종이가 쓰이지 않는 분야가 있다. 바로 지폐 분야다. 영국은행은 지폐용 종이는 "목면 섬유와 리넨 넝마를 재료로 한다. 그것은 더 평범한 나무 펄프 종이보다 강도가 높고 내구력이 강하다". 문자 그대로 돈을 인쇄할 허가장을 가진 전문적 제지업자들이 그런 종이를 공급한다. 2013년 영국은행은 고분자화합물polymer 재질로 지폐를 인쇄하겠다(2016년에 도입될 윈스턴 처칠 경이 그려진 새 5파운드 지폐부터)고 발표했다. 그것이 종이보다 깨끗하고 안정적이고 내구성이 크다는 것이다. 고분자화합물 재질 지폐의 수명은 경쟁자인 종이 지폐보다 대략 2.5배는 길다. 그 지폐에는 또 다른 특징도 추가될 것으로 예측된다. 2013년 캐나다은행이 고분자화합물 재질로 만든 새로운 100달러 지폐를 도입하자 그 지폐에 긁어서 냄새를 맡는 부분이 있다는 소문이 퍼지기 시작했다. 긁으면 메이플시럽 냄새가 난다는 것이었다. 많은 사람들이 새 지폐에서 그 나라 사람들이 제일 좋아하는 시럽 냄새가 난다고 확신했지만 은행 측은 사실이 아니라고 부정했다. 은행 측의 대변인이 ABC 뉴스에 나와 새 지폐에 어떤 향도 넣지 않았다고 말했다. 몬트리올 소재 맥길 대학교 신경학과의 신경외과의인 메릴린 존스-고트먼Marilyn Jones-Gotman 박사는 그 소문이 흔히 있는 후각적 착각 때문에 퍼진 것이라고 설명했다. 실제로 있지 않은 어떤 것의 냄새를 맡을 수 있다고 착각하는 것 말이다.

켈러의 연구 덕분에 목제 펄프로 종이를 만들 수 있다는 사실이 알려지자 더 효율적인 펄프 제조법이 필요해졌다. 기계로 나무토막을 갈아내는 켈러의 방법으로 만든 종이는 쉽게 찢어지고 시간이 지나면 누렇게 변색했다. 이는 나무 세포벽에 들어 있는 화합물인 리그닌lignin 탓이었다. 그 화합물의 정체가 밝혀지자 당연히 그것을 제거해야 했다. 얼마 지나지 않아 리그닌을 없앨 화학 공정이 개발되어 강도와 탄력성이 좋은 종이가 만들어졌다(그러나 오래된 신문지가 누렇게 변색되는 것을 보면 값싼 기계적 공정이 완전히 사라지지 않았음을 알 수 있다).

1851년 더 순수한 종이를 만들려는 시도가 있었다. 하트퍼드셔 출신의 휴 버지스Hugh Burgess와 찰스 와트Charles Watt는 목제 펄프의 생산 과정에서 나뭇조각을 가성알칼리 용액에 넣고 고압으로 끓이기 시작했다('소다법soda process'). 이 방법으로 예전보다 흰 종이를 만들 수 있었지만 돈을 벌기는 역시 쉽지 않았다. 필라델피아의 발명가인 벤저민 C. 틸먼Benjamin C. Tilghman은 1860년대에 황산을 쓰는 처리법을 개발했지만 자금 부족으로 더 이상 발전시키지 못했다. 황산 처리법으로 처음 이익을 낸 것은 유럽의 칼 다니엘 에크만Carl Daniel Ekman과 조지 프라이George Fry였다. 틸먼의 작업을 이어받은 에크만은 1872년에 아황산과 마그네슘을 섞은 용액을 써서 목제 펄프를 만들어냈다. 에크만은 스웨덴 태생이었지만 영국으로 이주하여 조지 프라이와 함께 연구했다. 1874년 에크만-프라이 아황산법을 쓰는 제지 공장이 스웨덴에 세워졌고, 1940년대까지 주로 이 방법이 쓰이다가 크라프트법 kraft process으로 대체되었다. 독일 화학자 카를 달Carl F. Dahl이 개발한 크라프트법은 황산나트륨을 써서 더 강한 펄프를 만들어냈으며, 권력이나 힘을 뜻하는 독일어 단어에서 그 이름을 따왔다.

종이 규격의 '마술적 비율'

목제 펄프의 화학적 처리법과 기계식 생산 덕분에 믿을 만한 품질과 균일한 두께를 가진 종이를 저렴하고 신속하게 만들어낼 수 있게 되었다. 이로 인해 종이의 규격과 두께를 규정하는 제도가 도입되었다. 역사상 종이 크기를 규격화하려는 시도는 이미 여러 차례 있었다. 그중 가장 이른 사례를 볼로냐 시립 고고학박물관에 전시된 석판에서 찾아볼 수 있다. 1389년에 제작된 그 석판 위에는 이렇게 새겨져 있다.

다음의 내용은 볼로냐 시가 채택하는 규격이다. 즉 볼로냐와 인근 지역에서 만들어지는 목면 종이는 아래 크기를 준수해야 한다.

그 아래에는 '인페리알레inperialle', '레알레realle', '메사네meçane', '레수테reçute'라는 네 가지 규격을 예시하는 네 개의 직사각형이 둥지처럼 모여 있다. 임페리얼(인페리알레)과 로열(레알레)은 십진법이 도입될 때까지 (약간씩 변형되면서) 사용되었다. 특히 임페리얼 사이즈는 고대 파피루스 필사본에 사용되던 사이즈를 그대로 가져온 것일 수도 있다.

중세 후반 제지업자들은 각자의 종이에 품질 보증 표시로 워터마크watermark를 박기 시작했다. 이런 무늬는 종이가 아직 틀에 있을 때 철사로 만든 모양 틀을 눌러 새겨진다. 워터마크의 용도는 다양했다. 제지업자가 누구인지 알려주거나 종이 크기를 알려주기도 한다. 가령 '풀스캡foolscap'은 13.5×17인치 크기의 종이를 가리킨다. 풀스캡이라는 이름은 '광대fool의 모자cap'에 있던 비침무늬, 즉 워터마크("원래 모양은 옛날 연극 대본과 역사서에 자주 등장했던 종이 달린 모자를 본떴다")에서 나왔다. 풀스캡의 워터마크가 도입된 것은 15세기 중반이었다. 나중에 영국에서는 풀스캡 대신 브리타니아 혹은 사자 모양을 사용했

브리타니아는 로마시대에 브리튼 섬을 부르던 이름이며, 브리타니아 상像은 그레이트 브리튼 혹은 대영제국을 상징하는 여인상.

지만 그 이름은 그대로 남았다. 그리고 내가 아는 한, 전통적인 종이 사이즈 가운데 브라이언 이노Brian Eno 의 노래에 등장하는 것은 그것뿐이다.

1786년 독일 의사 게오르크 크리스토프 리히텐베르크Georg Christoph Lichtenberg는 자신이 학생들에게 내주었던 문제에 대해 설명하는 편지를 동료 과학자인 요한 베크만Johann Beckmann에게 썼다. 리히텐베르크는 학생들에게 반으로 접어도 가로세로 비율이 달라지지 않는 종이 크기를 찾아내라고 주문했다. 그는 자신이 말하는 바를 확실히 알려주기 위해 그런 종이 한 장을 편지에 동봉했다. "그 비율을 찾아낸 나는 일반 편지지를 가위로 잘라서 그 규격의 종이를 만들어보고 싶었지만 기쁘게도 그런 크기가 이미 존재했어요. 바로 내가 이 편지를 쓰는 종이입니다." 리히텐베르크는 까다로운 수학 문제를 내려던 것이었지만 실제로 그 대답은 이미 존재해왔다. 미디엄 규격이 그 대답이었다.

리히텐베르크는 이 비율이 "뭔가 재미있고 특별한 면"을 갖고 있다고 생각했다. "이 비율은 제지업자들이 주문받은 것일까, 아니면 전통에 따라 전파된 것일까? 이 비율은 우연히 출현하지 않았을 것이다. 그렇다면 어디에서 왔는가?" 사실 리히텐베르크가 학생들에게 냈던 문제는 자신이 직접 만든 것이 아니었다. 그것은 1787년에 도로테아

1948~. 영국의 음악가, 음반 프로듀서, 멀티미디어 예술가.
브라이언 이노의 노래 〈Back in Judy's Jungle〉의 가사 중 "Twelve sheets of foolscap, don't ask me why"라는 구절이 있음.

슐뢰처Dorothea Schlözer가 만든 (그리고 이미 해결한) 퍼즐이다. 다섯 명의 독일 여성 학자로 구성된 위니베르시태츠맘젤렌Universitätsmamsellen의 회원이었던 슐뢰처는 이 문제를 풀었던 모양이다(1755년 그녀의 스승은 답을 찾지 못했다).

리히텐베르크의 문제 조건을 충족시키는 반쯤 마술적인 비율은 1 : $\sqrt{2}$ (대략 1:1.41)다. 이 비율로 만든 종이 한 장을 절반으로 자르면 원래 종이와 똑같은 비율의 종이 두 장이 생긴다. 이것이 현대의 A시리즈(A3 용지를 반으로 자르면 A4 용지 두 장이 생긴다)에 사용되는 원리지만 그 기원은 적어도 1000년은 더 거슬러 올라간다(볼로냐 점토판에 그려진 네 종류의 종이 규격 가운데 둘은 1:1.42의 비율로서 거의 정확하게 이 비율을 따른다).

제1차 세계대전 이후 독일의 발터 포츠만Walter Portsmann 박사는 더 포괄적인 시스템을 제안했다. 포츠만은 1886년 가이저도르프에서 태어나 대학에서 수학과 물리학을 공부했다. 1917년 포츠만은 규격화를 다룬 첫 논문을 발표했고, 이 논문은 새로 구성된 독일 산업규격화 위원회Normenausschuß der deutschen Industrie의 의장인 발데마어 헬미히 Waldemar Hellmich의 관심을 끌었다. 이후 두어 해 동안 포츠만은 자신의 체계를 발전시켰고 이것이 나중에 독일의 국가 표준 규격으로 제정되었다. 독일 표준 규격Deutsches Institut für Normung 위원회는 1922년 포츠만의 체계를 DIN 476이라는 이름으로 발표했다. 이 표준은 1924년 벨기에에서도 채택되었고 곧 전 세계에 퍼졌다. 1960년 무렵에는 25개국이 이 시스템을 사용했고 1975년에는 국제 표준화 기구에 의해 ISO 216이라는 국제 표준으로 발표되었다.

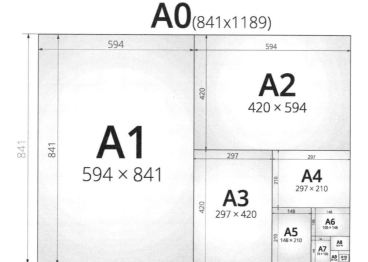

ISO 216에 명시된 A시리즈는 십진법을 따른다. A시리즈에서 가장 큰 종이인 A0는 표면적이 1제곱미터이고 종이 크기가 841×1189밀리미터(리히텐베르크 비율인 $1:\sqrt{2}$)다. 이 시리즈의 경우 각 종이의 짧은 변이 다음 종이의 긴 변이 된다.

종이 규격	종이 크기 (밀리미터)	종이 규격	종이 크기 (밀리미터)
A0	841×1189	A1	594×841
A2	420×594	A3	297×420
A4	210×297	A5	148×210
A6	105×148	A7	74×105

A8	52×74	A9	37×52
A10	26×37		

ISO 216은 B시리즈의 종이 규격도 구체적으로 정해준다(주로 프린트 디자인에 사용됨). 1976년 추가적인 ISO 표준 규격(ISO 269)이 도입되어 주로 우편 봉투 크기에 사용되는 C시리즈의 규격을 구체적으로 명시했다. 가령 A4 종이는 접지 않은 채로 C4 봉투에 들어갈 수 있다는 식이다.

우편 봉투의 진화

1840년에 우편 업무가 개혁될 때까지 우편 봉투는 흔히 사용되지 않았다. 우편 비용은 편지의 장수에 따라 매겨졌고 봉투도 종이 한 장으로 쳐서 비용이 부과되었다. 이런 추가 비용을 피하기 위해 봉함엽서 letter sheets가 사용되었다. 봉함엽서란 봉투 없이 편지지를 그대로 접어 봉하는 양식을 말한다. 1837년 사회개혁가 롤런드 힐Rowland Hill은 우편 업무 개혁안을 담은 소책자를 출판했다(《우체국 개혁: 그 중요성과 실제성Post Office Reform: Its Importance and Practicability》). 힐은 전체 시스템을 단순화하고 편지지 수보다는 무게를 기준으로 가격을 대폭 줄이자고 제안했다. 그중 가장 중요한 것은 편지가 국내 어디로 배달되든 균일한 가격을 매기고 선불제를 실시하자는 제안이었다(예전에는 편지 수신자가 비용을 내는 경우가 많았다). 1840년 힐의 제안이 받아들여지면서 두 가지의 선불 방식이 도입되었다. 접착성 우표를 붙이거나 미리 스탬프를 찍어둔 봉함엽서와 봉투를 쓰는 방식이었다.

봉함엽서와 봉투에 찍을 스탬프를 도안하는 임무는 화가 윌리엄 멀레디William Mulready에게 맡겨졌다. 힐은 스탬프를 찍은 봉함엽서와 봉투가 우표보다 인기가 있을 것이라고 기대했지만 발치에 사자를 앉힌 브리타니아의 모습을 지나치게 정교하게 담은 디자인은 조롱의 대상이 되고 풍자화가 만들어지기 시작했다. 힐은 대중이 미적 취향에 대한 불신과 혐오감까지 보이고 있으니, 멀레디의 도안을 대체할 다른 스탬프가 필요할지도 모르겠다고 일기에 썼다. 멀레디의 도안은 신속하게 철회되고 돈을새김된 봉투가 등장했다. 봉투에는 윌리엄 와이언William Wyon의 도안에 기초한 빅토리아 여왕의 모습이 그려졌다. 와이언의 페니 봉투(1페니짜리 봉투)는 금방 성공을 거두었지만, 그래도 우표의 간편함이나 유연성과 경쟁할 수는 없었다.

힐의 개혁안으로 우편 비용이 낮아지자 대량생산된 값싼 봉투의 수요가 급속히 성장했다(개혁안 이전에는 매년 2600만 통의 편지가 발송되다가 1850년에는 3억 4700만 통으로 늘었고 그중 3억 통은 봉투에 담겨 발송되었다). 예전에는 직사각형의 종이에서 다이아몬드형의 '백지'를 잘라내 봉투를 만들었다. 종이는 심하게 낭비되었다. 런던 출신의 문구점 주인인 조지 윌슨George Wilson은 1844년에 봉투용 백지를 바둑판처럼 잘라내는, "봉투 제조와 또 다른 용도의 종이 재단을 위한 개선안"을 특허 내서 낭비되는 종이를 줄였다. 다음 해에 롤런드 힐의 동생인 에드윈과 제지업자인 워런 드 라 뤼Warren de la Rue가 봉투용 백지를 재단하고 접어주는 기계의 특허를 얻었다(그전에는 백지를 손으로 접곤 했다).

점차 여러 유형의 봉투가 발달하여 서로 다른 기능에 맞게 사용되었다. '포켓'형 봉투는 짧은 쪽이 봉해지고, '월릿wallet'형 봉투는 긴 쪽이 봉해진다. 전통적인 다이아몬드형 봉투인 '바로니얼baronial'을 비롯하여 더 직사각형에 가까운 '부클릿booklet'형, '티켓'형, '사이드 심side seam'형, '어나운스먼트announcement'형 봉투 등이 있다. 봉투 종류는 그처럼 다양하지만 모두 연구해볼 시간이 없다. 다이아몬드형의 전통적인 바로니얼 봉투는 한 지점에서 봉해질 수 있다는 장점이 있다. 그러나 아랍산 고무풀을 사용한 '풀이 필요 없는' 봉투가 등장한 뒤로는 더 이상 봉인에 신경 쓸 필요가 없어졌다. 1855년 어느 필자가 지적했듯이 밀랍 봉인은 보기에는 우아하지만 "'접착제' 혹은 풀이 필요 없는 봉투가 발명되기 전보다는 필요성이 줄어들었다". (그 필자는 맞지 않는 봉투를 쓰지 말라고 경고했다. 그는 작은 봉투에 너무 크거나 두꺼운 종이를 쓰지 말라고 주의를 주었다. 그것은 나쁜 버릇이다. 마치 작은 장갑을 살찐 손에 끼려고 애쓰는 것처럼 서투르고 보기 싫으니까.) 봉투에 아랍 고무를 발라두면 롤러를 쓰든 침을 묻히든 어떤 식으로든 물기를 묻히지 않아도 된다. 봉투에 물기를 바르는 일은 별로 재미있지 않으니까.

〈사인펠드〉 시리즈의 '초대Invitations'편에 나오는 조지는 상점 점원이 가장 값싼 청첩장은 봉투에 쓰인 풀에 문제가 있어서 오래전 생산이 중단되었다고 말했는데도 약혼녀인 수전을 설득하여 그런 청첩장을 사오게 했다. 운 좋게도 그 상점에는 그런 종류의 청첩장이 두어 상자 남아 있었다. 그는 수전에게 침을 발라 봉투를 봉하는 일을 맡겼다. ("윽, 끔찍해." 수전이 풀 맛 때문에 구역질을 하면서 말한다.) 수전은 봉투를 핥고 나서 혼절하여 병원에 실려 간다. 의사는 수전이 죽었다는 소식을 조지에게 알리고는 혹시 수전이 "값싼 풀"을 먹었는지 물어보았다. "아주 값싼 봉투에 흔히 쓰이는 유독성 접착제의 흔적"이 그녀의 혈액에서 발견되었다는 것이다. 조지는 그녀가 청첩장을 발송하던 중이었다고 대답했다. 그러나 예상 하객 수가 200명이나 되었으니, 값싼 청첩장을 써야 했던 사정이 이해되기는 한다.

하지만 실제로 봉투 때문에 죽는 일이 가능할까? 봉투의 풀이 몸에 나쁜가? 2000년에 어떤 이야기가 온라인에 돌아다니기 시작했다.

봉투를 혀로 핥는다면…… 당신은 더 이상 존재하지 않게 된다!!!
캘리포니아의 우체국에서 일하던 여성이 물에 젖은 스펀지를 쓰지 않고 혀로 봉투와 우표를 핥았다. 바로 그날 그녀는 봉투에 혀를 베었다. 일주일 뒤 그녀는 혀가 비정상적으로 부어오른 것을 알아차렸다. 그녀는 의사에게 갔고 아무 이상이 없다는 말을 들었다. 혀는 더 이상 아프지 않았고 이상도 없었다. 2, 3일 뒤 혀가 더 붓더니 심하게 아프기 시작했다. 너무 아파서 아무것도 먹을 수가 없었다. 그녀는 그 병원에 다시 가서 어떻게든 치료해달라고 했다. 그 의사는 혀에 X선 촬영을 하더니 알맹이 하나가 박혀 있는 것을 보았다. 그는 작은 수술을 준비했다.

의사가 그녀의 혀를 절개하자 살아 있는 바퀴벌레가 기어 나왔다. 봉투에 바퀴벌레 알이 있었던 것이다. 그 알은 침 덕분에 혀 안에서 부화할 수 있었다. 따뜻하고 촉촉했으니까.

이것은 CNN에 보도된 실화다.

이 이야기는 스노프스 웹사이트에서 거짓으로 확인되었지만 모든 소문이 그렇듯이 여전히 남아 있다.

그러나 이 이야기가 사실이 아니라고 해서 봉투가 완전히 무해하다고 주장하려는 것은 아니다. 1895년 〈뉴욕 타임스New York Times〉지는 S. 페샤이머의 죽음을 보도했다. 그는 봉투에 침을 묻히다가 혀를 베는 바람에 패혈증에 걸려 죽은 것이다. 그러니 봉투가 사람을 죽일 수도 있다. 하지만 그런 일이 흔하지는 않다. 그러니 악몽을 꿀 것까지는 없고 편히 잠자기를 바란다.

노란색 리걸 패드

ISO 216 종이 규격은 단순한 체계로, 전 세계 거의 모든 나라에서 채택되어왔음에도 미국은 여전히 그 매력에 저항하고 있다. 이는 분명 미국이 미터법을 전면적으로 받아들이지 않은 탓일 것이다. 미터법을 겁내서인지("미터법은 악마의 도구라구! 내 차는 1호그스헤드hogshead 에 40 로드rod 를 가는데, 그게 내가 좋아하는 방식이야"라고 그램파 심슨 이 부르짖었다), 아니면 그저 나태함 때문인지 판단하기는 힘들지만 이런 거리낌이 미국을 비정상적으로 만드는 것은 사실이다. 《CIA 월드 팩트북CIA World Factbook》 의 설명을 보자.

63갤런.
5.03미터.
미국 TV 애니메이션 〈심슨 가족〉의 캐릭터인 에이브러햄 심슨.
미국 CIA가 매년 정기적으로 발간하는 책으로 전 세계 국가의 정치, 경제, 사회에 관한 정보를 수록.

현재 국제단위 시스템(SI 혹은 미터법)을 무게와 척도의 공식 체계로 받아들이지 않은 곳은 미얀마, 라이베리아, 미국 등 세 나라뿐이다. 미국의 경우 미터법이 1866년 이후 합법적으로 허가되었는데도 관행적인 대영제국식 시스템을 대체하는 것은 느렸다. 산업국 중에 미터법을 주로 쓰지 않는 곳은 미국뿐이다. 하지만 이제 미국에서도 과학, 의학, 정부, 산업 부문에서 점점 더 많이 미터법을 받아들이는 추세다.

좀 따라와 봐, 이 사람들아.

미국은 분명히 우월한 ISO 216 시스템(미터법 일반)을 받아들이는 대신 '리걸legal' (8.5×14인치)과 '타블로이드tabloid' (11×17인치) 같은 인치를 기초로 하는 측정 공식을 계속 사용한다. 비록 가장 흔히 쓰이는 사이즈는 여전히 '레터letter' (8.5×11인치)지만 말이다. 미국의 편지지 규격은 연원이 불분명하지만 (사실 유럽식 연원) 네덜란드의 제지업자가 1600년대에 도입한 종이 틀에 기초한 것이다. 밝혀진 바로는 가로와 세로가 각각 17인치와 44인치인 틀이 노동자 한 명이 다룰 수 있는 최대 크기였다고 한다. 미국의 편지지는 그 틀로 만든 종이를 넷으로 나눈 크기다.

리걸이라는 이름이 시사하듯이 레터 판보다 큰 8.5×14인치 사이즈는 흔히 법조계와 결부되곤 한다. 1884년 매사추세츠 출신의 토머스 홀리Thomas Holley라는 제지 노동자가 종잇조각을 한데 묶어 값싼 필기장을 만들었다. 200년 전 네덜란드 제지업자들처럼 체격이 작지 않던 홀리는 종이 크기를 마음대로 선택할 수 있었으므로 각 종이를 3인치씩 더 길게 만들고 미국 패드 앤드 페이퍼 회사American Pad & Paper

Company, AMPAD를 세워 그 필기장을 팔았다. 문구류 세일즈맨인 윌리엄 보크밀러william Bockmiller가 그에게 연락하여 특별 주문을 했다. 보크밀러의 고객이던 어느 판사가 이 필기장을 사서 직접 줄을 그어 사용했다는 것이다. 그 판사가 원하는 것은 줄이 쳐지고 여백이 있어서 주석을 달 수 있는 필기장이었다. 홀리는 줄이 쳐진 필기장을 만들기 시작했고 리걸 패드가 태어나게 되었다. 전통적으로 리걸 패드는 항상 노란색 종이로 만들어졌다. 왜 그런지 이유는 불분명하다. 한 가지 통설은 원래 패드를 여러 제지 공장에서 남은 종이로 만들다 보니 통일된 외양을 갖추기 위해 노란색으로 염색했다는 것이다. 또 다른 통설에 따르면 노란색 종이가 평범한 흰색 종이 사이에서 쉽게 구별되기 때문이라는 것이다. 이유가 무엇이든 노란색은 효과가 있었고 어떤 사람은 선명한 흰색보다 노란색이 눈에 가해지는 부담이 덜하다고 주장했다.

리걸 패드의 발전 과정에서 홀리의 역할을 감안하면 1903년 11월에 그 회사의 재정적 변칙 행위에 관한 기사가 신문에 실렸다는 점은 아이러니하다.

오랫동안 회사의 사장이자 재무 담당이었던 토머스 W. 홀리가 자금을 전용했음이 밝혀졌다. 현재는 그 규모가 얼마인지 확인되지 않지만 대략 3만 5000달러로 추정된다.

홀리가 그 회사의 위조 주권을 발행하고 그 대금을 착복했다는 주장이 나돌았다. 2, 3일 뒤 〈로웰 선Lowell Sun〉지는 그가 캐나다로 달아

난 것 같다고 보도했다.

종적을 감춘 미국 패드 앤드 페이퍼 사의 재무 담당인 T. W. 홀리의 친지들은 그가 캐나다로 갔으리라고 넌지시 알려주면서 그의 체포 영장이 발부될지에 특별한 관심을 보이고 있다.

그의 모든 생명보험 약관에는 보험금과 상관없이 자살 조항* 이 포함되어 있다고 한다. 그가 가입했다는 3만 달러짜리 보험은 그가 조만간 반드시 벌어질 것이라고 예견했던 문제가 일어날 경우 그의 가족에게 돌아가게 되어 있다.

진화는 계속된다

홀리는 노란색 리걸 패드 분야의 개척자였지만 줄친 필기장을 판매한 최초의 사람은 절대 아니었다. 1770년 런던 출신의 존 티틀로John Tetlow는 악보 등에 쓰이는 줄친 종이를 만드는 기계의 특허를 최초로 얻었다. 7년 뒤에 조지프 피셔Joseph Fisher가 줄친 종이와 모눈종이를 모두 만들 수 있는 '만능 공작 기계Universal Machine' 의 특허를 냈다. 평범한 사람들에게 줄친 종이와 모눈종이를 모두 생산할 수 있는 기계는 필요를 충분히 채워주고도 남는 물건이지만 어떤 사람들, 백지와 줄친 종이와 모눈종이라는 간단한 선택지에 만족하지 않는 사람들에게는 부족한 물건이다. 그런 사람들은 라이터블록 닷 그리드Writersblok

---

* 계약 2년 후에는 계약자가 자살했을 경우에도 보험금이 지불된다는 조항.

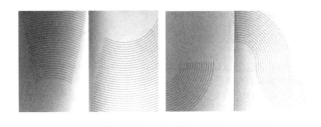

dot grid나 스페인 그래픽디자이너 하이메 나르바에스Jaime Narváez가 만든 쿠아데르노Cuaderno 시리즈를 찾는다. 쿠아데르노 시리즈에 들어가는 것은 다음과 같다.

줄이나 모눈이 그어진 전통적인 공책과는 다른 패턴을 선보이는 네 가지 공책 컬렉션. 그런 패턴은 공책으로서의 기능을 여전히 발휘하면서도 드로잉으로서의 성격도 갖는다. 새로운 종류의 드로잉이나 글쓰기를 상상하고 실험하라는 권유, 매체 자체에 눈길을 돌려보라는 권유다.

홀리가 개발한 리걸 패드는 흔히 페이지 맨 위가 스테이플러로 묶여 있고, 각 페이지를 뜯어내 묶을 수 있도록 구멍이 나 있다. 하지만 제본 종류는 다양하다. 스테이플러로 찍은 실바인 메모북, 실로 꿰맨 몰스킨, 하드커버로 제본된 블랙앤레드, 스프링으로 묶은 조터jotter. 그런데 조터 패드는 좀 혼란스럽다. 맨 위쪽이 스프링으로 묶여있어서 열띤 속도로 페이지를 넘기면서 메모하기에 좋다. 하지만 공책 안에서 어느 쪽이 '앞'이고 어느 쪽이 '뒤'인지 헷갈리게 된다. 패드 중간쯤 가면 특히 그렇다. 서둘러 갈겨써둔 메모나 아이디어를 찾을 때는 적어도 그것이 공책의 오른쪽에 씌었는지 왼쪽에 씌었는지는 기억 난다. 조터 패드는 메모의 위치에 대한 그런 분명한 힌트를 주지 못한 다. 중요한 메모가 도대체 어디에 적혀있을까? 공책에도 '검색' 기능 이 있어야 할 모양이다.

아이폰이나 에버노트에서 노트Notes 같은 메모 앱의 인기 가 점점 높아지다 보니 이 문제를 해결할 방법도 하나 생기는 것 같다. 여러 도구로 기록된 메모나 생각을 검색이 용이한 포맷 하나로 합칠 수 있다면 공책에 뭔가를 써두는 습관이 갈수록 구태의연하게 여겨질 것이다. 그러나 두 가지 포맷이 서로 적대할 필요는 없다. 몰스킨의 에버노트 스마트 노트북Evernote Smart Notebook은 물건이 주는 촉각적 쾌감을 클라우드 컴퓨팅과 검색의 장점과 합치려는 시도다. 사용자들은 공책에 글을 쓰고 나서 메모 근 처에 주제별(집, 일, 여행, 행동, 승인, 거부) '스마트 스티커'를 붙이고, 에버노트 페이지 카메라로 그 페이지의 사진을 찍어둔다. 손글씨로 쓰인 텍스트도 상태가 좋으면 검색 가능하다. 아마 내 글씨로는 검색 하기가 좀 힘들겠지. 하지만 내 글씨는 어차피 내 눈으로도 알아보기 어려운데 뭘. 갈수록 모니터에 의존하게 되면서 우리의 타자 기술은 나아지겠지만 아마 손글씨의 판독 가능성은 점차 낮아질 것이다.

하지만 명백한 해결책이 있다. 기계가 우리의 손글씨를 더 쉽게 읽 기를 바란다면 더 많이 연습해야 한다. 손으로 더 자주 써보아야 한 다. 당신 컴퓨터는 당신을 필요로 한다.

Pencils

Chapter 4

대가들의
연필

글쓰기 매체로서 연필은 그 내용을 책임질 필요가 절대로 없었다. 연필로는 충동적으로 글을 써도 된다. 완전히 결심한 단계는 아니더라도 연필로 일기에 그것을 써둘 수는 있다. 언제나 빠져나갈 구멍이 있는 것이다.

잉크라는 어른의 세계로 진입하기 전인 어린 시절에 만났으니, 마땅히 연필이 펜에 앞서야 한다. 연필의 소박한 나무 몸체는 그것의 단순한 성질을 더 강화한다. 플라스틱 몸통이나 금속 케이스도 없이 그냥 땅에서 생산된 전통적인 재료만으로 만들어진 물건. 하지만 나무 연필은 흔히들 생각하는 것보다 훨씬 최근에 만들어진 발명품이다. 사실 연필, 즉 납 연필lead pencil은 지금 쓰이는 나무 '연필pencil'보다 오래되었지만 '연필'이라는 용도의 물건들보다는 더 젊다고 해야 공정할 것이다. 연필이라는 단어 자체는 납 연필보다 먼저 존재했고, 납 연필은 '전통적'인 나무 연필보다 먼저 존재했었다.

페니스penis(꼬리를 의미)와 동일한 라틴어 어원에서 유래한 페니실리움penicillum은 섬세한 필경 작업과 드로잉에 쓰인 끝이 뾰족한 화가의 붓(붓의 재료가 동물의 꼬리털이라는 의미에서 만들어진 단어이므로, 야해 보이는 그 단어의 어원도 순진하게 설명될 수 있고, 우리가 낯을 붉힐 일도 없어진다)을 가리켰다. 그 단어는 옛 프랑스어인 핀셀pincel로 변형되었다가 최종적으로 중기 영어 단어인 펜슬pencil로 변했다. 하지만 16세기 초반까지 그 단어는 현대적인 의미의 납 연필이 아니라 붓을 가리켰다. 여기서 납도 오해의 여지가 있는 단어다. 그리스인과 로마인이 쓰던 필기구에 납이 사용되기는 했지만 현대의 납 연필에는 납이 들어 있지 않다. 납이 매우 독성이 강하고 초등학생이 쓰기에 전혀 적합하지 않은 물질임을 생각하면(당신이 좋아하지 않는 아이라면 모르지만) 안심이 된다.

연필은 16세기 초반 어느 폭풍우 치던 밤 영국의 컴벌랜드에서 태어났다. 정확하게 몇 년이었는지는 기록되어 있지 않지만 전해지는 이야기에 따르면 맹렬한 폭풍우가 불던 밤에 케즈윅 근처인 보로데일의 들판 한가운데 있던 큰 참나무가 뿌리째 뽑히면서 신비스러운 검은 물질, 즉 땅속에 묻혀 있던 흑연graphite 광맥이 노출되었다고 한다. 새로운 원료는 납과 비슷해 보인다고 해서 플룸바고plumbago라는 이름이 붙었다. 하지만 "'검은 납', '켈로우kellow', '킬로우killow', '와드wad', '와트wadt' 등으로도 불렸는데, 이 단어들은 모두 검다는 뜻이었다". 납 연필이라는 말이 쓰인 것은 흑연과 납 사이의 외형적인 유사성 때문이다. 이 용어가 끈질기게 남아 있는 것은 기묘한 언어학적 버릇 탓이다. 즉 휴대전화의 디지털카메라로 촬영하면서도 '뭔가를 필름으로 찍는다film something on your phone' 하거나 알루미늄 깡통에 담긴 콩조림을 사면서도 주석통tin이라고 말하는 것과 같다.

근처에 살던 농부들은 이 물질(와드라고 불렀다)로 양에 표시를 하기 시작했고 곧 다른 용도도 발견했다. 와드 혹은 흑연 막대기는 끈으로 둘둘 감아서 써야 했다. 그러지 않으면 손에 시커먼 자국이 묻었기 때

---

* 연필鉛筆의 연鉛이 곧 납이다. '흑연'이 그대로 '검은 납'이라는 뜻이지만 실제 성분은 납과 전혀 다르다. 흑연黑鉛은 탄소 C이고 납은 원소기호 Pb인 금속이다.

문이다. 1560년대가 되자 연필은 유럽 전역에 알려졌다. 1565년 스위스의 박물학자 콘라트 폰 게스너Konrad von Gesner는 《화석, 보석, 돌, 금속 등 온갖 종류의 물건에 대한, 그 대부분이 지금 최초로 출판되는 여러 권의 책들De omni rerum fossilium genere, gemmis, lapidibus metallis, et huiusmedi libri aliquet, plerique nunc primum editi》이라는 제목의 책을 출판했다. 이 책에서 그는 연필의 삽화를 싣고 다음과 같이 설명했다.

아래에 실린 스타일러스는 필기를 위해 만들어졌다. 일종의 납(영국인들은 안티모니antimony라고 부른다)을 뾰족하게 깎아 나무 손잡이 안에 넣은 것이다.

게스너가 묘사하는 연필은 지금 우리가 쓰는 나무 연필과 비슷하지 않다. 게스너의 연필은 몸통 전체에 납 심이 들어 있지 않았다. 게스너의 연필은 납 심을 끼우는 나무 손잡이 형태다(독일의 펜 제작자인 클레오 스크리벤트Cleo Skribent는 2006년에 이런 형태의 연필을 만들었다). 이런 점을 생각하면 게스너의 연필은 포르트 크레용porte-crayon 혹은 레드 홀더leadholder와 공통점이 더 많다. 포르트 크레용은 흑연이나 초크나 목탄을 끼워 쓰는 스케치 도구였다. 통상 황동으로 만들어진 포르트

흑연 심을 끼워 사용하는 레드홀더

크레용은 양쪽 끝이 갈라진 가는 튜브처럼 생겼다. 포르트 크레용은 17세기와 18세기에 점점 더 인기를 얻었고 지금도 일부 화가들이 사용하고 있다(M. C. 에스허르Escher가 1948년에 만든 석판화 〈그리는 손Drawing Hands〉에 나오는 손들은 각기 포르트 크레용을 쥐고 있는 다른 손을 그리고 있다). 포르트 크레용은 다양한 필기 재료(초크, 목탄, 흑연봉)를 쥐는 데 사용된다. 레드홀더는 그 이름에서 알 수 있듯이 더 전문적이다. 목제나 금속제 몸통에 가늘게 깎은 흑연을 끼우고 나사로 고정시키는 형태다. 선을 더 정밀하게 그릴 수 있기 때문에 설계사들은 레드홀더를 더 선호했다. 레드홀더는 점차 기계식 연필로 발전했다.

세계 연필 생산의 중심지

현대식 연필이 태어난 시점에 대해서는 이견이 많다. 16세기 후반 케즈윅 주변의 설계사들이 최초로 흑연봉을 나무 몸통에 넣어 쓰기 시작했다(하지만 어떤 사람은 대략 같은 시기에 이탈리아에서 연필이 개발되었다고 주장하기도 한다). 흑연 수출이 금지되면서 그 지역은 금방 세계적인 연필 제조의 중심지가 되었다. 보로데일 광산은 유일하게 알려진 고품질 순수 흑연의 원산지가 되었고 컴벌랜드산 와드는 순식간에 가치가 높아졌다. 광산은 삼엄하게 보호되었다. 사람들이 그 귀중한 물질을 훔치지 못하도록 가끔 광산에 물을 채우기도 했다. 가치가 높아진 와드는 무장 경비대의 보호를 받으며 런던으로 수송되어 경매에서 엄청난 가격에 팔리곤 했다. 구매자들은 거의 예외 없이 케즈윅의 연필 제조업자들이었으므로, 와드는 다시 무장 경비대의 호위를 받으면서 북쪽으로 수송되어 연필로 변신했다. 케즈윅에서는 흑연 토막을 얇은 판으로 잘라 연필을 만들었다. 가느다란 직사각형 나무 막대에 홈을 파서 흑연 판을 끼우고 예리한 칼날로 표시한 다음 나무와 같은 길이로 절단한다. 절단된 면에 풀칠한 얇은 나무 조각을 덮어 흑연을 감싸게 하면 나무 막대는 연필의 모습을 띠게 된다.

중세에 세계적인 무역 중심지로 발전한 독일의 뉘른베르크는 중부 유럽 전역에서 광맥이 채굴되기 시작하자 광산업에 적극적으로 개입했다. 보로데일 와드의 채굴 작업에 뉘른베르크 노동자들이 투입되자 독일 상인들의 관심에 불이 붙었다. 그들은 그 지역에서 나는 저품질 흑연에 황 등을 섞어 자체적으로 연필을 만들기 시작했다. 이런 독일 연필의 품질은 케즈윅에서 생산되는 순수한 흑연 연필의 경쟁 상대가 되지 못했다.

1793년 프랑스가 대영제국에 선전포고를 하자 두 나라 사이에 경제봉쇄령이 내려졌고 프랑스에서는 더 이상 케즈윅산 연필을 구할 수가 없었다. 심지어 독일산 저급 연필도 구할 수 없었으므로, 프랑스 전쟁장관인 라자르 카르노Lazare Carnot는 니콜라 자크 콩테Nicolas-Jacques Conté에게 수입산 원자재를 쓰지 않는 연필을 개발하라고 지시했다. 콩테는 원래 초상화가가 되려고 했지만 프랑스 혁명 이후 관심을 과학으로 돌린 사람으로 "머릿속에 모든 과학을 담고 있고 손에는 모든 예술을 담고 있다"는 평판을 듣기도 했다. 비록 프랑스산 플룸바고가 보로데일산 와드처럼 순수한 품질은 아니었지만 콩테는 그 재료에 대해 잘 알고 있었으므로, 가루 흑연을 점토와 섞어 가는 막대를 만든 다음 가마에 넣고 불로 굽는 처리법을 개발했다. 새 원료는 순수한 흑연봉보다는 잘 부서졌지만 독일산 저급품보다는 품질이 나았다. 콩테가 1795년에 특허 출원한 점토와 가루 흑연을 섞는 공식은 지금도 연필 생산에 사용되는 방식이다.

콩테의 공식 덕분에 세계는 더 이상 보로데일 광산에 의존하지 않게 되었다. 그래도 케즈윅 지역은 여전히 세계 최고의 연필을 만드는 곳으로 유명하다. 그전에는 소규모 작업장에서 수작업으로 연필을 만들었다. 하지만 1832년 뱅크스 선 사Banks, Son & Co가 그 지역에 최초의 연필 공장을 세웠다. 이 회사는 여러 소유주를 거치다가 1916년에 컴벌랜드 연필 회사가 되었다. 4년 뒤 그 회사는 브리티시 펜 사British Pens Ltd.로 넘어갔다. 그리고 케즈윅에 새 공장을 세우고 더웬트 브랜드의 연필을 생산했다. 2008년 그 공장은 근처에 있는 워킹턴으로 옮겨갔다.

케즈윅의 옛날 연필 공장 인근에 컴벌랜드 연필박물관Cumberland Pencil Museum이 있다. 입장료 4파운드 25펜스를 내면 (작기는 하지만) 매력적인 박물관에 들어갈 수 있고 팸플릿과 연필도 공짜로 받을 수 있다. 박물관(벤 휘틀리Ben Wheatley가 2012년에 만든 컬트 영화 〈관광객들 Sightseers〉에도 등장)에는 그 지역에서 만들어진 연필의 역사에 대해 다양하게 알려주는 전시물이 있고 세계에서 가장 긴 색연필도 진열되어 있다. 그 길이는 7.91미터로, 2001년 5월 기네스 세계기록에 등재되었다. ("이것은 **진짜** 연필입니다. 노란색 연필심 앞에 종이를 갖다 대면 노란색으로 써집니다.") 무게가 446.36킬로그램인 그 연필을 박물관으로 가져오기 위해 28명이 동원되었고 현재 연필은 천장에 매달려 있다.

콩테 덕분에 세계는 이제 순수 흑연 없이도 연필을 만들 수 있게 되

있다. 한편 뉘른베르크는 18세기 내내 '세계 연필 생산의 중심지' 라는 타이틀을 놓고 케즈윅과 경쟁을 벌이기 시작했다. 지금도 이 도시에는 세계적으로 유명한 연필 회사 두 곳이 있다. 바로 스테들러Staedtler와 파버-카스텔Faber-Castell이다. 두 회사는 어느 쪽이 먼저 세워졌는지를 놓고 치열한 경쟁을 벌이고 있다. 1660년대 제니히Jenig, 예거Jäger, 스테들러라는 세 장인 가문이 수작업으로 연필을 만들기 시작했다. 사실 공식적으로 '연필 제조업자' 라는 호칭을 최초로 인정받은 것은 그들보다 먼저 활동했던 보로데일의 개척자들에게서 그 명예를 빼앗아온 프리드리히 스테들러Friedrich Staedtler였다. 그 뒤 두어 세대 동안 연필을 계속 만든 것은 스테들러 가문뿐이었다. 상업 길드의 통제를 받던 그 도시에서는 새로운 제작자가 성벽 안에 회사를 세우려면 엄격한 규칙을 준수해야 했다. 그래서 요한 제바스티안 스테들러Johann Sebastian Staedtler(프리드리히 스테들러의 고손자)가 공식적으로 J. S. 스테들러J. S. Staedtler 회사를 등록한 것은 그런 규칙이 좀 누그러진 1835년의 일이었다.

뉘른베르크 외곽의 작은 마을인 슈타인에서 카스파어 파버Kaspar Faber라는 금고 제작자가 1761년에 연필을 만들기 시작했다. 파버는 원래 뉘른베르크에서 사업을 시작할 계획이었지만 그 도시의 규제 때문에 슈타인으로 나왔던 것이다. 그래서 스테들러의 뿌리가 시간상으로는 75년가량 더 앞섰지만 두 회사 모두 자기들이 가장 오래되었다고 주장했다. 둘 사이의 분쟁은 계속 이어지다가 1990년대 법정이 공식적으로 파버-카스텔의 손을 들어주었다. 그리하여 2010년 스테들러가 175주년을 축하할 때 파버-카스텔은 250주년 축하 계획을 짜고 있었다. 프리드리히 스테들러가 연필을 만들기 시작한 것이 카스파어 파버보다 거의 100년은 앞섰는데도 말이다. 하지만 그런 판결이 무슨 의미가 있는지 모르겠다. 스테들러가 고작 175년 전에 세워졌기 때문에 믿을 만한 회사가 못된다고 생각할 사람이 몇이나 될까.

헨리 데이비드 소로의 연필 공장

가루 흑연과 점토를 섞는 콩테의 방식을 도입한 유럽 회사들은 케즈윅의 최고급 연필을 상대로 경쟁력을 갖고 있었다. 새로운 생산법 덕분에 다양한 기능의 연필을 만들 수 있었기 때문이다. 점토와 흑연을 섞는 비율을 달리하면 연필이 더 단단해지거나 부드러워졌다(단단한 연필은 부드러운 연필보다 점토 비율이 더 높다). 콩테는 자기가 만든 연필에 숫자를 붙여 단단한 정도를 표시했다(숫자가 커질수록 연필은 더 단단해진다). 지금도 쓰이는 H와 B 표시를 도입한 것은 런던의 연필 회사인 브루크먼Brookman으로 여겨진다(H는 단단한hard 연필, B는 더 검은blacker, 혹은 더 부드러운 연필을 가리킨다). 브루크먼은 연필의 강도가 커짐에 따라 H의 수를 늘렸다. 제조 공정이 더 복잡해지고 더 많은 등급이 만들어지자 H와 B라는 글자와 숫자를 함께 쓰는 편이 더 합리적으로 보였다(HHHHHHHH와 HHHHHHHHH를 구별하기보다는 8H와 9H를 구별하기가 더 쉽다). 가장 흔히 사용되는 연필은 H와 B의 세계 중간 지점에 있는 HB로서 균등함과 조화의 상징이다. 우리는 모두 HB처럼 되기를 소망해야 한다.

미국에서는 작가 헨리 데이비드 소로Henry David Thoreau가 1840년대에 이와 비슷한 시스템을 개발했다. 작가이자 자연학자로 알려진 그가 연필의 역사에 남긴 공헌은 흔히 간과된다. 소로는 매사추세츠 주 콩코드에 있던 아버지 존의 연필 회사에서 오랫동안 일했다. 존 소로의 연필 회사는 아들이 사업에 참여했을 당시 이미 번창하고 있었다. 하지만 헨리는 중요한 공헌을 했다. 그가 점토와 가루 흑연을 섞는 콩테의 방식을 알고 있었는지, 아니면 그와 비슷한 처리법을 독자적으로 개발했는지는 분명하지 않다. 하지만 그가 회사에서 일하고 얼마 지나지 않아 소로의 연필은 네 종류의 굳기로 판매되었다(미국에서는 이 분류법이 지금도 지배적으로 쓰이며 2번 등급이 대략 HB에 해당한다). 존 소로는 처남인 찰스 던바Charles Dunbar와 함께 1823년에 사업을 시작했다. 2년 전에 던바는 뉴잉글랜드에서 플룸바고 광맥을 발견했지만 광산의 임차권은 고작 7년짜리였으므로 그는 최대한 빠른 기간 내에 그 귀중한 재료를 최대한 많이 캐내기로 결심했다.

하지만 던바가 최초로 나무 연필을 만든 것은 아니었다. 역시 콩코드 출신의 금고 제작자인 윌리엄 먼로William Munroe가 1812년에 연필을 만들기 시작했다. 미국이 영국과 전쟁을 하는 동안 먼로는 가구 제작으로 생계를 꾸리느라 애를 먹었다. 반면 연필은 공급량은 딸리고 수요는 꾸준히 있었다. 먼로는 자기가 연필을 만들 수만 있다면 생계를 덜 걱정해도 될 것이고 뭔가를 성취할 수도 있겠다고 생각했다. 먼로는 과학 분야의 기본적인 소양이 별로 없었으므로 좋은 품질의 연필을 만들어내기까지 거의 10년은 고생해야 했다.

먼로의 동업자인 에버니저 우드Ebenezer Wood(누구 베라 가진 사람 있나 has anybody got any Veras?)는 콩코드에 있는 나쇼아바 브룩Nashoaba Brook

옆에 연필 공장을 짓고 자신이 발명한 일련의 기계들을 선보였다. 그 중에는 두 쪽의 나무 몸체를 붙인 풀이 마를 때까지 12자루의 연필을 고정시켜주는 '웨지 글루 프레스wedge glue press'와 여섯 자루의 연필에 동시에 홈을 파주는 원형 톱도 있었다. 또 연필 몸체를 육각형과 팔각형으로 깎는 톱과 플럼바고를 가루로 만드는 분쇄기도 있었다. 먼로는 소로에 비해 유리한 위치에서 일을 시작했지만 1830년대가 되자 소로의 연필이 훨씬 고품질이었으므로 두 사람은 지독한 경쟁자가 되었다. 경쟁자를 훼방하기 위해 먼로는 우드에게 소로의 플럼바고를 연마해주지 말라고 설득했다. 하지만 그 책략은 역효과를 냈다. 우드는 먼로가 아니라 소로와의 거래에서 더 많은 돈을 벌었기 때문이다. 그래서 그는 소로가 아니라 먼로와의 계약을 끊어버렸다.

미국에서 가장 유명한 연필

연필 제조업은 경쟁이 심한 세계다. 뉘른베르크에서 가장 오래된 연필 제작자의 자리를 두고 논쟁이 분분한 것과 마찬가지로 미국에서도 최초의 연필 공장을 세운 것이 누구인가에 대해 이런저런 주장이 많다. 발명가 조지프 딕슨Joseph Dixon은 1827년 세일럼에 흑연 공장을 세우고 1829년 처음으로 연필 생산을 시도했지만 그 생산량은 얼마

---

* 영국 밴드인 더 셰이먼The Shamen이 1992년에 발표한 노래 〈에버니저 구드 Ebeneezer Goode〉의 후렴구. 이 노래의 제목과 에버니저 우드가 비슷한 이름인 데서 나온 연상.

되지 않았다. 미국에서 최초로 상업적인 연필 공장을 세운 사람은 카스파어 파버의 증손자인 것 같다. 에버하드 파버Eberhard Faber는 1849년 아버지가 소유주인 A. W. 파버 회사의 대리인 자격으로 미국에 이주했다. 뉘른베르크에 있는 가문의 사업체를 위해 연필 재료인 삼나무의 안정적인 공급처를 확보해야 했기 때문이다. 그러다가 그는 고급 연필에 필요한 원자재가 미국에서 모두 생산된다는 것을 깨닫고, 1861년 맨해튼에 자신의 첫 번째 공장을 열었다.

파버의 최대 경쟁자는 1799년에 태어난 조지프 딕슨이었다. 딕슨의 사업가적 정신은 한순간의 번득이는 영감을 가져다주는 기회를 활용하는 방향으로 훈련되었다. 그의 이야기는 마치 〈어프렌티스The Apprentice〉에 출연하려는 대기자의 사연처럼 들린다. 파버에게는 다행스럽게도 그 기회는 오랫동안 연필과 연결되지 않았다. 딕슨은 그 지역에서 나는 플럼바고로 다양한 제품을 만드는 공장을 운영했다. 플럼바고로 광택제와 윤활유, 페인트 등을 만든 것이다. 회사명으로도 짐작되겠지만 조지프 딕슨 가마 회사는 열을 차단하는 산업용 흑연 가마를 제조하는 회사였다. 하지만 딕슨은 점차 연필의 세계로 관심을 돌렸다. 그가 처음 연필 생산을 시도해본 것은 1829년이었고 그 시도는 그해에 끝이 났다. 좋은 연필을 만들지 못했기 때문이다. 그 대신 딕슨은 제철과 제강에 쓰이는 흑연 가마 제작에서 훨씬 크게 성공했다. 그러던 중 그보다 이전 시대를 살았던 콩테나 먼로처럼 딕슨

* 취업 경쟁을 소재로 하여 2005년부터 시리즈로 방영된 영국의 TV 리얼리티 프로그램. 2008년부터 미국에서도 제작되었다.

에게도 전쟁의 혜택이 찾아왔다. (전쟁은 무엇에 이로울까? 다시 말하지만, 전혀 이롭지 않다. 연필 생산 방법을 개선한 것을 제외하면.)

남북전쟁은 쓸 만한 값싼 연필의 수요를 크게 늘렸다. 야전의 병사들이 재빨리 메모하고 서로에게 그것을 전해야 했기 때문이다. 기존의 제조업 배경을 기반으로 삼아 딕슨은 안정적인 품질의 연필을 대량생산하는 방법을 재빨리 개발했다. 각 연필에는 그의 등록상표인 가마 로고가 찍혀 있었다. 1872년쯤 딕슨의 회사는 하루에 8만 6000자루의 연필을 생산하는 세계 최대의 흑연 소비자가 되어 있었다. 1873년 딕슨은 뉴욕 주 타이콘데로가에 있는 미국 흑연 회사American Graphite Company를 사들였다. 그리고 딕슨의 최고 아이콘인 제품에 이 도시의 이름이 붙게 된다. 1913년 출시된 딕슨 타이콘데로가Dixon Ticonderoga는 최초의 노란색 연필은 아니었지만 가장 유명한 노란색 연필임이 분명하다. 예전에는 다양한 색의 연필이 만들어졌지만 그 실용성 때문인지, 아니면 그저 흑연의 색깔과 어울리기 때문인지, 대량생산된 연필 몸통의 색으로 가장 많이 쓰인 것은 검정이었다. 체코의 연필 회사인 하르트무트Hardtmuth가 1889년 파리 세계박람회에 출품한 코이누어Koh-I-Noor 1500은 이런 관례를 깨뜨렸다.

하르트무트는 약 1세기 전에 요제프 하르트무트Joseph Hardtmuth가 설립한 회사였다. 1790년 하르트무

트는 빈에 도자기 공장을 차렸다. 그 후 10년이 지나지 않아 그 회사는 가루 흑연과 점토를 섞는 콩테 방식으로 연필을 생산하기 시작했다. 황색 다이아몬드인 코이누어에서 영감을 얻어 몸통을 노란색으로 칠한 하르트무트의 연필 코이누어 1500은 17가지 등급으로 출시되었는데, 이는 그 당시에는 듣도 보도 못한 일이었다. 순식간에 노란색이 고급품의 색깔이 되었고 다른 미국 회사들처럼 딕슨도 노란색을 기본으로 삼아 그 긍정적인 연상의 혜택을 보지 않을까 기대했다.

이런 추세에 따라 조지프 딕슨 가마 회사가 내놓은 딕슨 타이콘데로가는 미국에서 가장 유명한 노란색 연필이었다. 그 연필은 선명한 노란색 몸통에 지우개를 고정시키는 초록색 금속 테로 마무리되어 있었으며, 엄청나게 대량으로 생산되었다. 딕슨 타이콘데로가가 어찌나 많이 팔렸는지, 조지프 딕슨의 회사는 나중에 그것을 회사 이름으로 쓰게 된다.

창작자의 무기

딕슨 타이콘데로가 사는 그냥 연필만 만드는 곳이 아니었다. 그 회사는 "사람들에게 의식적이거나 무의식적 생각, 사실, 아이디어, 꿈을 가질 능력을 부여하며, 그들 자신을 간단하게 연장해주는 도구를 사용하여 그런 것을 보존해준다". (딕슨 타이콘데로가에 의하면) 이 연필은 "세계에서 제일 좋은 연필"로서 값이 싸고 품질은 좋으므로 금방 미국 전역의 사무실과 교실 어디에서나 익숙하게 보이는 물건이 되었다. 하지만 이 연필은 인기는 그처럼 좋았지만 부정적인 면이 하나 있었다. 조지 루카스가 〈스타워즈 에피소드 1: 보이지 않는 위험Star Wars Episode I: The Phantom Menace〉의 시나리오 초고를 쓸 때 사용한 필기구가 아마 딕슨 타이콘데로가였던 모양이다. 그러니 그 연필은 자 자 빙크스Jar Jar Binks*를 만들어낸 책임을 적어도 일부나마 져야 한다.

딕슨 타이콘데로가를 사용한 유명 인사는 루카스 외에도 더 있다. 로알드 달Roald Dahl도 이 연필을 애호하여 매일 아침 그날 사용할 여섯 자루를 뾰족하게 깎은 다음에야 일을 시작하곤 했다. 달이 딕슨 타이콘데로가를 쓰기 시작한 것은 2차 대전 후인 1946년의 일이었다. 그는 원래 사용하던 영국제 연필의 품질에 불만스러워졌다. 영국제 연필은 "마치 울퉁불퉁한 비포장도로에 목탄 조각으로 글씨를 쓰는 것 같았다". 작가들이 작품을 만들기 위해 필기구에 얼마나 의존하는지를 생각한다면 그들이 연필의 품질에 예민하게 구는 것도 놀랍지 않다. "내 오른손 가운뎃손가락에는 굳은살이 박여 있다. 매일 너무 많은 시간 동안 연필을 쓰는 바람에 생긴 것이다." 존 스타인벡John Steinbeck은 썼다. "알다시피 나는 매일 여섯 시간씩은 손에 연필을 쥐고 있다. 이상하게 보일지 모르지만 그게 사실이다. 정말로 난 조건화된 손을 가진 조건화된 동물이다."

무자비한 펜이나 타자기와는 달리 연필은 작가들의 실수를 용인해준다. 그리고 워드프로세서에서 클릭 한 번으로 문장 전체를 지울 수 있게 되기 전에는 더 영구적이고 더 엄격한 다른 필기구들보다는 연필이 초고를 시작하는 덜 두려운 방법으로 보였을 것이다. "나는 처음

* 〈스타워즈〉에 등장하는 외계인 캐릭터.

에는 무조건 연필로 써요." 노벨상 수상 작가인 토니 모리슨Toni Morrison은 1993년 〈파리 리뷰〉와의 인터뷰에서 이렇게 말했다. "내가 좋아하는 것은 노란색 리걸 패드와 품질 좋은 2호 연필이랍니다."

1989년 소설 《어두운 반쪽Dark Half》에서 스티븐 킹Stephen King은 연필이 작가에게 갖는 힘을 명백히 보여주었다. 그 책은 조지 스타크George Stark라는 필명으로 소설을 출판하는 작가 새드 보몬트Thad Beaumont의 이야기다. 보몬트는 소설을 타자기로 쓴다. 스타크는 연필로 쓴다. 보몬트가 자신의 다른 글에 집중하기 위해 자신의 분신을 죽이려 하자 연필이 토템 역할을 하기 시작한다. 연필은 자신의 존재를 지키려는 두 사람의 차이를 표시해주는 것이다. 스타크는 결국 신체를 갖고 등장하고 그때 연필은 무기로 쓰인다. 스타크가 쓰는 연필은 베롤 블랙 뷰티Berol Black Beauty다. 스타크가 애호하는 블랙 뷰티는 브레이스델 연필 회사Blaisdell Pencil Company가 생산하는 제품군으로서 삶을 시작했다. 하지만 회사가 매매와 합병을 겪으면서 베롤 시리즈에 포함되었다. 스타크가 선택한 연필은 더 이상 구할 수가 없다. 가장 가까운 친척은 페이퍼메이트 미라도 블랙 워리어Papermate Mirado Black Warrior이고 이 연필에는 세계에서 가장 부드러운 연필이라는 홍보 문구가 따라온다.

겉보기에는 순진해 보이지만, 다시 말해 연필 글씨는 지워질 수도 있고 처음 글자를 배울 때 다들 연필을 쓴다는 점 등을 생각하면 연필이 해를 끼칠 물건은 아닌 것 같지만 분명 연필에도 위험의 소지는 있다. 스트레스가 심한 시험 기간에 어떤 학생이 연필 두 자루로 자살을 시도했다는 우울한 이야기가 나돌았지만 다행히도 이 소문은 거짓으로 판명되었다. 새드 보몬트가 자신의 분신에게 결국 승리를 거두었든, 아니면 조커를 연기한 히스 레저Heath Ledger가 마술로 연필을 사라지게 했든, 연필에는 무기로 쓰기에 적합한 뭔가가 있다. 나무 몸체와 뾰족하게 깎은 반짝거리는 금속성 연필심은 창과 닮았다. 연필이 신체적인 위해를 가하지 않더라도 정신적인 불편함을 일으킬 수는 있다. 〈블랙애더 출정하다Blackadder Goes Forth〉에서 에드먼드 블랙애더가 코에 연필 두 자루를 쑤셔 넣고 머리에는 팬티를 뒤집어써서 자신이 미치광이임을 보여주려 했던 시도가 좋은 예다. 아니면 〈트윈 픽스Twin Peaks〉 에서 로라가 살해되었다는 소식을 들은 제임스가 엄지손가락으로 딕슨 타이콘데로가 연필을 부러뜨리는 장면도 그렇다(그것은 미리 부러져 있던 소품 연필일까, 아니면 제임스 역의 배우 제임스 마셜James Marshall의 엄지손가락이 아주 힘이 셌던 걸까? 나도 따라 해보았지만 도저히 연필을 부러뜨릴 수 없었다). 연필이 이런 위협이나 광기와 연관되는 것처럼 보이는 까닭은 아마 이런 영구성 결여, 쉽게 지워지는 성질에 기인할 것이다. 글쓰기 매체로서 연필은 그 내용을 책임질 필요가 절대로 없었다. 연필로는 충동적으로 글을 써도 된다. 완전히 결심한 단계는 아니더라도 연필로 일기에 그것을 써둘 수는 있다. 언제나 빠져나갈 구멍이 있는 것이다.

영국 BBC에서 1983~99년에 방영된 코미디 시트콤 '블랙애더' 시리즈의 시즌 4.
미국과 캐나다의 접경에 있는 마을 트윈 픽스를 무대로 한 미국 TV 드라마.

블랙윙 602의 예찬자들

물론 어떤 캐릭터 혹은 작가의 분신이 신체적으로 자신을 현현시키거나 작가를 죽이려 드는 일은 거의 없다. 그런 일은 아주 드물게만 일어난다. 그렇다고 해도 연필은 허구적인 캐릭터에 생명을 부여할 수 있고, 또 그 생명을 가져갈 수도 있다. "내 책에 나오는 사람들을 그냥 내버려두면 그들이 자기 꾀에 걸려 넘어지게 되겠지." 존 스타인벡은 친구에게 보낸 편지에 이렇게 썼다. "날 윽박질러 자기들이 원하는 대로 하려고 들면 나는 그들 위에 통을 뒤집어씌워버려. 내가 연필을 다시 집어 들지 않으면 그들은 움직일 수도 없다고." 그런 등장인물과 독자들에게는 다행스럽게도 그는 연필을 집어 들었다. 사실 그는 작가로 활동하는 내내 완벽한 연필을 찾아 헤맸고 여러 종류의 연필을 써보았다. 그러면서도 그는 그런 추구가 얼마나 허망한지 알고 있었다.

오랫동안 난 완벽한 연필을 찾아다녔어. 아주 좋은 연필을 찾아냈지만 그건 완벽한 연필이 아니었어. 언제나 문제는 연필이 아니라 내게 있었지. 어느 날은 괜찮았던 연필이 다른 날에는 나쁜 연필이 되어버리니까. 어제만 해도 난 부드럽고 섬세한 연필을 썼어. 그건 근사하게 종이 위를 미끄러지듯 움직였어. 그래서 오늘 아침에도 같은 종류의 연필을 집어 들었지. 그런데 말을 듣지 않는 거야. 촉이 부러지고 완전히 난리가 났어.

존 스타인벡이 사랑한 연필, 블랙윙 602

스타인벡은 마음에 드는 연필을 찾아내면 한꺼번에 수십 자루씩 사두곤 했다. 그가 써본 것 중에는 브레이스델 캘큘레이터Blaisdell Calculator, 에버하드 파버 몽골Eberhard Faber Mongol 480("아주 검고 연필심이 단단해")도 있었지만 스타인벡이 제일 좋아한 품종은 블랙윙Blackwing 602였다.

새 연필을 찾아냈어. 지금껏 써본 것 중에 최고야. 물론 값이 세 배는 더 비싸지만 검고 부드러운데도 잘 부러지지 않아. 아마 이걸 항상 쓸 것 같아. 이름은 블랙윙인데, 정말로 종이 위에서 활강하며 미끄러진다니까.

블랙윙 602는 에버하드 파버가 1934년에 출시한 제품이었다. 특유의 부드러운 심은 흑연에 왁스를 더하고 점토를 섞은 결과물이었다. 그 연필의 광고문에 따르면 그 덕분에 손의 힘을 절반만 주고도 글쓰기 속도는 두 배로 높일 수 있다고 했다. 연필 끝의 금속 테에는 직사각형 지우개가 달려 있었다. 보통 연필의 금속 테는 단순히 둥근 테에 지우개가 고정되어 있는 방식이었다. 지우개가 닳아 없어지면 할 수 있는 일이 별로 없다. 그러나 블랙윙의 평평한 금속 테에는 금속 클립이 달려 있어서 직사각형 지우개가 닳으면 지우개를 좀 더 빼낼 수 있었다.

스타인벡 외에도 블랙윙의 팬은 많았다. 프랭크 시나트라 Frank Sinatra 와 함께 작업한 것으로 유명한 기획자 넬슨 리들 Nelson Riddle 은 그 연필을 제일 좋아했다. 퀸시 존스 Quincy Jones 는 작업할 때마다 주머니에 이 연필을 한 자루 꽂아두었다. 블라디미르 나보코프 Vladimir Nabokov 는 그의 마지막 소설인 《할리퀸을 보라 Look at the Harlequins!》에 그 연필을 등장시킨다("난 네가 부드럽게 만지작거리던 블랙윙 연필의 각진 면을 쓰다듬었다"). 만화작가 척 존스 Chuck Jones 는 자기 그림을 "블랙윙으로 만들어낸 흩날리는 드로잉들"이라고 묘사했다. 그러나 유명 인사들 사이에서 팬 층이 두터운데도 블랙윙은 1998년에 생산이 중단되었다. 에버하드 파버의 회사는 1994년 샌퍼드 Sanford 에 소유권이 넘어갔고 대략 그 무렵 독특한 클립과 금속 테를 만들던 기계가 고장 났다. 그 회사에는 아직 금속 테가 많이 남아 있었고 샌퍼드는 그 기계를 수리하지 않기로 결정했다. 4년 뒤 금속 클립의 재고가 마침내 바닥나자 그 연필도 없어졌다. 그 기계를 수리하거나 새 기계를 들여오지 않기로 결정한 이유는 1990년대 중반 그 회사가 생산하는 블랙윙의 수량이 한 해에 고작 1000자루에 불과했기 때문이다. 그 공장에서 그 정도의 분량은 한 시간에 만들어낼 수 있었다. 블랙윙의 가격이 비싸다 보니 그 연필을 찬양하는 유명 인사들에게는 부담이 되지 않겠지만 상업적인 매력을 갖기에는 한계가 있다. 특히 스테이플스 Staples 와 오피스 디포Office Depot 같은 대형 상점이 고객을 끌기 위해 싼 가격을 무기로 내세우면서 영세 문구점의 자리를 급속도로 빼앗던 시대에는 특히 그랬다.

에버하드 파버 블랙윙 602는 1998년에 수명이 끝난 뒤로 거의 신화적인 지위에 올라섰다. 〈보스턴 글로브Boston Globe〉, 〈살롱Salon〉, 〈뉴요커New Yorker〉지가 블랙윙을 찬양하는 기사를 실었고 작가 숀 멀론Sean Malone은 지난 3년간 자신의 블로그인 '블랙윙 페이지Blackwing Pages'에 그 연필의 역사를 기록해왔다. 생산이 중단되고 7년 만인 2005년 미국의 작곡가 스티븐 손드하임Stephen Sondheim은 어느 인터뷰에서 자기는 아직도 블랙윙을 쓴다고 말했다. 생산이 중단되기 전에 여러 상자를 사둔 것이다. "블랙윙에 대한 정보를 갖고 계신가요?" 손드하임은 덧붙였다. 깎지 않은 블랙윙 602 연필이 이베이에서 한 자루당 30~40달러에 팔린다. 하지만 그것을 사는 사람들은 그냥 수집만 하려는 열성 팬이 아니다. 그들은 그 연필을 쓰려고 산다.

그 명성을 알고 있던 캘리포니아 시더 프로덕츠 회사California Cedar Products Company의 찰스 베롤차이머Charles Berolzheimer는 블랙윙 등록상표의 기한이 최근에 만료되었다는 사실을 알아내고 에버하드 파버가 생산한 원조를 기리는 팔로미노 블랙윙Palomino Blackwing을 출시했다. 부드러운 심과 납작한 금속 테 그리고 교체 가능한 지우개가 달린 팔로미노 블랙윙은 거의 대부분 긍정적인 평을 얻었지만 블랙윙의 일부

 미국에 기반을 둔 세계적인 사무용품 회사.

골수 팬들은 원조 연필의 상징인 손힘은 절반, 속도는 두 배라는 성능이 없다고 불평했다. 그다음 해에 출시된 팔로미노 블랙윙 602는 원조와 더욱 비슷해졌으며, 원조에 붙었던 유명한 구호도 붙었다.

그러나 블랙윙의 발전 과정에 열광하지 않는 사람들도 있었다. 사실 팔로미노 연필에 대한 가장 시끄러운 비판자는 바로 블로그 '블랙윙 페이지'의 운영자인 숀 멀론이었다. 멀론은 모도 앤드 모도가 몰스킨 공책을 홍보하기 위해 채트윈과 헤밍웨이의 전설을 이용했던 것과 마찬가지로 캘리포니아 시더 프로덕츠 회사가 현대적인 찬사를 퍼부어가며 에버하드 파버 연필의 역사를 더럽히려 한다고 믿었다. 팔로미노 웹사이트는 척 존스, 존 스타인벡, 레너드 번스타인Leonard Bernstein을 블랙윙의 사용자로 거론하면서 많은 사람들이 그 연필을 세계 최고의 필기도구로 인정했다고 말한다. 멀론은 자신의 블로그에 올린 일련의 글에서 캘리포니아 시더 프로덕츠 회사의 마케팅을 공격했다. 그는 그런 잔꾀가 문화적 반달리즘, 즉 위대한 인물들의 유산이나 실제 사실, 그리고 블랙윙 602의 역사를 고려하지도 않고 그들의 이름을 광고에 집어넣어 연필을 팔려는 책략이라고 비판했다. 여기서 얻게 되는 교훈은 분명하다. 연필 열광자의 비위를 거스르지 마라.

연필깎이의 모순

이베이에서 엄청난 돈을 들여 에버하드 파버의 원조 제품을 구매하는 블랙윙 열광자가 저지르는 아이러니는 그들이 연필 한 자루를 사용할 때마다 그들이 사랑하는 바로 그 대상을 소멸시키고 있다는 점이다.

연필깎이로 그 연필을 깎아낼 때마다 그 생명은 줄어든다. '블랙애더 시즌 2'에서 에드먼드가 엘리자베스 1세에게 설명하듯이 "부인, 당신 없는 삶은 부러진 연필과도 같습니다. 무의미해요". 연필깎이는 문자 그대로 연필에게 존재 의미를 부여하는 동시에 그것을 죽이기도 한다. 내가 알기로는 결혼도 그렇다.

처음에는 칼로 나무 연필을 깎았을 것이다. 깃털을 깎아 뾰족한 펜을 만들 때와 똑같이 칼로 깎는 것이다. 그러나 19세기 무렵 연필 전용의 깎는 기구가 등장하기 시작했다. 1828년 프랑스 리모주의 베르나르 라시몬Bernard Lassimone은 자신이 만든 타이유-크레용taille-crayon, 즉 연필깎이의 특허를 얻었다. 런던 출신의 로버트 쿠퍼Robert Cooper와 조지 엑스테인George Eckstein은 1837년 스틸로크시논Styloxynon이라는 기구를 팔기 시작했다. 그것은 "작은 장미나무 토막에 두 개의 날카로운 줄이 단정하고도 단단하게 설치된 구조"였는데, 심지 "끝을 바늘처럼 가늘게" 깎아주었다. 19세기 중반이 되자 작은 휴대용 연필깎이(1855년에 메인 주의 월터 포스터Walter Foster가 개발한 것과 같은)가 흔해졌다. 기본 형태는 그때나 지금이나 거의 비슷하다.

작가들이 연필에 쏟은 관심을 고려하면 그들이 연필을 잘 깎는 방법에도 관심이 컸으리라는 것을 짐작할 수 있다. 연필은 그들이 쓴 단어의 분량을 대략 측정하는 기준이 되기도 했다. 집필이 어느 정도 진척되었는지를 단순한 종이 분량보다 더 만족스럽게 알려주는 표시였다. 헤밍웨이는 "2호 연필 일곱 자루가 닳아 없어지는 정도가 하루 종일 열심히 일한 분량"이라고 생각했다. 파리에 있는 동안 그는 어디에 가든 공책 한 권, 연필 두 자루, 연필깎이("주머니칼로 깎으면 연필의 낭비가 너무 심하다") 하나를 들고 다녔다. 그는 《우울한 도시의 축제 A Moveable Feast》에 이렇게 썼다. 어느 카페에 앉아 "연필깎이로 연필을 깎았다. 음료 잔을 받치고 있던 접시에 깎인 나무가 나선형으로 떨어졌다". 헤밍웨이가 쓰던 것과 같은 간단한 연필깎이는 우리 모두가 익히 잘 알고 있는 종류다. 연필을 연필깎이에 집어넣고 손으로 돌리면 사과 껍질을 벗길 때처럼 칼날이 나무 결을 얇게 깎아낸다. 그러나 19세기 후반에는 더 큰 기계식 연필깎이가 사용되기 시작했다. 흔히 책상 윗면이나 벽에 고정해두는 그 연필깎이의 경우 연필이 이빨 같은 것으로 한자리에 붙들려 있는 가운데 손잡이로 원통형 칼날을 돌리면 얇은 연필 결이 깎여나가면서 심이 균일하고 날카롭게 다듬어진다. 이것이 〈파리 리뷰〉에서 작가 니컬슨 베이커 Nicholson Baker가 열정적으로 묘사한 연필깎이였다.

사실 당시 학교에서 제일 좋았던 것은 아마 연필깎이(손쉽게 다룰 수 있는 작은 크로뮴제 물건)였을 것이다. 그것은 천둥소리인지 헛기침 소리인지, 내가 특히 좋아하는 시끄러운 소리를 낸다. 타이콘데로가는 거의 의성어처럼 들리는 이름이다. 물론 나는 연필을 너무 뾰족하게 깎아서 심을 자주 부러뜨렸기 때문에 잠깐씩 서서 그 소리, 타이콘데로가…… 오가……오가…… 하는 소리를 내고 있어야 했다.

기계식 연필깎이는 칼날이 하나인 수동식보다 깎는 속도가 더 빨랐고 심을 더 예리하게 다듬어냈다. 하지만 이보다 더 편리한 것은 전동식 연필깎이였다. 원래는 20세기가 시작될 무렵 개인보다는 연필 공장용으로 개발된 전동식 연필깎이가 10~20년이 흐르는 동안 점차 사무실과 가정으로 흘러들어갔다. 단순한 형태의 경쟁자들보다 상당히 비싼 전동식 연필깎이는 대용량 연필 사용자들을 주 고객으로 삼았다. 존 스타인벡은 그 연필깎이의 팬이었다.

전동식 연필깎이는 불필요한 낭비처럼 보일 수도 있겠지만 나는 그것만큼 더 자주 쓰며, 내게 큰 도움을 주는 기구를 가져본 적이 없다. 내가 매일 쓰는 수많은 연필을, 몇 자루나 쓰는지 모르지만 적어도 60자루는 되는 연필을 수동식 연필깎이로 깎으려면 시간이 너무 오래 걸릴 뿐 아니라 손이 피로해진다. 한꺼번에 전부 깎아두면 그날은 연필을 더 깎지 않아도 된다.

"정상적인 글쓰기 자세로 연필을 잡았을 때 연필 지우개의 금속 부분이 손에 닿으면 나는 그 연필을 퇴역시킨다." 스타인벡은 이렇게 썼다(그렇게 퇴역한 연필은 어린 자녀들에게 주었다). 하지만 연필을 깎을수록 더 짧아진다는 명백한 사실은 뉴욕의 '위험에 처한 청소년을 위한 사무국Bureau For At-Risk Youth' 도 간과한 것이었다. 1998년 그들은 근처의 학교 학생들에게 "(넌) 마약을 하기에는 너무 근사해TOO COOL TO DO DRUGS"라는 구호가 인쇄된 연필을 나누어주었다. 그런데 학생들이 재빨리 알아차렸듯이 "(넌) 마약을 하기에는 너무 근사해"라는 원래 구호가 연필이 짧아지면서 "마약을 하면 근사해COOL TO DO DRUGS"로 바뀌어버렸다. 어느 열 살짜리 학생이 그 점을 지적하자 비로소 그 문제가 인식되었다. 그 단체는 구호를 반대 방향으로 인쇄하기 시작했다. 그러면 연필이 짧아지더라도 "남는 건 '너무 근사해TOO COOL' 라는 구절이니까요. 그 점을 일찍 알아차리지 못해 좀 창피했어요." 그 단체의 대변인이 나중에 인정했다.

연필의 연장품

대개는 짧아진 연필이 문제될 일은 없다. 손에 쥐기에는 불편하겠지만 학생들을 마약 중독자의 삶으로 끌어들일 소지는 전혀 없다. 연필이 쥐기 불편할 정도로 짧아지면 사람들은 대개 새 연필로 바꾼다. 낡은 연필은 전화기 옆의 작은 병에 꽂히거나 서랍 속으로 들어가서 끈이나 빈 건전지와 함께 뒹구는 신세가 된다. 하지만 연필의 쓸모 있는 삶은 연장될 수 있다. 몽당연필을 활용할 수 있게 해주는 도구가 다양한 형태로 나와 있지만 가장 기본적인 형태는 한쪽이 뚫려 있어서 몽당연필을 끼울 수 있는 파이프 같은 것이다. 나사나 고리가 연필을 고정시켜주면서 몽당연필의 심이 다할 때까지 사용할 수 있는 것이다. 그러나 그런 기구에는 위험이 따른다. 그런 것을 쓰다가는 〈배트맨Batman〉에 나오는 펭귄 버제스 메러디스처럼, 아니면 〈101 달마시안101 Dalmatians〉에 나오는 크루엘라 드 빌처럼 보일 수도 있다.

연필깎지는 글쓰기 수단인 연필을 그 조상의 모습으로 변신시킨다. 즉 나무 연필이 흔해지기 전에 사용되던 포르트 크레용 혹은 레드홀

더 같은 것으로 돌아가게 한다. 이런 도구의 경우 흑연심이 뭉툭해지면 빼내 뾰족하게 깎은 다음 다시 집어넣을 수 있었다. 17세기에 쓰이던 연필 홀더 중에는 심을 앞으로 밀어내주는 용수철 장치가 달린 것이 있는데, 이것은 샤프펜슬의 원시적 형태로 여겨질 수도 있다. 1822년 기계식 연필의 특허를 처음으로 얻은 사람은 런던에 살던 엔지니어 존 아이작 호킨스John Isaac Hawkins와 은세공사 샘슨 모던Sampson Mordan이었다. 모던은 호킨스 몫의 특허권 절반을 사들여 문구업자 게이브리얼 리들Gabriel Riddle과 함께 "영원히 심이 뾰족한 연필Everpointed Pencil"을 생산하는 사업을 벌였다. 심을 깎아줄 필요가 없었으므로 모던 연필은 경쟁 제품들보다 훨씬 깨끗했고 금세 인기를 얻었다. 다른 회사들 역시 나름의 기계식 연필을 생산하기 시작했다. 하지만 그런 것은 필기구라기보다는 주로 신기한 신제품으로 홍보되었다.

기계식 연필을 전통적인 나무 연필의 대안으로 올려놓은 것은 일리노이 주 출신의 찰스 키란Charles Keeran이었다. 그가 1915년에 특허를 얻은 에버샤프Eversharp 연필은 당시 시장에 나온 어떤 것보다도 큰 발전을 보인 제품이었다. 연필 안의 심통에는 심 12개를 넣을 수 있어서 "25만 단어를 쓰기에 충분했다". 에버샤프의 소유권은 1917년에 왈 회사Wahl Company로 넘어갔고, 2, 3년 이내에 매일 3만 5000자루의 연필이 생산되었다. 에버샤프의 역사는 그와 대략 비슷한 시기에 일본에서 토쿠지 하야가와早川德次가 개발한 비슷한 이름의 기계식 연필과 가끔 혼동되었다. 하야가와 에버레디 샤프펜슬Ever-Ready Sharp Pencil은 결국 간단하게 샤프펜슬이라고 알려지게 되었다. 하야가와의 회사는 나중에 생산 품종을 다각화하여 가전제품 회사로 변신하지만 그가 초기에 이룬 업적을 상기시키는 샤프라는 이름은 그대로 남았다.

그런 혁신을 만난 전통적 나무 연필 제조업자들이 기계식 연필을 위협으로 여긴 것은 당연했다. 그러나 스테들러는 기계식 연필에 자신들이 물려받은 오랜 유산의 일부라도 접목하려고 했다. 스테들러 노리스Staedtler Noris 제품군은 1901년에 출시되었다. 노랑과 검정 줄무늬가 그려진 그 연필은 전 세계의 교실에서 친숙하게 만나는 품목이 되었다. 노랑과 검정 디자인을 기계식 연필 제품군에 확장한 결과 특이한 모양의 제품이 만들어졌다. 익숙하면서도 낯선 물건이었다. 뭉툭한 미니 해치Mini Hatch 나 신형 루트마스터Routemaster 처럼 전통적 모습으로 장식된 현대식 디자인이라는 혼합법은 어쩐지 잘못된 판단 같다. 하지만 스테들러 노리스의 노란색과 검은색 줄무늬가 기계식 연필에만 쓰인 것은 아니었다. 어느 날 게임 분야를 검색하던 나는 닌텐도 DS에 쓰이는 노란색과 검은색의 스타일러스stylus 를 보았다. 그 뒷면에는 학생용 HB연필 스타일의 새로운 스타일러스라고 씌어 있었다. 이 물건에는 시적인 요소가 있었다. 연필은 고대 그리스와 로

2000년에 출시된 3도어 해치백 스타일의 미니. 2006년에 2세대 모델이 나왔다.
1950년대부터 운행된 런던의 2층 버스.
그래픽 태블릿과 함께 쓰이는 펜 모양의 기구.

마인이 밀랍 판에 글을 쓰던 철필stylus에서 유래했다. 그리고 이제 이 2.99파운드짜리 싸구려 신제품은 그런 전통을 되살리는 것으로 보인다. 그들 사이의 연관성을 더 강력하게 만드는 썩 유케이Suck UK 는 '스케치 스타일러스'를 만들었다. 그 나무 연필에는 숨은 비밀이 있다. "그 연필에 달린 지우개는 사실 터치스크린에 쓰는 내장형 스타일러스다. 전도성 고무로 만들어 아이팟, 아이폰, 기타 다른 기구들과 완벽하게 어우러져 작동한다."

연필, 스타일러스, 태블릿이라. 순환 고리가 완성되었다.

독창적인 기능과 재치 있는 디자인의 가정용품, 액세서리, 선물용품을 전문으로 제작하는 런던 소재 기업.

우리의 실수를 덮어주는
것들

벳은 생활비를 좀 더 벌기 위해 크리스마스에 잔업을 하다가 해결책을 발견했다. 사무실 창문에 크리스마스 장식을 하던 그녀는 화가들이 간판을 그리는 것을 보았다. "글자를 쓸 때 화가들은 절대로 잘못 쓴 부분을 지우지 않고 그 위에 물감을 덮어 칠한다." 네스미스는 나중에 이렇게 썼다. "그래서 나도 화가들의 방법을 쓰기로 결심했다. 템페라 수채 물감을 병에 넣어 붓과 함께 사무실로 가져갔다. 그리고 오타 위에 칠했다."

데이비드 린치David Lynch의 영화 〈이레이저
헤드Eraserhead〉에는 헨리(비극적 사건을 겪은 배우 잭 낸스Jack Nance가 연기
한 주인공)의 머리가 갑자기 떨어지는 장면이 있다. 그 머리를 어린 소
년이 발견하여 공장 같은 곳으로 가져간다. 그곳에서 어떤 남자가 코
어드릴core drill로 헨리의 뇌수 가운데 원통처럼 생긴 얇은 구역을 잘라
낸 다음 어떤 기계에 집어넣는다. 그 기계는 윙윙 움직이기 시작하고
컨베이어벨트가 수많은 연필을 줄줄이 운반한다. 헨리의 머리에서 나
온 부분이 얇게 잘려 각 연필에 지우개로 부착된다(그래서 제목이 '이레
이저헤드' 다). 나중에 기계는 완제품 연필을 생산하고 작업 감독은 한
자루를 집어 들어 끝을 뾰족하게 깎은 다음 종이에 줄을 휙 긋고 지우
개의 성능을 테스트한다. 작업 감독은 고개를 끄덕이며 말한다. "좋
아." 헨리의 머리는 좋은 지우개가 되었고, 그 소년은 대가를 받아간
다. 나는 그 영화를 보았지만 사실 지우개가 그런 식으로 만들어지는
것은 아니다.

실제로 지우개를 만드는 재료는 수천 년 동안 다양한 이름(카오추크
caoutchouc, 헤베아 hevea, 올리 olli, 키크 kik)으로 알려져왔다. 열대성 기후대
에서 자라는 다양한 나무와 식물의 수액에서 추출된 그 재료를 처음
사용한 것은 3500년쯤 전에 멕시코에서 가장 이른 문명을 이루었던

올메크족Olmecs이었다. 그때 그 물질은 지독히 잔혹한 중앙 아메리카식 구기 경기(나중에 울라마Ulama라 알려진다)에 쓰이는 크고 단단한 공을 만드는 데 주로 사용되었다. 올메크 사람들은 카스틸라castilla 고무나무에서 얻은 라텍스를 식물인 이포뫼아 알바Ipomoea alba 즙과 섞은 다음 뻑뻑하고 탄력성 있는 줄을 만들어 둘둘 감아 공 모양으로 만들었다. 그 재료는 방수 옷감과 간단한 도구를 만드는 데도 사용되었다.

그러나 서구 세계는 15~16세기에 신세계로부터 그 특이한 성질이 처음 전해질 때까지 그 재료에 대해 전혀 아는 바가 없었다. 18세기 중반 프랑스 과학자인 샤를 마리 드 라 콩다민Charles Marie de la Condamine과 프랑수아 프레노François Fresneau가 이 새로운 원자재의 잠재력을 알아보기 시작했다. 라 콩다민은 자신과 프레노의 연구 결과를 1751년에 파리 과학 아카데미에 제출했다. 이것은 그 주제를 다룬 최초의 학술 논문이었다(출판 당시의 제목은 〈프레노 씨가 카옌에서 새로 발견한 탄력성 있는 수액과 기아나 또는 적도 하의 프랑스령에서 나는 여러 수액의 용도에 관한 회고록Mémoire sur une résine élastique, nouvellement découverte à Cayenne par M. Fresneau; et sur l'usage des divers sues laiteux d'arbres de la Guiane ou France équinoctiale〉). 이 탄성 고무가 지우개로 활용되기 시작한 것은 18세기 후반의 일이었다.

탄성 고무의 새로운 쓸모

이 물질이 이런 방식으로 쓰일 수 있음을 처음 깨달은 것은 영국의 문구업자 에드워드 네언Edward Nairne이었다. 1770년에 나온《관점의 이

론과 실천에 붙인 친숙한 서론Familiar Introduction to the Theory and Practice of Perspective》 머리말에서 조지프 프리스틀리Joseph Priestley는 종이에서 흑연 연필의 자국을 지우는 용도로 아주 훌륭하게 쓰일 만한 물질을 보았다고 쓰고 각주를 추가했다.

그러므로 이것은 드로잉을 연습하는 사람들에게는 특별히 잘 활용될 것이다. 그것은 왕립환전소 맞은편에 있는 네언 씨의 수학기구 제작사Mathematical Instrument-Maker에서 판매되고 있다. 2분의 1인치 길이의 육각형 토막이 3실링에 팔리는데, 그 정도 크기면 여러 해 쓸 수 있다고 한다.

네언의 가게에서 구입한 물건으로 연필 자국을 지울 수 있어서 기분이 좋아진 프리스틀리는 그 물질에 오늘날 알려진 '고무rubber'라는 이름을 붙여주었다.

그전에(그리고 그 뒤로 상당한 기간 동안) 연필 자국을 지워주는 도구로 많이 썼던 것은 묵은 빵조각이었다. 1846년에도 헨리 오닐Henry O'Neill 은《회화 예술 안내서: 흑연 연필, 초크, 수채를 쓰는 방법Guide to Pictorial Art-How to Use Black Lead Pencils, Chalk and Watercolours》의 독자들에게 이렇게 말했다.

드로잉에 연필로 음영을 넣을 때 스케치한 부분이나 윤곽선은 연한 연필로 흐리게 그리는 것이 좋다. 잘못된 부분은 인도산 고무나 빵조각으로 지운다.

그러나 19세기가 지나는 동안 연필 선을 지우는 도구로 고무가 묵은 빵을 밀어내게 된다. 배고픈 오리의 공격에 시달리는 화가와 설계사들에게는 다행스러운 일이었다.

1830년대와 1840년대 초반에 미국의 발명가 찰스 굿이어Charles Goodyear는 고무를 안정화시키는 처리법을 만들어내려고 했다(천연고무는 냉기에 쏘이면 딱딱해지고 잘 부서지는 반면 열에 노출되면 말랑말랑해지고 끈적끈적해졌다). 그는 고무에 황을 넣고 고압으로 쪄냄으로써 내구성을 좀 더 강화할 수 있었다. 그러나 '가황vulcanisation'이라 알려질 처리법(불길 속에 넣는다는 뜻으로, 로마신화에 나오는 불의 신인 불카누스의 이름에서 따왔다)의 특허를 1844년에 처음으로 얻은 것은 영국인 토머스 핸콕Thomas Hancock이었다. 굿이어는 특허를 신청하기 전에 자기가 만든 고무 샘플을 영국의 회사들에 보내 그 성능을 입증하려고 했다. 그때 핸콕은 굿이어가 만든 고무의 초기 샘플을 역추적하여(누렇게 탈색되는 것을 보고 황이 들어간 것을 알아차렸다) 굿이어보다 먼저 특허 신청을 했던 것으로 보인다. 굿이어는 가황 처리법으로 얻은 금전적인 보상은 거의 없었지만(그는 무거운 빚을 떠안고 사망했다) 그의 이름은 그를 기리는 타이어 회사의 이름으로 살아남았다. "나는 내가 작물을 심었는데 다른 사람이 결실을 거두었다고 투덜대는 사람이 아니다." 굿이어는 이렇게 썼다. "평생 거둔 업적이 오로지 그것이 가져다준 달러와 센트로만 평가되어서는 안 된다. 흔히 그렇게 되지만 말이다. 사람들은 자기가 씨를 뿌렸는데도 아무도 그 결실을 거두지 못할 때 마땅히 회한을 느끼게 된다."

훨씬 내구성 있고 믿을 만한 재료로 인정된 가황고무는 곧 문구류의 기본 품목이 되었다. 1858년 연필과 지우개는 하나가 되었다. 1858년 3월 30일 펜실베이니아 주 필라델피아의 하이먼 리프먼Hymen L. Lipman은 "연필과 지우개를 합친 것"으로 미국 특허번호 19730을 따냈다. 리프먼이 제출한 디자인은 "보통 방식대로" 만들어진 연필이었지만 연필 부분은 전체 길이의 4분의 3뿐이었고 나머지는 한 토막의 고무가 차지하는 디자인이었다.

연필은 평범하게 만들어진 것으로, 한쪽 끝을 깎으면 연필을 쓸 수 있고, 반대쪽 끝을 자르면 작은 인도산 고무 조각이 나와 언제라도 쓸 수 있다. 특히 연필 자국이나 그림을 지울 때 좋다. 탁자나 책상에서 지우개가 더러워지거나 찾기 힘들지도 않다.

1862년 리프먼은 자신의 특허를 조지프 레켄도르퍼Joseph Reckendorfer에게 약 10만 달러(지금의 230만 달러)에 팔았다. 레켄도르퍼는 그 나름대로 상당한 비용을 들여 디자인을 개량했다. 그러나 에버하드 파버가 그와 비슷한 물건을 팔기 시작하자 레켄도르퍼는 1875년에 그를 고소했지만 그와 리프먼의 특허는 모두 무효로 판정되었다. 리프먼은 이미 존재하는 물건들(연필과 고무)을 가져다가 "분리된 부분들이 어떤 새로운 위력이나 성능을 새로 만들어내지도 않고 그저 둘을 붙이기만 했을 뿐"이기 때문이다. 법정은 리프먼의 디자인을 해머의 손잡이에 드라이버를 달거나 갈퀴 손잡이에 곡괭이를 다는 것과 같다고 보았다. 둘을 합치면 더 편리해질 수는 있겠지만 특허를 따낼 만한 고유의 발명품으로서의 자격은 없다는 것이다. 리프먼은 고무가 달린 연필이라는 아이디어를 자신이 발명했다고 주장하지 않았고 그의 특허 신청서에 "평범하게" 만들어졌다는 구절이 반복해서 쓰인 것도 특허권 취득에 별 도움이 되지 않았을 것이다.

그러나 리프먼이 원래 얻은 특허는 세계가 어떤 기준에 따라 두 진영으로 쪼개진다는 사실을 보여준다. 세계는 지우개가 달린 연필을 좋아하는 진영, 연필과 지우개가 따로 분리된 것을 좋아하는 진영으로 나뉜다고. 리프먼은 특허 신청서에서 연필과 지우개가 붙은 것이 더 좋은 이유를 설명했다. 탁자나 책상 위에서 더러워지거나 찾기 힘들어질 일이 없다는 것이다. 리프먼은 간편함을 주장했다. 실수를 범해도 지우개라는 안전망이 거기 있다. 그냥 연필을 거꾸로 잡으면 실수를 지울 수 있으니까. 그러나 나는 연필 끝에 달린 지우개를 한번도 좋아한 적이 없다. 연필 지우개는 그냥 지우개보다 더 딱딱하고 어쩐지 여유가 없어 보인다. 또 그것이 부서지거나 닳아서 금속 테가 종이를 긁는 광경을 상상만 해도 마음이 불편해진다.

핑크 펄 지우개

연필 끝에 달린 지우개에 관해서는 미국과 유럽의 대립이 있는 것 같다. 미국에서는 지우개 달린 연필이 기본형이다. 유럽에서는 그 형태가 특별 케이스다. 물론 현실은 그처럼 분명하게 구분되지 않는다. 에버하드 파버는 미국과 유럽을 나누는 명확한 경계선을 불분명하고 흐릿하게 만들었다. 독일 태생의 파버는 "지우개-연필의 복합물"을 발명했다는 미국의 조지프 레켄도르퍼의 주장을 무효화했을 뿐만 아니라 미국 교실의 상징과도 같은 지우개 제품을 출시한 장본인이니까. 그 지우개가 바로 핑크 펄Pink Pearl이다.

핑크 펄은 에버하드 파버가 만드는 '펄' 연필 제품군에 속하는 것으로 구상되었다. 그 지우개의 단순한 마름모꼴, 선명한 분홍 색깔, 부드러운 질감은 제조 과정에서 화산 부석을 고무와 패티스fatice에 섞은 결과다. 지우개는 천연고무나 인조고무로 만들지만 고무 자체는 재료를 한데 묶어주는 매체 역할만 하며, 보통 지우개 전체에서 10~20퍼센트의 비중밖에 차지하지 않는다. 추가되는 다른 재료 중에는 패티스라 불리는 식물성 기름과 황의 혼합물

도 들어 있다. 실제로 지우는 성능을 가진 것은 이 패티스다. 용도에 따라 지우개에 부석이나 유리 가루같이 연마성 재료가 더해진다.

그 지우개는 마침 의무교육법이 미국 전역에 도입되었던 1916년에 출시되었다(미시시피 주는 가장 늦은 1918년에 그 법을 도입했다). 그 지우개는 품질이 믿을 만한데도 저렴해서 미 전역의 교실에서 흔히 사용되었고 수많은 미국인에게 친숙한 물건이 되었었다. 1967년 화가 비아 셀민스Vija Celmins는 발사 목재를 힘들게 다듬어 '핑크 펄' 조각상 시리즈를 만듦으로써 그 지우개를 기념했다. 그 조각상은 진짜 지우개와 똑같은 모양에 똑같은 색깔이 칠해져 있었다. 그 조각상 덕분에 소박한 지우개는 마땅히 그럴 자격이 있는 상징으로 바뀌었고, 6과 8분의 5×20×3과 8분의 1피트(1피트는 약 30센티미터) 크기로 확대되어 미술관에 놓였다. 10년 뒤 에이번Avon 은 그 나름의 독특한 방식으로 핑크 펄 손톱 솔을 만들어 핑크 펄에 찬사를 바쳤다('방과 후 놀이와 숙

제를 하느라 더러워진 열 개의 분주한 손톱 밑에서 때를 씻으려면 솔이 필요하다").

눈에 익은 핑크 펄의 비스듬한 모양과 색깔은 지금도 페이퍼메이트에서 판매되고 있는 지우개로도 알아볼 수 있다. (핑크 펄이라는 이름은 그동안 여기저기로 돌아다녔다. 원래는 '에버하드 파버 핑크 펄'로 시작되었다가 나중에는 '샌퍼드 핑크 펄'이 되었으며 마지막에는 '페이퍼메이트 핑크 펄'이 되었다.) 그것을 생산하는 회사는 기업 매매와 합병으로 여러 번 바뀌었지만 핑크 펄의 이미지는 끝까지 변하지 않았다. 포토샵에서 쓰이는 지움 기능의 아이콘은 그 모양과 색깔 면에서 분명히 핑크 펄 지우개를 모델로 한 것이다. 오늘날 엣시Etsy 에서는 핑크 펄의 마그넷과 배지를 비롯해서 USB가 내장된 핑크 펄 지우개를 팔고 있다.

20세기 전반에 인조고무와 폴리머, 플라스틱이 개발되면서 지우개는 새로운 형태와 색깔과 향으로 제작되었다. 핑크 펄의 모서리가 둥근 것은 날카롭게 각져 있으면 운송 중에 부러지기 쉽고 손에 쥐었을 때도 편하지 않기 때문이었다. 복원력이 좀 더 큰 재료를 쓰면 더 각진 사각형으로 만들 수 있다. 더 희고 깨끗한 스테들러 마스 플라스틱 Staedtler Mars Plastic("글씨 흔적이 거의 없고 찌꺼기는 최소한으로 남는다")이나 로트링Rotring B20("흑연과 먼지 입자를 지우개 찌꺼기로 감아올리는 방식으로 자국을 지운다")이 그런 종류다.

* 방문 판매를 전문으로 하는 미국의 화장품 회사로 이 분야에서 미국에서는 1위, 전 세계에서는 4위의 대기업.
** 수공예품을 판매하는 온라인 마켓.

거무스레한 육면체인 아트검Artgum, 베이지색의 매직 럽Magic Rub, 터키색의 럽어웨이Rub-A-Way, 부정형의 청록색 반죽 덩어리, 흰색 플라스틱 직육면체 등 지우개는 여러 형태로 만들어진다. 그것까지는 좋다. 그러나 그 재료가 변형성이 크기 때문에 장난도 좀 칠 수 있다. 값싸고 다채롭고 실용적이라는 평계를 붙일 수도 있으므로, 신제품 지우개는 교실에서 허용되는 이상적인 수집 품목이다. 사람 모양, 동물 모양, 생필품 모양(내 누이동생은 손잡이가 노랑, 솔 부분은 흰색인 칫솔 모양의 지우개를 가졌었다), 과일 모양(딸기 지우개는 딸기 향, 스노즈베리는 스노즈베리 향 등 각 과일에 어울리는 향이 났다), 그리고 문구류로 위장된 메타 문구류인 연필 모양의 지우개, 포스트모던적인 우로보로스Ouroboros도 있다.

그러나 그처럼 다양하게 표현될 수 있는데도 길쭉한 마름모꼴이라는 형태는 살아남았다. 가끔 지우개는 둘로 분할되기도 한다. 부드러운 핑크나 흰색 절반은 연필 선을 지우는 용도, 더 거친 질감인 반대쪽의 회색이나 푸른색은 잉크를 지우는 용도였다. 종이 위에 그냥 얹혀 있는 상태인 연필심의 흑연 가루는 지우기가 아주 쉽다. 그에 비해 종이의 섬유질에 스며드는 잉크는 지우기가 더 어렵다. 오랜 세월 잉크 자국을 지우려면 종이의 표면을 긁어내는 수밖에 없었다. 잉크와 종이의 유형에 따라 다양한 도구가 사용되었다. 잉크 지우개의 거친 부분으로, 또는 부석 조각으로, 심지어는 금속 칼날로 양피지에서 잉

---

* 자기 꼬리를 먹어치우면서 계속 다시 태어나는 신화 속의 뱀으로 무한반복, 영원한 순환, 종말이 곧 시작인 형태를 의미.

크를 긁어내곤 했다. 내가 대학생 시절 드로잉 작업을 할 때도 이런 방식을 썼다. 트레이싱페이퍼나 디테일페이퍼에서 면도날 끝으로 조심스럽게 잉크를 긁어내는 것이다. 어쩌다가 면도날이 손가락 끝을 베면 작업하던 도면을 망치게 된다. 하지만 피 한 방울 때문에 도면을 망치는 것이 최악의 상황이라면 나는 운이 좋은 편이다. 19세기 후반과 20세기 전반의 잉크 지우개는 사무실에서 볼 만한 물건이라기보다는 외과 의사의 메스와 더 비슷한 형태였고 손가락을 베는 데서 그치지 않는 훨씬 심한 피해를 입혔다.

"사무실에서 다툼이 일어나 칼에 찔려 죽다." 1909년 〈뉴욕 타임스〉 지의 헤드라인이다. 그 기사에 따르면 사건은 플레전트 애비뉴 425번지에 사는 열다섯 살의 조지 S. 밀리트George S. Millitt가 동료에게 그날이 자기 생일이라고 말한 데서 시작되었다. 함께 일하던 여직원들이 그를 놀리면서 생일이라면 마땅히 키스를 받아야 한다고 말했다. 모두들 근무시간이 끝나면 그가 살아온 연도만큼 일 년당 한 번씩 키스해주겠다고 약속했다. 그는 웃으면서 여직원들은 자기 가까이 오지 못하게 하겠다고 말했다.

4시 30분이 되어 그날 근무가 끝나자 여직원들은 그에게 달려갔다. 그들은 그를 둘러싸서 가두려고 했다. 그는 그들을 뚫고 나오려고 애를 썼다. 그러다 갑자기 그가 비틀거리더니 쓰러지면서 비명을 질렀다. 내가 칼에 찔렸어.

사태를 짐작해보건대, 그는 동료들을 피하려다가 우연히 자신의 잉크 지우개 칼날에 찔린 것 같다. 밀리트가 근무하던 메트로폴리탄 생명보험 회사의 재무 담당 부과장인 존 R. 헤지먼Hegeman 2세는 경찰에 이렇게 말했다. 밀리트의 죽음은 분명 애석한 사고라고. 밀리트에게 일자리를 준 것은 헤지먼 자신이었고 그는 사무실에서 일을 잘하는 데다 인기도 좋았다고. 그 소년의 호주머니에서 발견된 잉크 지우개는 직원들에게 공급되는 정규 물품이었다고. 여기서 우리 모두가 새겨둘 교훈이 있다. 회사에서 생일을 맞더라도 동료들에게 알리지 마라. 살고 싶다면 입을 다물어라.

오타에 시달리던 비서의 발명품

20세기 초반 타자기가 점점 널리 쓰이게 되자 오타를 수정할 필요성도 함께 커졌다. 타자기 리본의 잉크를 제거하려면 더 단단하고 연마성이 좋은 지우개가 있어야 했다. 정밀하게 지워내야 했으므로 타자 지우개는 커다랗고 납작한 동전처럼 생겼다. 그런 모양은 쥐기도 쉽고 글자를 하나씩 지우기도 쉬운 형태이기 때문이다. 지운 뒤에 고무 찌꺼기나 먼지가 타자기 속으로 떨어지면 타자기의 문자판이 엉킬 수도 있었기 때문에 원반형 지우개에 긴 솔이 달려 있는 경우도 많았다. 클래스 올덴버그Claes Oldenburg는 그 지유개를 본뜬 커다란 조각상을 제작하여 워싱턴 DC의 국립미술관에서 열린 그의 전시회 〈타자 지우개, 자 XTypewriter Eraser, Scale X〉에서 공개함으로써 그 디자인을 기념했다.

물론 오타를 완전히 지우지는 못해도 덮어버릴 수는 있다. 숨기고, 덮어씌우면 된다. 벳 네스미스 그레이엄Bette Nesmith Graham이 그랬다. 열일곱 살에 학교를 그만둔 벳 맥머리Bette McMurray는 타자를 칠 줄 모르는데도 텍사스 주의 한 법률 사무소의 비서 자리에 지원했다. 다행히 그녀는 일자리를 얻었다. 그리고 회사는 그녀가 비서 학교에 다닐 비용도 대주었다. 1942년 그녀는 워런 네스미스Warren Nesmith와 결혼했고 그다음 해에 아들 마이클을 얻었다. 결혼은 오래가지 않았다. 2, 3년 뒤 네스미스 부부는 이혼했다. 벳은 혼자서 마이클을 키워야 했지만 열심히 일하는 데다 결단력이 있었기 때문에 1951년에는 댈러스에 있는 텍사스 뱅크 앤드 트러스트 사Texas Bank & Trust의 수석비서까지 되었다. 하지만 그때까지도 그녀의 타자 실력은 형편없었다. 오랫동안 그런 결함은 문제되지 않았다. 그저 오타를 지우고 다시 바로 치면 되는 것이었다. 그런데 그 회사가 IBM 전기 타자기를 쓰기 시작하자 그녀는 새 기계에 쓰이는 카본 리본의 잉크는 기존의 타자 지우개로 문지르면 종이에 얼룩을 남긴다는 것을 알았다.

벳은 생활비를 좀 더 벌기 위해 크리스마스에 잔업을 하다가 해결책을 발견했다. 사무실 창문에 크리스마스 장식을 하던 그녀는 화가들이 간판을 그리는 것을 보았다. "글자를 쓸 때 화가들은 절대로 잘못 쓴 부분을 지우지 않고 그 위에 물감을 덮어 칠한다." 네스미스는 나중에 이렇게 썼다. "그래서 나도 화가들의 방법을 쓰기로 결심했다. 템페라 수채 물감을 병에 넣어 붓과 함께 사무실로 가져갔다. 그리고 오타 위에 칠했다." 얼마 지나지 않아 동료들이 벳에게 자기들에게도 물감을 나눠달라고 부탁하기 시작했고 그녀는 이 제품이 뭔가 새로운 상업적 잠재력을 가진다는 것을 알아차렸다. 그녀는 이것을 '미스테이크 아웃Mistake Out'이라고 불렀다. 마이클의 화학 교사와 그 지역의 페인트 제조업자에게서 조언을 얻은 벳은 한 화학자에게 200달러를 지불하고 수채 물감인 템페라보다 더 빨리 마르는 물감 혼합법을 개발해달라고 부탁했다. 이름을 '리퀴드 페이퍼Liquid Paper'로 바꾸고 새 물감 혼합법의 특허를 얻은 그녀는 친구와 동료들 사이에서 그 제품을 선전하기 시작했다.

그녀는 자기 집 차고에 소규모 생산 시설을 차리고 마이클의 도움을 받아 매달 수백 개의 케첩 통에 물감을 채웠다. 1957년 그 제품이 잡지에서 다루어지자 판매량이 매달 1000병을 넘어섰다. 제품의 수요가 늘었지만 벳은 은행에서 계속 일했다. 그러니까 어느 날 갑자기 해고될 때까지는 그랬다는 말이다. 아이러니하게도 그녀가 갑자기 해고된 이유는 결국 오타 때문이었다. 그녀는 상관이 서명할 서류를 타이핑하면서 은행의 이름이 아니라 액체 종이 회사의 이름을 쳐버린 것이다. 끝장났다.

은행에서 쫓겨난 벳은 액체 종이 사업에 전념했지만 성공하기는 쉽지 않았다. 특히 일을 도와줄 마이클이 없으니 더욱 그랬다(마이클은 1965년에 "새로운 TV 시리즈에서 음악가 겸 가수를 연기할 배역"의 오디션에 응모하러 떠났고 그 무렵에는 4인조 그룹 몽키스Monkees의 일원이 되어 있었다). 1968년 그 회사는 하루에 1만 병의 리퀴드 페이퍼를 생산했고 그해

＊ 몽키스는 영국 비틀스의 인기에 자극받아 미국 서부 지역의 음반 제작자들이 오디션을 통해 멤버를 모집하여 데뷔시킨 기획 그룹이다.

에만 100만 병 이상 판매했다. 그 뒤 2, 3년 동안 회사는 더 커졌다. 1975년에는 한 해에 2500만 병을 생산했다. 4년 뒤 회사는 4750만 달러에 질레트 사에 팔렸다. 벳은 2000년까지는 한 병당 로열티도 받기로 했다. 그러나 결국은 아들˚의 명성이 벳의 명성을 압도했다. 그녀의 혁신과 사업적 수완은 술집에서 주고받는 사소한 대화의 소재를 넘어서지 못했다. 벳이 1980년에 죽자 마이클은 2500만 달러를 상속받았고, 그는 그 돈으로 자신이 계획하던 〈팝클립스PopClips〉 프로그램을 만들었다. 그 프로그램은 음악 비디오를 틀어주는 TV쇼로 기획되었고 의도했던 바는 아니었지만 나중에 MTV로 나아가는 길을 닦아주었다. 비디오가 라디오 스타를 죽였는지는 모르지만˚˚ 그렇게 할 자금을 대준 것은 수정액이었다.

하얗게 덮어버리기

리퀴드 페이퍼와 와이트아웃Wite-Out이 미국에서는 유명했지만 유럽인들은 팁엑스Tipp-Ex와 더 친숙했다. 팁엑스는 리퀴드 페이퍼처럼 오타를 수정하는 용도로 개발되었지만 원래는 수정액이 아니었다. 사실 볼프강 다비슈Wolfgang Dabisch가 사장인 그 회사는 1965년 최초의 수정액을 출시하기 6년 전부터 사업을 하고 있었다. 원래 팁엑스

˚ 그룹 몽키스의 보컬이자 기타리스트인 마이크 네스미스Mike Nesmith.
˚˚ "비디오가 라디오 스타를 죽이다Video kills the radio star"는 1980년대의 그룹 버글스Buggles의 히트곡 가사.

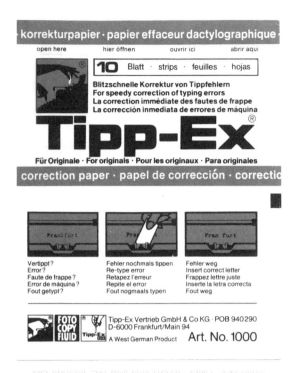

는 타이피스트들이 쓰던 수정 테이프였다. 다비슈의 수많은 특허 신청서에 설명되어 있는 것처럼 원래의 팁엑스 제품은 잘못 찍힌 글자를 타자지에서 없애주는 물질이었다. 그 제품의 성분은 다음과 같았다.

상당히 조밀한 재질의 바탕 종이와 그 위를 덮는 페인트 층으로 구성된다. 덮개 층은 미세한 다공성 재질이며, 페인트는 바탕 종이 속으로 스며들지 않는다. 덮개 층은 바탕 종이에 살짝 달라붙어 있는 상태이기 때문에 타자기의 키가 누르는 힘에 이탈되어 타자기 키의 글자 윤곽대로 찍했다가 오타 위에 옮겨진다.

요컨대 수정 테이프는 위쪽에 흰색 물질이 덮인 종잇조각이다. 그래서 타자를 잘못 쳤을 경우 한 글자 뒤로 물러나 수정 테이프를 원래 타자지 위에 붙이고 그 글자를 다시 치면 타자기의 키가 오타 위에 흰색 물질을 덧씌우게 된다. 그런 다음 팁엑스 종이를 치우고 다시 그 자리로 돌아가서 올바른 글자를 치면 된다.

리퀴드 페이퍼 같은 제품이 성공한 것을 지켜본 다비슈는 그와 비슷한 제품을 직접 개발했다. 팁엑스 수정 테이프를 판매하면서 이미 만들어둔 공급망을 기반으로 하여 그는 벳 네스미스 그레이엄이 차고 밖으로 제품 생산을 확대할 기회를 얻기도 전에 팁엑스 수정액 브랜드를 유럽 전역에 자리 잡게 했다. 다비슈의 팁엑스는 큰 성공을 거두어 영국에서는 그 제품의 이름이 수정액을 가리키는 보통명사처럼 쓰일 뿐만 아니라 동사로도 쓰이게 되었다. 우리는 오타를 팁엑스Tipp-Ex하고 카펫을 후버Hoover 하며, 정보를 구글Google 한다.

어느 날 나는 파울러스 문구점(벨로스 회전식 문구류 정리함을 샀던 바로 그 문구점)을 이리저리 둘러보다가 뭔가 이상한 점을 알아차렸다. 줄줄이 늘어선 익숙한 팁엑스와 다른 수정액(스놉에이크Snopake와 큐코넥트QConnect)제품 뒤로 예전

'후치키스'처럼 수정액의 보통명사가 된 팁엑스

---

* 미국의 청소기 브랜드.

에 한 번도 보지 못했던 것이 보였다. 선반 뒤쪽에 손을 넣어 먼지가 앉은 병 두 개를 꺼냈다. 둘 다 팁엑스였지만 선반 앞줄에 놓인 깨끗한 병과는 완전히 달랐다. 병 하나는 베이지색이었다. 오래되어 색이 바랜 것인가, 아니면 원래 그 색이었는가? 더 자세히 들여다보았다. '팁엑스 항공우편 수정액Tipp-Ex Air Mail Fluid'이라고 적혀 있었다. '항공우편과 경량지용'(4600번 아트지art. no. 4600)이라고 적힌 라벨의 가장자리에는 빨간색, 흰색, 푸른색의 마름모꼴이 그려져 있었다. 정식 항공우편 봉투 같은 모양이었다. 다른 병은 검은색이었다. 이 병의 라벨에는 이렇게 적혀 있었다. '팁엑스 포토 카피 액Tipp-Ex Foto Copy Fluid, 코팅 용지 또는 평범한 복사지에 사용 가능. 토너에 용해되지 않음(4400번 아트지art. no. 4400).' 두 병의 라벨에는 작은 글씨로 서독산이라 적혀 있었다. 다시 말해 이 두 병이 독일 통일 훨씬 전부터 파울러스 상점에 놓여 있었다는 뜻이다. 나는 두 병을 모두 샀다. 그 내용물은 이미 오래전에 다 말라붙었을지도 몰랐다.

수정액은 원래 (그리고 지금도) 작은 병에 담긴 채 매니큐어 솔과 비슷한 솔이 뚜껑에 달린 형태로 팔린다. 하지만 이것이 이상적인 형태일까? 병의 디자인에는 누가 봐도 알 만한 결함이 있다. 조금만 건드려도 넘어지기 쉬워서 수정액이 책상 위에 엎질러지기 십상이라는 것이다. 건조된 수정액이 병목 주위에 굳어지고, 액체 자체도 농도가 짙어지며, 뻑뻑한 현탁액이 아래쪽에 가라앉으면서 묽은 물 같은 용제가 위에 떠 있는 양상이 된다. 솔에 묻은 수정액이 굳어지면 부스러기가 사방에 흩어지기 때문에 깔끔하고 정확하게 수정하려는 기대는 박살나고 만다. 지저분하다.

펜텔Pentel 사는 이런 문제를 해결하고 싶어했다. 일본의 문구 회사인 펜텔은 수정액의 디자인을 개선할 수 있으리라 생각했다. 그들은 다 쓴 수정액 병을 잔뜩 수집하여 연구했다. 수많은 병에 여전히 수정액이 남아 있었지만 다 말라붙었고 솔은 바스러져 있었다. 엎질러진 흔적도 있었다. 무슨 수든 써야 했다.

1983년 펜텔은 새로운 디자인의 수정액을 출시했다. 작은 사각형 병에 용수철로 작동되는 꼭지가 뚜껑 안에 달려 있었다. 솔로 칠하는 것이 아니라 병을 거꾸로 들면 점안액을 넣을 때와 비슷하게 수정액이 흘러나오는 방식이었다. 꼭지와 병의 모양은 더 세련되게 다듬어졌고 1994년에는 펜 모양의 몸통에 금속 꼭지가 달린 디자인이 출시되었다. 이제 누가 병에 담긴 수정액을 다시 쓰려 할까?

병에 담긴 수정액은 수정 테이프가 등장하면서 또 다른 위협 앞에 놓였다. 수정 테이프는 일본의 지우개 회사인 시드Seed가 1989년에 개발했다. 1915년에 창립된 시드 사는 펜텔처럼 기존의 수정액에 만족하지 못했다. 그러나 시드가 개발한 것은 건조형 테이프였다. 그것은 다비슈가 만든 원래의 팁엑스 제품과 더 비슷했다. 시드 사가 그 제품을 1989년에 출시하기까지 3, 4년이 걸렸지만 팁엑스 사도 3년 안에 자신들의 수정 테이프를 만들어냈다. 팁엑스 포켓 마우스Tipp-Ex Pocket Mouse는 1992년에, 미니 포켓 마우스Mini Pocket Mouse는 그보다 3년 뒤에 출시되었다. 수정 테이프는 작은 플라스틱 기구를 써서 흰색의 압력 감지 테이프를 오타 위에 덧씌우는 방식의 제품이다(팁엑스 포켓 마우스는 쥐처럼 생겼기 때문에 그런 이름이 붙었지만 그런 모양에 무슨 실질적인 효능이 있는 것은 아니다). 수정 테이프는 이미 건조된 것이기 때문에 그 위에 즉시 글씨를 쓸 수 있다는 점에서 수정액에 비해 확실히 유리하다. 또 엎지를 위험도 없다.

수정액 병이 이런 상황에 대비되어 있어야 했지만 개발에는 한계가 있었다. 팁엑스에게 최대치는 표준형인 솔 대신에 "깔끔하고 정확하게 수정해주는" 쐐기 모양의 거품 기구를 쓰는 것이었다.

흔적 없이 지워버리기

그저 오타 위에 물감을 칠하거나 테이프를 덮어씌우는 대신 오타를 아예 지워버리는 더 과학적인 방법이 있다. 1930년대 독일의 펜 회사인 펠리칸은 일종의 잉크 표백제를 개발했다. 원래 그것은 '지우는 물 Radierwasser' 혹은 더 음울한 느낌인 '잉크의 죽음 Tintentod' 이라 불렸다. 그러다가 1972년에 뜻은 금방 전달되지 않지만 느낌은 더 신나는 '잉크 호랑이 Tintentiger' 로 이름이 바뀌었고 2년 뒤에는 다시 '잉크 번개 Tinten-blitz' 로 바뀌었다.

슬론의 잉크 지우개 Sloan's Ink Eradicator (워터맨 펜 회사가 만들었다)처럼 2단계로 구성된 제품을 이용해서 당신 앞에 있는 종이에 작은 실험을 해볼 수 있다. 그 상자에는 두 개의 병이 들어 있다(간단하게 1과 2라고만 적혔다). 1번 용액을 병뚜껑에 붙은 기구를 써서 종이에 칠한 다음 잉크가 풀릴 때까지 종이를 흔들고 압지로 여분의 용액을 닦아낸다. 그다음 2번 용액을 칠한다. 이때 1번 용액을 다시 칠할 때까지 2번 용액을 지우지 말아야 한다. 그 제품은 흰색 옷감에 생긴 잉크, 커피, 과일즙 얼룩을 지우는 데도 쓰인다. 이런 절차를 거친 뒤 찬물로 옷감을 헹궈내면 된다(색깔 천에 이 잉크 지우개를 쓰면 안 된다).

1977년 펠리칸 사는 '펠리칸 슈퍼 피라트Pelikan-Super-Pirat' 이중 펜을 출시했다. 한쪽에는 잉크 지우개가 달렸고 반대쪽에는 글자나 단어를 다시 쓰는 영구 잉크 펜이 있었다. 이 잉크 지우개로는 단 한 번만 오타를 지울 수 있다. 영구 잉크는 지우개로 지워지지 않기 때문이다. 잉크 지우개는 두 번째 기회는 주지 않는다. 가차 없다.

화학 회사인 BASF는 잉크 지우개가 작동하는 방식을 회사의 팟캐스트(그래, BASF에도 팟캐스트가 있다니까)에서 설명한다.

먼저 푸른 잉크가 왜 푸른색인지 알아보자. 그 속에는 원반처럼 생긴 납작한 색깔 분자가 들어 있고, 분자 속에는 전자들이 자유롭게 돌아다닌다. 이런 전자에 쏟아지는 빛은 거의 대부분이 흡수되고 삼켜진다. 오직 물리적 빛의 푸른 부분만 반사된다. 우리가 푸른색이라 인식하는 것은 이 때문이다.

잉크 지우개는 이런 색깔 분자를 파괴한다.

이제 잉크 지우개를 사용할 시간이 되었다. 그것은 색깔 분자의 구성을 상당 부분 변화시키는 황을 함유하고 있다. 예전에는 납작했던 그것이 이제는 피라미드 모양이다. 이 새로운 형태 때문에 분자는 자유롭게 돌아다닐 수 없고, 마음대로 퍼질 수도 없다. 그 결과 이런 가시적인 빛의 모든 부분을 다시 반사한다.

그래서 글자는 페이지에 남아 있더라도 더 이상 눈에 보이지는 않는다. 마술 같다.

마술처럼 들릴지도 모르는데 사실은 화학적인 책략이다.

이런 종류의 잉크 지우개는 특정한 색조를 지닌 잉크에만 효과가 있다. 즉 전 세계의 대다수 만년필에 쓰이는 로열 블루 말이다. 잉크 지우개의 반대편에 달린 펜은 이와 다른 공법으로 만들어진 잉크를 사용하기 때문에 같은 방법으로는 지워지지 않는다. 펠리칸은 자사의 수정 잉크에 대해 다음의 중요한 정보를 제공한다.

잉크의 구성 성분은 모든 가능한 위험과 장애물을 염두에 두고 선택되었습니다. 설사 우연히 잉크를 삼키더라도 보통 사람에게는 해가 없습니다. 그러나 잉크에는 영양분이 없으므로, 마시지 말라고 경고합니다.

마음에 새겨둘 만한 이야기다. 잉크는 영양 음료가 아니라는 것 말이다.

잉크 지우개는 로열 블루의 만년필 잉크에만 효과가 있지만 볼펜에는 어떨까? 볼펜 잉크의 반응은 만년필 잉크와 달라서 투명한 색으로 변하는 대신 좀 뭉개지기만 하여 지저분해지고 지우개 꼭지도 더럽힌다. 그래서 새 용매가 개발되어야 했다.

1970년대 다른 사람들이 이런저런 일로(사람들이 1970년대에 하던 일에 대한 그럴듯한 설명을 각자 집어넣어보라) 분주할 때 페이퍼메이트는 지위지는 잉크를 개발하느라 분주했다. 10년의 연구를 거쳐 1979년에 리플레이Replay 펜(미국에서는 이레이저메이트Erasermate라 불렸다)이 출시되었다. 리플레이 펜의 잉크는 보통의 뻑뻑하고 찐득찐득한 볼펜 잉크보다는 살짝 건성이다. 일반 잉크와는 다른 제조법으로 만들어졌기 때문에 잉크가 연이어 매끄럽게 흘러나오도록 압력을 가해야 한다. 이는 피셔 우주 펜처럼 펜을 거꾸로 들고도 사용할 수 있다는 뜻이다. 그래서 눕기 좋아하고, 또 걸핏하면 철자를 틀리는 사람에게는 편리하다. 지우개는 펜 뚜껑에 달려 있고 연필 지우개와 별로 다르지 않은 방식으로 작동한다(그러니까 펜처럼 쓰이고 연필처럼 지워진다). 다만 잘 지워지지 않고 지우개 꼭지에 찌꺼기가 생긴다는 단점이 있다.

과거에는 펜과 연필의 경계가 분명했지만 샤피Sharpie는 그 경계를 없애기 위해 노력해왔다. 페이퍼메이트 리플레이도 그렇지만 리퀴드 펜슬Liquid Pencil도 "연필처럼" 지워지는 반면 "펜처럼 매끄럽게" 쓰이도록 설계되었다. 리퀴드 펜슬은 "연필심이 부러지는 일을 영원히 없애주는 가변성 액체 흑연"이 들어 있으며, 사람들이 "글씨 쓰는 법을 새롭게 규정해준다". 이 액체 흑연의 성질은 아주 수수께끼 같다. 샤피 사도 그 특성을 완전히 파악하지 못한 것 같다. 원래 그들은 리퀴드 펜슬이 보통 연필처럼 글씨를 쓰고 나서 금방 지워질 수 있다고 주장했지만 실제로는 펜 자국이 고정되어버린다. 그러나 그들은 나중에 "샤피 마커 펜과는 달리 리퀴드 펜슬의 자국은 어느 정도 지울 수 있다"고 주장했다. 그들이 홍보 문구를 바꿔야겠다고 느꼈다는 사실에서 우리는 리퀴드 펜슬 자국이 고정된 뒤에도 충분히 애를 쓰면 지울 수 있을 것이라고 추측하게 된다. 우리가 얼마나 애를 쓰게 될지 그것이 문제겠지만. 그러나 어떤 잉크는 너무나 민감해서 우연히 지워질 수도 있다.

사악한 용도로는 사용하지 말 것

파일럿 프릭시온Pilot FriXion 펜은 열을 가하면 지워진다. 프릭시온 펜에 사용되는 잉크는 열감지성인 '메타모컬러metamocolor' 잉크로, 65도 이상 데워지면 투명해진다. 그 잉크에는 세 가지 성분으로 이루어진 특별한 '마이크로캡슐' 염료가 들어 있다. '염색 물질', '색상을 변화시키는 성분', '색상 변화에 적응하는 성분'이 그것이다. 실온에서는 염색 물질이 색상 변화 성분에 연결되어 있는 상태이기 때문에 잉크가 눈에 보인다. 프릭시온 펜으로 쓴 글씨를 펜 꼭지에 달린 작은 고무 촉으로 문지르면 마찰열이 발생하면서 글씨가 지워진다. 열 때문에 '색상 변화에 적응하는 성분'이 활성화되어 '색상을 변화시키는 성분'과 혼합되므로 잉크가 마술처럼 사라지는 것이다.

  사용되는 잉크 색상이 열에 반응하기 때문에 그 제품은 서류를 난방기 근처에 두거나 더운 날에 자동차 안에 두거나 심지어 여러 차례 복사하는 것까지도 금지한다. 그렇게 하면 잉크가 눈에 보이지 않게 되기 때문이다. 심지어 펜을 햇빛에 두기만 해도 잉크가 데워진다. 그렇게 되면 잉크는 미처 알지도 못하는 사이에 투명하게 변해버린다. 파일럿 사는 서류(심지어는 펜 자체도)를 냉장고에 두는 편이 좋다고 권한다. 열 감지성 잉크는 영하 12도에서는 다시 불투명이 되니까. 파일럿 프릭시온 펜으로 작성된 서류는 모두 기온에 따라 가시성과 불가시성 사이의 어딘가에 머무는 것 같다. 따라서 펜 상자에는 경고문이 붙어 있다.

주의.

이 제품은 서명, 법률 자료, 시험지, 기타 영구적이어야 하는 자료에는 쓰지 말기를 권한다.

법률 자료(수표, 계약서, 결혼증서)의 경우 사람들은 자신이 방금 서명한 문서가 변호사도 거치지 않고 헤어드라이어 바람에 사라지기를 바라지는 않을 것이다. 단순히 오타를 수정하는 것이든 장황한 문장을 정리하는 것이든, 뭔가를 지우고 싶을 만한 이유는 많지만 좀 더 사악한 의도를 품고 뭔가를 지우려는 사람들도 있기 때문이다.

프랭크 애버그네일Frank Abagnale은 아마 20세기의 가장 성공한 사기꾼 중 하나일 것이다. 1960년대 초반 그는 여러 개의 가짜 신분을 사용하면서(파일럿, 의사, 변호사) 위조 수표로 수백만 달러를 현금화했고 결국은 체포되어 12년간 수감 생활을 했다. 2002년 그의 자서전인 《잡을 테면 잡아봐Catch Me If You Can》가 스티븐 스필버그Stephen Spielberg의 손으로 영화화되면서 리어나도 디캐프리오Leonardo DiCaprio가 애버그네일 역을 맡았다. 출소 후 그는 범죄자로서의 화려한 삶을 청산하고 은행과 기업체에 사기를 예방하는 방법을 조언해주었다. 그는 이제 세계를 돌아다니면서 자신의 전문 기술을 알려주고 있다.

애버그네일은 저서 《절도의 기술Art of the Steal》에서 위조범들이 레이저 프린터로 인쇄된 수표를 어떤 문구로 변조하는지를 자세히 설명했다.

위조범들은 스카치테이프(떼어낼 때 종이를 함께 벗겨내지 않는 뿌연 회색의 테이프)를 한 조각 잘라내 금액과 예금주 이름 위에 붙인다. 손톱으로 세게 문질러 수표에 단단히 붙인 다음 테이프를 떼어낸다. 금액과 예금주 이름과 주소가 테이프에 붙어 나온다. 글자를 인쇄했던 토너가 스카치테이프에 붙어 수표에서 분리된다. 남아 있는 레이저토너는 작은 폴리머 플라스틱 지우개로 처리할 수 있다.

2006년 애버그네일은 문구류 소매상인 스테이플스와 함께 '미 전역의 서류 파쇄 운동Shred Across America'을 선전하고 사람들이 스스로 신원을 보호할 방법(ID 도용 방지법)을 집중 조명했다. 그는 또 유니-볼Uni-Ball 사와도 협력하여 207젤 펜을 개발했다("화학약품이나 용제로 변질시킬 수 없는 세계 유일의 펜"). 207젤은 "염료를 함유한 특별한 공식의 잉크를 사용한다. 이 잉크의 염료는 종이 속에 스며든다". 따라서 그 잉크는 곧 종이에 "갇히게 되고" 변질되지 않기 때문에 수표와 자료는 더 안전해진다.

그리하여 애버그네일은 문구류에 저지른 자신의 범죄를 마침내 보상한 것으로 보인다. 하지만 애초에 그가 문구류를 타락시킨 것이 아니라 방향이 거꾸로였는지도 모른다. 십대 시절 애버그네일은 아버지가 경영하던 문구점의 창고에서 일했다. 말하자면 지우개와 스카치테이프에 둘러싸여 있던 환경이 그에게 범죄자의 인생을 살아갈 영감을 준 것은 아닐까?

Promotional pens & pencils

가져가세요,
난 당신 거예요

문구류는 쓸모가 있는 물건이며,
쓸모가 있는 물건은 사람들이
계속 갖고 있게 된다.

나를 포함하여 일부 사람들에게 새 문구를 사는 것은 즐거운 일이다. 문구점에 가면 사방이 가능성으로 가득하다. 그것은 더 나은 사람이 되어가는 방식이다. 이 색인 카드, 이 페이지 마커를 산다는 것은 내가 언제나 되고 싶어했던 그런 조직적인 사람이 마침내 되리라는 것을 의미한다. 이 공책과 이 펜을 산다는 것은 꿈꿔왔던 그 소설을 내가 마침내 쓰리라는 의미다. 하지만 가끔 새 문구를 사면서 지나치게 흥분하는 사람도 있다. 록그룹 스미스The Smith 의 보컬이었던 모리세이Morrissey는 리먼 상점에 가는 일을 사람이 느낄 수 있는 극한의 성적 체험이라고 묘사했다(모리세이 자신이 맛볼 수 있는 극한의 성적 체험이라는 뜻이었겠지만). 그리고 척도의 양 극단에 위치한 사람들이 있다. 문구류를 절대 사지 않는 사람과 눈에 보이기만 하면 펜과 종이를 긁어모으는 사람들 말이다. 문구류 분야의 프리거니즘freeganism 이다.

1973년 영국에서 첫 매장을 개장한 이후 아고스Argos 는 그 유명

환경 보호를 우선으로 하여 버려진 음식과 채소 등으로 연명하면서 물질주의와 세계화에 반대하는 운동을 펴는 사람들.

영국과 아일랜드에서 영업하는 창고형 생활용품 매장. 창고형 매장이기 때문에 물건을 직접 보는 대신 카탈로그를 보고 주문, 결제하면 나중에 물건을 배달해 주는 방식으로 운영된다.

한 푸른색 펜과 밀접하게 결부되어왔다. 고객들은 그 펜으로 사고 싶은 물건의 카탈로그 번호를 기록하고 줄을 서서 계산한 다음 지정된 장소에서 물건을 받는다. (영국인이라면) 다들 아고스 펜을 익히 알고 있을 것이다. 하지만 그것에 대해 우리가 진정 무엇을 알고 있을까? 우리 동네의 아고스 매장에서 두어 자루의 펜을 사서 다른 펜처럼 써보기로 했다. 아고스 펜을 보면 디자인의 의도가 비용의 최소화에 맞춰져 있다는 것을 금방 알 수 있다. 또 사람들이 훔치려는 마음이 들지 않도록 의도적으로 쥐기 불편하게 디자인했으리라는 짐작도 가능하다. 어떤 면에서는 좀 비열해 보이지만 완벽하게 타당한 생각이다. 그런 섬세한 설득 형태에는 찬양받을 요소도 있다. 사람들이 훔칠 마음이 나지 않을 정도로 못생긴 펜을 만들 경우 다른 방식으로 해결하려면 무척 많은 비용이 들어갈 문제를 우아하게 해결해주니까. 그것은 리처드 H. 탈러Richard H. Thaler와 캐스 R. 선스타인Cass R. Sunstein이 개발한 넛지Nudge 이론 의 실용적인 적용법이다. 마인드 콘트롤의 소박한 형태 말이다.

이케아 연필은 몇 자루나 될까

싼 게 비지떡이라는 말처럼 불편함을 참으면서 그 펜을 쓰다 보니 아고스가 매년 얼마나 많은 펜을 제공하는지 궁금해졌다. 그들의 웹사

타인의 행동을 특정한 방향으로 유도하는 부드러운 개입, 똑똑한 선택을 유도하는 선택 설계의 틀을 말하는 넛지 효과를 강조하는 이론.

이트에 의하면 그들의 매장에 들르는 고객이 매년 1억 3000만 명이라고 한다. 그들은 분명 수많은 펜을 구입하겠지만 구체적으로 얼마나 많이 구입할까? 나는 실상을 알아보기 위해 그 회사에 이메일을 보냈다. 며칠 뒤에 답이 왔다. 문의에는 감사하지만 사업상 민감한 정보이기 때문에 외부인들에게는 알려줄 수 없다고 했다. 그렇다면 내질문에 답을 알고 싶다면 아고스에 취직해야 한다는 뜻일까? 별로 취직하고 싶지는 않은데. 밀턴케인스에 있는 그들의 본사는 내가 통근하기에는 적당한 거리가 아니기 때문이다.

경마도박장에서 쓰이는 펜도 푸른색의 아고스 펜과 거의 같은 형태다. 래드브룩스Ladbrokes는 빨강, 토트 스포트Tote Sport는 연두색, 윌리엄 힐William Hill은 감색, 패디 파워Paddy Power는 진녹색 펜을 쓴다. 각 펜은 대체로 비슷한 모양이다. 8.5센티미터 길이에 5밀리의 금속 촉을 가진 곧고 가는 막대 같은 몸통. 경마도박장에 펜을 공급하는 곳이 어디인지 알아낼 수만 있다면 내가 밀턴케인스의 본사에 취직하지 않더라도 아고스 사에 던진 질문의 대답을 얻을 수 있을지도 몰랐다.

토트 스포트에 펜을 공급하는 곳은 테이트 컨슈머블스Tate Consumables라는 회사였다. 테이트 컨슈머블스 사의 웹사이트에는 그 회사가 10년 이상 "영국의 대표적인 소비재 공급 회사"였다고 소개되어 있다. 내가 보기에 그 말은 너무 겸손한 표현이다. 영국 내에서 그들 외에다른 소비재 공급 회사를 생각해내려면 애를 먹을 정도니까.

---

[*] 래드브룩스, 토트 스포트, 윌리엄 힐, 패디 파워는 모두 세계적으로 유명한 도박 회사의 이름이다.

테이트의 주요 거래 상대는 주유소, 도박장, 그 외 다양한 소매점이었다. 그러나 최근에는 인쇄소가 추가되어 활동 영역이 확장되었다.

하지만 다른 종류의 펜들과 비슷해 보이기는 해도 테이트 컨슈머블스 사가 펜을 공급하는 곳은 오직 토트 스포트뿐이다. 아고스나 래드브록스에는 공급하지 않는다. "그 펜들이 똑같아 보인다면 아마 같은 제작사가 만든 것이라고 봐야겠지요." 테이트 컨슈머블스 사의 영업 사원이 설명해주었다. 나는 그에게 혹시 그 펜의 제조업체 이름을 알려줄 수 있는지 물어보았다. "미안합니다. 그런 수준의 정보는 내 관할이 아닙니다." 그가 대답했다. 또 다른 막다른 골목이다.

아고스에서 만든 펜과 윌리엄 힐, 래드브록스, 토트 스포트, 패디 파워에서 쓰는 펜을 더 자세히 살펴본 나는 그 펜들이 미묘하게 차이가 있음을 알아차렸다. 아마 사실은 똑같은 펜이 아닌지도 모른다. 토트 스포트의 펜은 살짝 둥근 모양에 모서리가 더 부드러웠다. 래드브록스의 펜은 모서리가 살짝 더 선명했다. 아고스 펜은 그보다도 더 선명했고 거의 육각형에 가까웠다. 나는 샘플 몇 개를 더 가져와 비교해 보기 시작했다. 같은 체인이라도 상점에 따라 펜 사이에는 차이가 있었다. 도박장의 펜에서는 어떤 힌트도 알아내지 못했다.

아고스 상점이 영국에 개업한 지 14년 만에 이케아IKEA가 첫 번째 매장을 워링턴에 열었다. 그 후 그 스웨덴 가구 소매점은 아고스 펜에 상응할 만한 이케아 연필을 선보였다. 아고스에서는 카탈로그 진열대에 펜이 놓이는 홈이 여섯 개뿐이므로, 펜을 다량으로 비치해둘 방법이 없었다. 그에 반해 이케아에서는 연필을 큰 양동이에 담아두어 누구든 한 줌씩 집어 들게 한다. ("우리는 고객들의 주문서 작성에 도움이 되도록 연필을 제공하는 서비스를 기꺼이 제공합니다." 그들은 설명한다.) 2004년 〈메트로〉 신문은 이케아 로고가 찍힌 짧은 나무 연필이 "반드시 가져야 하는must-have" 최신 액세서리가 되었다고 주장했다("고객들의 주문서 작성을 위해 제공하는 물품 수백만 개가 매년 도난당하고 있으니, '반드시 가져야 하는' 것은 곧 '반드시 훔쳐야 하는must-steal' 것이다"). 〈메트로〉는 어느 고객이 상점에 한번 다녀오는 길에 연필 84자루를 집어 온 것으로 추정된다는 기사를 실었다("심지어 그는 가구를 사지도 않았다"는 것이 요점이었다). 그 기사는 또 지중해의 어느 유람선에서 빙고 게임을 하는 사람들이 그 연필로 카드에 표시하는 것을 보기도 했고, 골퍼들이 그 연필로 스코어 카드에 표시하는 것도 보았으며, 어떤 교사들은 학생들에게 나눠주려고 몇 자루 챙겨가기도 한다고 지적했다.

아고스가 일 년에 얼마나 많은 펜을 생산하는지 알고 싶었던 것과 똑같이 나는 이케아 연필에 관해서도 비슷한 질문을 던졌다. 나는 그들의 웹사이트를 돌아다니다가 2008년 이케아가 영국 개업 21주년을 축하하는 자료를 올린 것을 알아냈다. 그 자료에는 이케아에 관한 21가지 사실이 들어 있었다. 그중 10번은 다음과 같다.

작년에 이케아 영국 고객들은 1231만 7184자루의 연필을 사용했다.

나는 스웨덴 회사의 개방적 감각에 감탄했다. 아고스가 이들로부터 뭔가 배울 수도 있을 텐데.

"가져가세요, 난 당신 거예요"

아고스가 사람들이 펜을 훔치지 못하도록 넛지 스타일의 접근법을 사용한다면 은행과 우체국은 전통적으로 더 간단하고 조야한 시스템을 사용해왔다. 펜을 카운터에 사슬로 묶어두는 방법 말이다. 그러나 최근에는 이런 기관들조차도 절도 문제에 제각기 대안을 개발해왔다.

2004년 바클레이스Barclays 은행은 다섯 곳의 지점에서 새로운 계획을 실험했다. 사슬 달린 검정 펜은 사용이 금지되었고 대신에 사슬에 묶이지 않은 밝은 푸른색 펜이 비치되었다. 그 펜이 담고 있는 메시지는 고객들이 마음대로 쓰다가 꼭 원할 때만 가져가라는 것이었다. 그 펜의 몸통에는 "은행에서 빌려온 것", "은행 약탈품", "가져가세요, 난 당신 거예요," "난 공짜야!" 등등의 글귀가 씌어 있다. 이 계획은 은행의 마케팅 책임자 짐 하이트너Jim Hytner가 주도한 것으로, 그는 사슬 달린 펜은 과거에 은행이 고객들과 맺던 낡은 관계를 상징한다고 설명했다. "기본적으로 우리는 당신들이 이 펜을 쓰고 나서 그냥 두고 가리라고 믿지는 않지만 당신이 우리에게 평생 저축을 맡기리라고는 기대한다"는 식의 관계 말이다. 하이트너는 바클레이스 은행이 21세기로 들어가기를 바랐다. 보도 자료에는 "공짜 펜은 은행이 고객들의 버릇을 존중한다는 것을 보여주려는 작은 몸짓"이라고 설명되어 있다. 물론 이런 정책은 2008년 은행에 위기가 닥치기 전에 실시되었던 것이다. 우리는 공짜 펜만으로도 은행을 믿어버리고는 감당하기 힘든 모기지 서류와 이자율이 낮아 보이는 평생 대출 서류에 서명해버렸다.

어떤 사람들에게는 공짜 펜을 주겠다는 약속도 너무 대단해 보였다. 그래서 그들은 너무 흥분해버렸다. 공짜 펜을 주겠다는 계획이 아직 실험 단계에 있을 때인데도 브래드퍼드의 지점에서만 5일 동안 4000자루의 펜이 없어졌다. 〈텔레그래프Telegraph〉 지는 어느 대변인의 말을 인용했다. "우리는 고객들이 펜을 한두 자루, 혹은 한줌 정도 가져갈 거라고 예상했습니다. 그런데 어떤 사람들은 상자째 들고 나가더군요. 우리는 그 정책을 영국 전역에 확장할 계획이지만 브래드퍼드 지점만은 펜 상자를 움직이지 않게 고정해두었고 다른 지점에서도 그럴 계획입니다." 2006년 바클레이스 은행은 브래드퍼드 지점에서의 경험에도 불구하고 그 계획을 영국의 1500개 지점에서 모두 실시했다. 첫해에는 한 자루에 3페니인 펜 1000만 자루가 사라졌다. 펜 가격은 총 30만 파운드에 달했다.

펜에 달린 사슬이 은행과 고객의 권력 불균형을 보여주는 은유로 작용한다는 점에서는 하이트너가 옳았을지도 모른다. 하지만 금속 사슬은 시적인 문제만이 아니라 실제적인 문제도 제기한다. 그것이 어떤 문제인지는 데이비드 다우버David Dawber라는 남자가 '왼손잡이용 모든 것Everything Left Handed'이라는 웹사이트에 보낸 이메일에 잘 지적되어 있다. 그는 자기 동네 우체국에서 특송 우편으로 뭔가를 보내려다가 운 나쁜 일을 경험했다. "서명용 펜이 카운터의 오른손잡이 쪽에 짧은 사슬로 달려 있었어요. 그래서 (왼손잡이인) 내가 쓰려니까 불편한 모양으로 비틀리더군요." 다우버는 상황을 설명했다. 그다음에 다우버는 카운터 안에 있던 여성에게서 왜 우체국에 비치된 펜을 쓰지 않느냐는 책망을 들었다고 했다. 다우버는 "자신이 사용할 수 없는 방향으로 달려 있어서"라고 설명하고 그것은 "왼손잡이에 대한 차별"이라고 주장했다. 우체국 책임자가 끼어들면서 상황이 악화되었다. 그는 다우버의 주장을 무시하고 그가 '터무니없는 소리'를 한다고 말했다. 다우버는 대꾸했다. '터무니없는 말이 아니오. 오른손잡이용 펜을 왼손잡이가 쓰려면 불편하다고요. 고객들에게 그 따위로 말하지 마시오." 집에 돌아간 다우버는 왕립 우체국에 이메일을 보내 자신이 겪은 일에 대해 불평하고 왼손잡이도 편리하게 쓸 수 있도록 펜을 비치하라고 요구했다. 다우버는 부당함에 맞서 싸우는 투사였다. 하지만 은행에서 이런 문제가 없어진다면 그건 모두 하이트너 덕분이다. 그런데 하이트너는 바클레이스 은행의 펜은 사슬을 없애면 그만이라고 생각하고 고객들에게 펜을 가져가라고 공공연히 권했지만 그런 권유의 의미가 그리 명확하게 전달되지 않은 경우도 있었다.

"어떤 호텔이든 객실에는 필기장이 비치되어 있다. 이는 고객들의 비즈니스용이나 사교용 글쓰기를 위한 것이다." 1921년 릴리언 왓슨 Lillian Eichler Watson은 자신의 저서 《에티켓의 책 Book of Etiquette》에서 설명한다. "호텔의 필기도구를 절대로 가져가지 마라. 그것은 호텔용 타월을 가져가는 것만큼 원칙적으로 잘못이다. 편지나 쓰고 나머지는 그냥 두어라."

하지만 왓슨이 옳은가? 1986년 미국의 여러 신문에 동시에 실리는 유명 칼럼인 '앤 랜더스에게 물어보세요 Ask Ann Landers'의 어느 독자도 호텔의 문구류를 가져가는 것이 도덕적으로 잘못이라는 왓슨의 견해에 동의했다. 그 독자의 설명에 따르면 여행을 많이 하는 친구(Q부인이라고 지칭)가 값비싼 호텔에 자주 묵는다고 했다. "Q부인은 편지를 많이 쓰는 사람이라서 그녀의 편지를 나도 많이 받았어요. 항상 호텔에 비치된 편지지에 편지를 썼지요. 나 같으면 호텔 비품을 훔친다는 것이 그런 식으로 드러난다면 부끄러울 거예요. 왜 다른 사람들은 그렇게 어리석을까요?" 그 편지에는 "텍사스 주 러레이도에서, 설명을 바랍니다"라고 되어 있었다. 랜더스는 대답했다.

러레이도 씨에게. 호텔 문구류는 손님들이 쓰고, 그리고 가져가라고 비치해둔 것입니다. 좋은 홍보용품이니까요. 호텔이 화를 내는 것은 고객들이 타월, 목욕 매트, 샤워 커튼, 그림, 베개, 침대보, 커피포트, TV를 마음대로 가져갈 때입니다.

어느 여행 웹사이트의 조사에 따르면 설문에 참가한 928명 중 6퍼센트만이 호텔의 문구류를 가져간다고 인정했다고 한다(아침 식사 코너에서 소포장된 잼을 가져간다고 인정한 것이 고작 2퍼센트에 불과하다는 점을 감안하라). 이것이 절도인가? 이 설문을 실시한 홀리데이엑스트라스닷컴 HolidayExtras.com의 사장 매슈 팩 Matthew Pack은 그렇게 생각하지 않는다. 그는 "호텔은 이런 비품의 비용을 비용 요인에 포함시키며, 우리가 그런 브랜드가 찍힌 비품을 집에 가져가는 것은 그들에게 좋은 일을 해주는 것이다." 호텔이 문구류를 통해 브랜드 메시지를 퍼뜨릴 기회는 별로 많지 않다. 운이 좋다면 그 비품은 Q부인 같은 사람의 손에 들어가 친구에게 보내는 편지로 쓰이겠지만 많은 경우에는 그냥 서랍 어딘가에 처박혀서 한번도 다시 쓰이지 않거나, 아니면 그냥 쇼핑목록을 휘갈겨 쓰거나 전화 메시지를 받아 적는 용도로 쓰이고 만다.

하지만 호텔 문구류가 훨씬 광범위한 관객을 만날 때도 있다. 독일의 화가 마르틴 키펜베르거Martin Kippenberger는 1987년부터 10년 뒤에 죽을 때까지 전 세계를 돌아다니면서 호텔 문구류로 드로잉 작품을 그려냈다. '호텔 드로잉hotel drawing'이라고 알려진 그 작품에는 정해진 주제나 스타일도 없고 그저 원재료의 출처만 정해져 있을 뿐이다. 로드 멩엄Rod Mengham은 사치 갤러리Saatchi Gallery의 온라인 잡지에 실린 평론에서 "키펜베르거는 덧없는 기원이라는 모순적인 개념을 기초로 하여 자신의 변덕스러운 작품을 구축했다"고 썼다. "그의 슈트케이스 미학은 '집'이라는 것에 대한 상식적인 해석에 저항하는, 마치 자석의 같은 극이 서로를 밀어내는 것 같은 거부감에서 유래한 것이 분명하다. 그는 통상적인 극성極性을 뒤집었고, 그 결과 모든 장소를 그냥 스쳐지나갈 뿐, 그 이상의 다른 무언가를 하는 것처럼 보이지는 않는다." 최근 한 경매에서 워싱턴 호텔의 로고가 찍힌 종이에 색연필로 그린 호텔 드로잉("마치 야단맞은 학생처럼 뒷짐을 지고 방 한구석에 서 있는 화가의 자화상")이 21만 7250파운드에 팔렸다.

가장 효과적인 홍보용품

정말 호텔이 고객들이 홍보용으로 펜을 가져가는 것을 좋아한다면 문구류는 선전이나 홍보 도구로 얼마나 효과적일까? 흐음, 실제로 상당히 효과가 있는 것처럼 보인다. 홍보용품국제연합Promotional Products Association International(PPAI)의 조사에 따르면 홍보용품은 수많은 측면에서 다른 마케팅 도구보다 효과적이라고 한다. 광고주의 이름이 더 많이 거론되고 그 제품이 보유되는 기간이 길기 때문에 광고 문구를 거듭 접하게 된다는 점, 그리고 광고주에 대한 호의적인 인상을 심어주어 그런 물품을 주는 단체와 사업을 함께하려는 성향이 커진다는 것이다. 영국 홍보상품연합British Promotional Merchandise Association(BPMA) 또한 비슷한 결과를 발표했다. 즉 조사 대상자의 56퍼센트가 홍보용 물품으로 문구류를 주는 브랜드나 회사에 대해 더 호의적인 감정을 느낀다고 말했다는 것이다. 홍보상품연합의 위원장인 스티븐 바커Stephen Barker는 홍보용 상품이 미디어를 통한 홍보에 비해 더 높거나 적어도 덜하지는 않은 투자 효과를 가져다주는 것으로 밝혀졌다고 말했다.

홍보용품의 장점을 높이 평가해주는 것이 PPAI와 BPMA 모두에게 이익이라는 점은 분명하다. 그러니 이런 결과에 너무 놀라서는 안 된다. 그런데 이런 단체가 홍보용품 제조업자의 이해관계를 대변하는 것은 사실이지만 그들이 어떤 특정한 홍보용품이나 제품을 다른 것들보다 선호할 이유는 없다. 그런데도 BPMA의 연구는 문구류가 가장 효과적인 홍보용품임을 아주 명백하게 지적하고 있다. 그들의 조사에 따르면 응답자의 40퍼센트가 그 이전 12개월 동안 홍보용 펜이나 연필을 받았고 그중 70퍼센트가 그 물건을 계속 갖고 있다고 대답했다. 다른 사무용품("계산기, 스테이플러, 필기장, 자, 연필깎이 등등")은 그보다 보유율이 높다. 전체 응답자 가운데 13퍼센트가 이런 물건을 받았고 그중 77퍼센트가 그 물건을 계속 갖고 있었다. 문구류는 쓸모가 있는 물건이며, 쓸모가 있는 물건은 사람들이 계속 갖고 있게 된다. 홍보용품을 계속 갖고 있었던 70퍼센트는 언젠가 자기들이 그것을 쓰리라는 것을 알기 때문에 계속 갖고 있는 것이다. 그 물건은 사용될 때마다 그 브랜드를 상기시키는 기능을 한다. 이 수치가 올바르다면 호텔 문구류를 가져가는 것이 호텔에 도움이 된다고 주장한 매슈 팩이 옳았던 것으로 보인다. 하지만 공짜 문구를 너무 심하게 가져가 절도가 되는 경우도 있다.

퇴근하면서 사무실의 포스트잇Post-it이나 블랙앤레드Black n' Red 공책을 당신 가방에 슬쩍 집어넣는다면 그때 당장은 별문제가 아니라고 생각할지 몰라도 그것이 절도가 아니라고 주장하기는 힘들 것이다. 어느 조사에 따르면 조사 대상자의 3분의 2가 직장에서 문구류를 훔친 적이 있음을 인정했다고 한다. 그리고 일부는 자기들의 행동이 잘못이라고 인정했지만 조사 대상자의 27퍼센트는 그에 대해 양심의 가책을 느끼지 않았다. 내가 대학에서 건축을 공부하던 시절 어느 강사가(이름을 밝히지는 않을 것이다) 자신이 노먼 포스터Norman Foster에서 일할 때 비품 서랍장에 문구류가 얼마나 풍성하게 쌓여 있었는지를 즐겁게 회상하곤 했다. 그가 그곳에서 마음대로 가져간 로트링 펜과 샤프펜슬이 얼마나 많았는지, 그 회사를 떠나고 10년 만에 개인 사무실을 차릴 때까지도 여전히 그 유명한 건축가의 사무실에서 훔쳐온 비품들을 썼다고 한다.

하지만 어쨌든 도둑질은 도둑질이니, 만약 들킨다면 그 결과를 감당해야 한다. 글로스터 출신의 리사 스미스Lisa Smith는 2010년 힘들게 이 사실을 깨달았다. 그녀는 첼튼엄 소재의 딜런시 병원Delancey Hospital에서 문구를 훔친 죄로 사회봉사 200시간을 선고받았다. 병원에서 분필 15상자, 프린터 카트리지 여덟 개, 건전지 한 상자, 롤리팝과 장난감을 가져갔기 때문이었다(그중 몇 가지를 이베이에서 팔기도 했다). 법의 눈으로 보면 그녀의 행동은 팁엑스 한 병이나 봉투 한 팩을 마음대로 가져가는 것과 별로 다르지 않을 수도 있겠지만 어쨌든 그보다는 더 나빴다. 아이들의 장난감이나 프린터 카트리지를 가져가지 마라. 무엇보다도 영국의 국가의료서비스NHS 병원에서는 절대 훔쳐가지 마라. 리사, 그건 나쁜 일이에요. 당신은 선을 넘었어.

난 아직도 아고스 사에 보낸 질문의 답을 얻지 못했고 수많은 구직 시도도 성공하지 못했다(30개가 넘는 이력서를 보냈는데도 면접은 한 번도 보지 못했다). 거의 포기하고 있던 어느 날 아고스 고객 서비스팀이 새 트위터 계정을 만든 것을 알았다. ArgosHelpers. 나는 그들에게 트윗을 보내 매년 상점에서 몇 개 정도의 펜이 사용되는지 물어보았다. 그들의 대답은 다음과 같았다. "그 대답은 '많이요' 입니다. 우리는 서서히 전자 패드로 바꿔가고 있습니다." (그리고 이런 변화 이전에 일부 점포에서 펜을 연필로 바꾸는 실험도 했던 것 같다.) 그들의 대답이 너무 막연했으므로, 나는 좀 더 구체적으로 알려달라고 부탁했다. 그러자 "세어보았더니 우리는 작년에 1300만 자루의 펜을 주문했더라고요." 이케아와 대략 비슷한 숫자였다. 드디어 질문은 마무리되었다.

기념품 **Souvenirs**

Chapter 7

오직 당신을 즐겁게
해주려는 목적뿐

휴가를 떠난 사람들은 기념품을, 자신들이 누린 재미를 상기시켜줄 뭔가를 사고 싶어한다. 하지만 그와 동시에 쓸모없는 것은 사기 꺼려한다. 싸구려 플라스틱 조각상이나 장식 접시 같은 것은 쓸모가 없다. 그냥 뭔가를 사기 위해 사는 것은 싫다. 그러나 펜은 완벽하다. 펜은 집에서도, 사무실에서도 쓰이니까. 그리고 그 펜을 사용할 때마다 당신이 다녀왔던 근사한 휴가지가 떠오를 것이다.

모든 것이 일, 일, 일로만 귀착되지는 않는다.

사무실이나 교실과 밀접하게 결부된 것들이기는 해도 문구류는 우리처럼 가끔 휴가를 누릴 자격이 있다. 해변이나 외국의 선물 가게에 신제품 문구류가 잔뜩 놓여 있는 것은 그런 이유에서다. 몸통에는 국기가 그려졌고 한쪽 끝에는 수술이 달린 거대한 연필이든(이런 수술에 작은 색연필 묶음이 매달려 있어서 환각이라도 본 듯 감각이 혼란스러워진 휴가객들이 당황하고 놀라는 일을 자주 본다), 그 지역의 랜드마크를 닮은 연필깎이든, 소매업자들은 그럴 기회만 생기면 문구류에 문화적 유산이라는 얇은 의상을 입히고 그것을 핑계로 비싼 값을 매긴다. 물론 세계 어느 공항에서든 선물 가게에 진열된 신제품 펜은 노동자의 권리 같은 것은 제대로 지키지도 않는 어느 먼 나라의 공장에서 만들어졌을 것이 뻔하다.

그런 문구류 선물의 매력은 분명하다. 휴가를 떠난 사람들은 기념품을, 자신들이 누린 재미를 상기시켜줄 뭔가를 사고 싶어한다. 하지만 그와 동시에 쓸모없는 것은 사기 꺼려한다. 싸구려 플라스틱 조각상이나 장식 접시 같은 것은 쓸모가 없다. 그냥 뭔가를 사기 위해 사는 것은 싫다. 그러나 펜은 완벽하다. 펜은 집에서도, 사무실에서도 쓰이니까. 그리고 그 펜을 사용할 때마다 당신이 다녀왔던 근사한 휴가지가 떠오를 것이다.

사실 휴가가 끝나기도 전에 펜은 친구나 가족에게 우편엽서를 쓰면서 이미 활용될 수 있다. 어린 시절 나는 가족들과 휴가를 떠나면 나 자신에게 엽서를 보내곤 했다. 그것은 유보된 마조히즘의 행위였다. 나는 집에 돌아갈 때까지, 그리고 휴가가 끝날 때까지는 엽서를 받지 못하리라는 것을 알고 있었다. 엽서는 내가 나 자신에게 보낸 타임캡슐이었다. 하지만 그 엽서를 보낸 나는 짜증스럽게 음흉했다. "난 풀장 옆에 앉아 있어. 엽서를 다 쓰고 나면 또 수영하러 갈지도 몰라. 영국의 TV에서는 뭐 근사한 프로그램이라도 해? 날씨는 어때?" 나는 나중에 엽서를 읽으면서 아직 휴가가 끝나기 전의 나 자신에게 느끼는 질투심을 휴가지의 나는 모르지만 집에 돌아온 나는 이미 아는 사실들로 누그러뜨리곤 했다. 예를 들면 집에 돌아온 나는 휴가지의 내가 선글라스를 호텔 방에 남겨두고 왔다는 사실이나 영국행 비행기가 연착했다는 사실을 알고 있었다.

하지만 자기 자신에게 엽서를 보내는 사람이 나만은 아니었다. 실제로 그런 관행은 그림엽서라는 것이 만들어진 초창기로 거슬러 올라간다. 최초로 보내진 우편엽서는 1840년에 런던의 풀럼에 사는 시어도어 후크Theodore Hook를 수신인으로 했다. 발신인 역시 런던의 풀럼에 사는 시어도어 후크였다. 카드에 손으로 그려진 그림은 우편 업무를 묘사한 캐리커처였는데, 후크가 장난삼아 자신에게 보낸 것으로 여겨진다(당시에는 인터넷이 없었으니, 사람들은 직접 장난을 만들어내야 했다). 후크의 엽서는 아주 희귀한 페니블랙 우표를 사용한 유일한 우편엽서이기도 하다. 2002년 그 우편엽서는 무려 3만 1750파운드의 가격에 우편엽서 수집가인 유진 곰버그Eugene Gomberg에게 팔렸다. 어린 시절 내가 나 자신에게 보낸 우편엽서 중에 그만큼 비싸게 팔릴 것이 있을까. 혹시 1만 5000파운드 정도는 안 될까.

후크의 엽서에는 직접 손으로 그린 그림이 실려 있지만 19세기가 저물어가면서 우편엽서가 점점 대중화되자 우편엽서에 그림이 인쇄되기 시작했다. 그리하여 그림엽서의 시대가 시작되었다. 초기의 우편엽서에는 에칭과 선화가 실렸다. 그러다가 차츰 회화 프린트나 색깔을 입힌 사진으로 대체되었다. (컬러사진이 나오기 전에는 흑백사진에 손으로 색을 입힌 다음 엽서에 인쇄하곤 했다. 젊은 시절의 아돌프 히틀러Adolf Hitler도 이런 일로 생계를 꾸리고 싶어했던 화가 지망생이었다. 이 일로 성공하지 못하자 그는 다른 일로 관심을 돌렸다.) 색깔을 입힌 사진은 제2차 세계대전이 끝날 무렵 컬러사진으로 대체된다.

야한 그림엽서의 제왕

철도 여행이 발달하고 운임이 낮아지자 더 많은 사람이 해변으로 당일치기 여행을 떠날 수 있게 되었고, 그림엽서는 이상적인 기념품이 되었다. 한쪽 면에는 당신이 찾아간 목적지의 사진이 있고 다른 면에는 친구나 가족에게 보내는 짤막한 내용을 적는다. 당신이 구경한 놀라운 경치의 사진과 당신이 누리고 있는 근사한 시간에 대한 서술. 나는 우편엽서를 받는 것보다는 보내는 일이 훨씬 재미있다고 생각한다.

우편엽서 수신자를 더 재미있게 만들어주려면 앞면에 야한 농담이 씌어 있는 엽서를 고르는 것도 한 가지 방법이다. 20세기 전반 '야한 우편엽서의 제왕'은 화가 도널드 맥길Donald McGill이었다. 1941년 그를 다룬 에세이에서 조지 오웰George Orwell은 맥길의 우편엽서를 다음과 같이 묘사했다.

값싼 문구점 창문의 '만화', 꼭 끼는 수영복을 입은 수많은 뚱보 여자들이 조잡하게 그려진 1, 2페니짜리 그림엽서. 도저히 참기 힘들 정도로 조잡한 색깔, 주로 샛노랑이나 우체국처럼 빨간색의 그림엽서.

이런 우편엽서와 영국 해변의 뗄 수 없는 관계는 수십 년간 이어졌다.

문구점 주인의 아들인 맥길은 1875년 런던의 중산층 거주지에서 태어났다. 학생 시절 맥길은 열렬한 스포츠맨이었지만 열일곱 살 때 럭비 경기 중에 부상을 입고 왼발을 절단해야 했다. 다행히 맥길은 럭비 외에도 다른 재능이 있었다. 그림의 재능을 타고난 것이다. 그는 존 하살John Hassall의 통신 수업에 등록하여 만화를 배웠다(하살은 나중에 북부 철도 회사의 유명 캐릭터인 졸리 피셔먼Jolly Fisherman을 창작하고 "스케그네스˚는 정말 상쾌해Skegness is SO bracing"라는 포스터를 그리게 된다). 수업을 이수한 맥길은 해군 설계 회사의 설계 기사로 3년간 일한 뒤 템스 제철·조선·엔지니어링 회사에 들어갔다.

맥길은 시간이 나면 열심히 그림을 그렸고, 더 진지한 그림을 모아

˚ 영국 동쪽 링컨셔에 속한 해변 휴양지.

작은 전시회를 열었다가 사업가 조지프 애셔Joseph Ascher의 눈에 들게 되었다. 애셔는 그의 그림 판권을 구입하여 엽서로 만들어 팔았다. 그러나 안된 일이었지만 그 엽서는 인기가 없었고 애셔는 나머지를 그냥 떨이로 팔아치울 수밖에 없었다. 그런데 애셔가 맥길의 가벼운 작품들(지금 그를 기억하게 해주는 야한 만화들)의 프린트를 팔기 시작하자 순식간에 대히트를 쳤다. 맥길은 뮤직홀(그의 장인이 에드먼턴의 뮤직홀인 버라이어티 팰리스Palace of Varieties의 소유주였다)에서 영감을 받아 만화를 그렸고 얼마 지나지 않아 애셔에게 매주 여섯 편의 만화를 그려주게 되었다. 이 작업으로 그는 템스 제철 회사를 그만두고 프리랜서 엽서 화가로 일할 수 있었다. 그러나 그의 디자인이 점점 인기를 얻었는데도 맥길이 받는 돈은 극히 소액에 불과했다. (맥길의 기준으로 보면 상당히 순한 편인) 어느 엽서를 보면 어린 소녀가 침대 한쪽에서 기도를 하는데 개가 소녀의 잠옷을 물고 잡아당기는 그림이 있다. 그리고 그 아래에 "하느님, 잠깐만 실례할게요. 피도Fido 좀 걷어차고요"라고 적혀 있다. 이 그림은 수백만 장이 팔렸지만 맥길은 고작 6실링밖에 받지 못했다.

오웰은 맥길이 "유능한 데생 화가이자 사람의 얼굴을 그리는 데서 진정한 삽화가의 재능을 발휘"했지만 그의 작품의 진정한 가치는 그가 대표하는 장르의 "완벽한 전형성"을 가졌다는 점에 있다고 주장한다. 오웰은 맥길의 우편엽서에서 느껴지는 "압도적인 천박함", "어떤 그림에도 들어 있는 외설스러움", "끔찍한 색상", "철저하게 저급한 정신적 분위기" 따위를 말하고 있는 것이다. 그 엽서들의 "약 10퍼센트 정도는 아마 지금 영국에서 인쇄되는 어떤 엽서보다도 훨씬 외설적일

것이고", "싸구려 문구점의 쇼윈도에 전시하다가 규제에 걸릴 위험이
있는" 수준이었다. 하지만 맥길의 수많은 팬에게는 그런 아슬아슬한
성격이 매력의 핵심이었다. 외설로 처벌받을 위험은 그를 내내 따라
다녔다.

　여러 지방 당국의 검열위원회에서 일련의 조치가 취해졌고 그중 최

고는 1954년 링컨 크라운 법원에서 내려진 판결이었다. 맥길은 자신이 그린 일련의 우편엽서에 대해 1857년에 제정된 외설출판물 규제법을 어겼다는 죄목으로 고발되었다. (경마장에서 어떤 여자가 한 기수에게 다가가면서 이렇게 말하는 장면이 있다. "난 최고 유망주에게 돈을 걸고 싶어요. 내 애인이 두 가지 방식 다 해보라고 1파운드를 줬거든!") 그는 50파운드의 벌금형(그리고 소송 비용은 25파운드가 들었다)을 받았다. 그런 판결이 내려졌으니, 우편엽서 제작자들은 갑자기 자기들 앞에 놓인 위험을 훨씬 더 의식하게 되었고 소규모 제작자들은 그림의 수위를 낮추었다. (그러나 얌전한 그림엽서는 아슬아슬한 그림엽서보다 훨씬 덜 팔렸기 때문에 엽서 제작자는 파산하게 된다. 그런 현상으로 보건대, 그림엽서 제작자들이 순진한 대중을 타락시키는 것이 아니라 대중의 저급한 취향에 부응하고 있을 뿐임을 알 수 있다.) 1957년 맥길은 외설출판물 규제법이 수정될 때 하원 특별 위원회House Select Committee에서 증언을 했다. 새 법안은 더 자유로웠고 궁극적으로는 1960년 《채털리 부인의 사랑Lady Chatterley's Lover》의 출판으로 이어지지만 야한 우편엽서의 시대는 이미 끝나고 말았다. "난 자신이 자랑스럽지는 않다." 맥길은 말년에 이렇게 인정한다. "나는 언제나 뭐든 더 나은 일을 하고 싶었다. 사실 알고 보면 나도 본심은 진지한 사람인데."

---

* 여기서 "두 가지 방식 다 하다to do it both ways"라는 구절이 중의적으로 해석될 수 있다. both ways는 경마의 내기 방식인 each way bet과 같은 말이며, 또한 섹스를 두 가지 방식으로 한다는 뜻으로도 들리기 때문이다. 경마의 each way bet은 단승식單勝式과 복승식複勝式을 모두 쓰는 내기 방식.

값싼 엽서의 진짜 의미

맥길의 야한 삽화가 영국 우편엽서계를 장악했다고 해서 그 이전의 사진엽서 전통이 죽었다는 뜻은 아니다. 사실 사진엽서의 형태를 규정하는 데는 아일랜드 출신의 영국인이 기여한 바가 크다. 존 힌드John Hinde는 1916년 서머싯의 퀘이커교도 가정에서 태어났고 어린 시절 병을 앓아 장애가 생겼다. 이런 장애와 종교적인 배경 덕분에 전쟁에서 싸우기보다는 민병대에 들어가 사진에 대한 관심을 파고들기 시작했다. 힌드는 1940년대에 영국에서 컬러사진의 개발을 주도한 핵심 인물 가운데 하나였다. 그의 사진은《사진으로 본 영국Britain in Pictures》,《전쟁과 그 이후의 시민들Citizens in War and After》,《익스무어 마을Exmoor Village》,《영국의 서커스 생활British Circus Life》등 영국인의 삶을 다루는 일련의 책에 실렸다.

그중 마지막 책을 쓰면서 그는 직업적 사진가의 생활을 완전히 포기하게 되었다. 영국의 서커스를 사진에 담는 작업을 마친 힌드는 서커스 공연 흥행사가 되었고 유타라는 공중그네 곡예사와 결혼했다. 심지어 힌드는 순회서커스단을 직접 만들기까지 했다. 그렇게 순회공연을 다니는 동안 그는 자신이 지나간 시골 풍경을 사진으로 찍곤 했다. 1956년 그는 우편엽서 회사를 세웠다. 희게 칠해진 초가, 빨간 머리의 시골 소녀, 건초를 실은 유쾌한 당나귀라는 전형적인 아일랜드 시골 풍경을 선명한 색깔로 보여주는 그의 사진들은 재빨리 인기를 얻었다. 그는 자신이 찍은 풍경이 언제나 완벽하게 보이도록 신중하게 작업했다(자동차 트렁크에 톱까지 싣고 다니면서 풍경에 어울리지 않는 철

쭉 덤불을 잘라내기까지 하며 사진을 찍었다).

영국으로 돌아온 그는 버틀린스Butlins 캠핑 회사를 위한 우편엽서를 만들기 시작했다. 그를 가장 유명하게 만든 것은 이런 캠핑장 사진들이었다. 마틴 파Martin Parr가 저서 《우리의 진정한 의도는 모두 여러분의 기쁨을 위한 것Our True Intent Is All for Your Delight》에 수집해둔 "다채로운 색채로 풍성하게 표현된 사진들"은 1960년대와 1970년대 영국의 모습을 가장 강력하게 전해준다. "모든 것이 과장되어 보이지만 그래도 묘하게 일상적이다." 숀 오헤이건Sean O' Hagan은 〈옵서버Observer〉 지에 실은 글에서 이런 사진을 데이비드 린치의 영화나 피터 린드버그Peter Lindberg의 사진에 비교했다. 그런 초현실적인 색채와 "광활한 푸른 물, 머리 위에 드리운 인조 식물, 가짜 갈매기, 실내인데도 선글라스를 쓰고 있는 멋쟁이 구조 요원들의 감독을 받으며 튜브를 타고 노는 아이들" 등 더없이 목가적인 휴가지의 풍경은 지금 봐도 대단해 보인다.

힌드는 아일랜드의 풍경 사진이 완벽하도록 만전을 기한 것(현실이 그의 비전과 일치하지 않는다면 마음에 들 때까지 계속 재배치했다)과 같은 방식으로 버틀린스의 우편엽서에 담긴 어떤 요소도, 심지어는 행락객들까지도 진짜라야 했다. 파에 따르면 힌드의 조수인 에드먼드 네게일Edmund Nägale은 완벽한 사진을 찍기 위한 섬세한 협상에 대해 이렇게 설명했다고 한다.

나는 외교의 기본도 배웠다. 광각 렌즈가 인간의 몸을 어떻게 변형시키는지를 우리는 모두 알고 있으니, 맨 앞줄의 뚱보 여인은 사진에서 배제되어야 했다. 나는 "부인, 여기로 조금만 더 움직이면 부인의 옆모습이 더 잘 나올 것 같네요. ……조금만 더 ……약간 더 ……아주 조금만 더 움직이세요. ……감사합니다!"

파에게는 힌드가 찍은 버틀린스의 사진은 좋은 사진이 가져야 할 모든 것을 보여준다. 예리한 관찰의 결과로서 재미있고 대단한 사회역사적 가치를 갖고 있다. 그 모든 것 중에서 가장 놀라운 것은 그렇게 공들여 제작된 사진들이 영감을 주는 아이디어나 위대한 예술이 아니라 단 몇 펜스에 팔리는 소박한 우편엽서용이었다는 점이다. 상업적 동기에서 만들어졌고 영속적이지 못한 우편엽서는 미래를 보지 않는다. 그것은 단지 지금 여기서 당신을 즐겁게 해주려는 목적뿐이다. 요즘은 사람들이 휴가지의 사진을 트위터에 올리거나 페이스북에 올릴 수도 있지만, 그래도 우편엽서는 여전히 선물 가게의 고정 품목이다. 누구에게 보내기 위해서가 아니라 책갈피로 쓰거나 냉장고에 부착해둘 마그넷으로 쓰기 위해서다. 소식을 전하기 위해서가 아니라 기록하기 위해서다.

휴가지의 기억을 되살려주는 펜

도널드 맥길의 야한 그림엽서가 특정한 해변 마을의 특정한 그림이 아니었던 것처럼 오늘날의 우편엽서에도 악취미가 묘한 스타일로 남아 있다. 이런 엽서에는 흔히 옷을 적게 입은 다양한 남녀가 등장한다. 해변에 있는 벌거벗은 세 남자의 뒷모습 사진 아래 이런 글귀가 함께 실리는 식이다. "태양, 바다, 그리고……." 아니면 일광욕 하는 토플리스 차림의 여자들 사진이 있고 "당신이 여기 있으면 좋겠는데"라는 말이 따라온다. 이런 엽서의 기능은 여전히 불분명하다. 맥길 스타일 엽서에 도전하는 것처럼 보이지만 그 유산이 슬프게도 고지식하게 해석되어 그의 엽서에서는 은근하게 던져지던 것이 노골적으로 표현되어 있다.

이런 엽서들은 가장 혼란스러운 것이 가장 오래 살아남는 것 같다. 그중 하나는 여성의 오른쪽 가슴을 찍은 사진 엽서다. 가슴에 그림을 그리고 장식을 붙여 쥐 모양으로 만들어놓은 그 사진에는 "런던에서 온 모든 가슴"이라는 문구가 붙어 있다. 그러나 그 엽서는 쥐처럼 꾸며놓은 가슴이라는 것을 알아보기도 힘들 뿐 아니라(그게 쥐가 맞아? 누가 알아볼까? 그리고 여우 모습의 또 다른 버전도 있다) '전형적인 런던의 풍경'이라고 묘사하는 데도 문제가 있다. 그것은 런던의 풍경이 아니다.

누가 이런 아이디어를 냈을까? 어떻게 그런 아이디어를 제안했을까? 성적 흥분을 유발하려는 의도인가? 전혀 아니다. 그런 그림을 보고 흥분할 사람은 없다. 그 엽서는 하트퍼드셔의 포터스바에 본점을 둔 카르도라마Kardorama라는 회사가 판매한 것이다. 나는 그 회사에 연락하여 그 디자인에 대해 좀 더 알아보려 했지만 그 회사의 홍보 담당자는 도움이 되지 못했다("선생님이 문의하시는 그 엽서는 제가 이 업계에 들어오기 전에 나왔기 때문에 선생님의 어떤 질문에도 대답해드릴 수가 없습니다").

하지만 섹스에 집착하는 것은 우편엽서만이 아니다. '팁앤스트립tip 'n' strip' 펜은 볼펜처럼 순수하고 순진한 것도 저급한 남성의 본능에 의해 타락할 수 있음을 보여준다. 그 펜에는 거의 벌거벗은 여자(가끔은 남자)의 그림이 그려져 있고 펜을 거꾸로 들면 옷을 더 적게 입은 그림으로 바뀐다. 〈심슨 가족〉의 어느 에피소드에서 아푸는 퀵이마트에 있는 전자레인지로 스트로베리토를 데우는 45초 동안 호머를 조용히 있게 하려고 그런 펜을 하나 건네준다. 호머는 아푸에게 말한다. "이런 걸 누가 좋아하는 줄 알아? 남자야." 팁앤스트립은 덴마크의 제조업자 에스케젠이 1950년대 초반에 개발한 "플로티 펜Floating Action Pen(또는 떠다니는 펜)" 중 하나에 불과하다. 페더 에스케젠Peder Eskesen은 1946년 자기 집 지하실에 회사를 차렸고 2, 3년 뒤에 그 회사를 유명하게 만든 그 펜을 만들었다.

플로티 펜은 몸통의 일부분이 투명하게 되어 있고 그 안이 미네랄 오일mineral oil 로 채워져 있는 구조다. 그림(대개 강변 풍경이나 길거리 장면)을 배경으로 오일 속을 떠다니는 장식물(가장 흔한 것은 배, 자동차, 비행기)이 들어 있다. 여러 제작자들이 이와 비슷한 펜을 개발하려고 했지만 오일이 새지 않게 봉합하는 방법을 알아낸 것은 에스케젠이었다. 에스케젠은 1950년대에 에소Esso 사에서 첫 번째 주문을 받았다. 에소 사는 에소 엑스트라 모터 오일Esso Extra Motor Oil을 홍보할 펜을 원했다. 오일통이 맑은 광물성 오일 속에서 미끄러져 다닌다면 완벽한 시너지를 낼 것이다('시너지'라는 말을 쓰는 것을 양해해주기를). 이 펜이 히트를 치면서 다른 기업체들이 주문하기 시작했다. 기념품 회사 역시 이 제품의 가능성을 알아봤으므로, 얼마 지나지 않아 그 펜은 전 세계의 비슷비슷한 장소의 관광객들 눈에 띄게 되었다. 전 세계에서 유통되는 플로티 펜의 90퍼센트는 그 덴마크 회사에서 제조되었다.

문구류 서랍장에 들어가는 온갖 물품 가운데 휴가지에서 보낸 시간을 가장 현실적으로 되살려주는 것은 이 펜이다. 센 강을 흘러가는 보트든 바다 속을 헤엄쳐가는 돌고래든 산맥을 넘는 비행기든, 바로 그곳에 있는 것과 거의 같다(당신의 상상력이 훌륭하다면). 뉴욕 여행길에서 나는 마천루 벽을 타고 오르는 작은 플라스틱 고릴라가 들어 있는 펜을 샀다. 킹콩이 엠파이어스테이트 빌딩을 타고 오르던 때를 놀랄

---

* 석유 정제 과정의 부산물로, 식물 성분이 전혀 없고 소화되지 않는 성질이기 때문에 완화제, 연하제 등 의약품 원료로 쓰이고, 또 피부의 수분 증발을 막아주기 때문에 화장품의 원료로도 쓰인다.

만큼 정밀하게 재현한 펜이었다.

초기의 플로티 펜에 들어간 그림은 에스케젠 화가팀의 솜씨였다. 오일로 채워진 몸통의 배경에 그려진 그림은 플라스틱을 거치면 굴절되어 보인다. 이런 착시 현상을 보정하기 위해 그림 자체는 길게 잡아당겨진 모습으로 그려야 한다. 고대 그리스 건축가들이 원기둥이 곧게 서 있다는 착각을 불러일으키기 위해 기둥의 배를 살짝 부르게 만든 엔타시스entasis 양식을 사용했던 것처럼. 그렇게 그린 그림을 사진으로 찍고 크기를 줄인 다음 셀룰로이드 필름에 인쇄하는 제작 공정을 에스케젠은 포토라믹Photoramic이라 불렀다. 그렇게 만들어진 작은 사진 필름과 기타 내용물을 펜에 집어넣고 광물성 오일을 채운 다음 봉한다. 포토라믹 처리법은 2006년에 디지털 사진으로 바뀌었다. 그런 변화 때문에 에스케젠의 열성적인 수집가들은 품질이 하락할지도 모른다는 걱정을 하게 되었다.

전통적인 기념품인 플로티 펜과는 달리 팁앤스트립은 처음에는 그림이 아니라 사진으로 시작했다. 마스크 하나가 펜의 위치에 따라 인체 그림의 특정 부위를 가리거나 드러냈다. 쥐처럼 꾸민 가슴을 찍은 우편엽서처럼 같은 모델의 같은 사진이 여러 해 동안 사용되었다. 1970년대에 쓰이던 원래 사진의 모델은 1990년대 중반에 교체되었다. 에스케젠은 지금도 팁앤스트립 펜을 판매하는데, 최근에는 새 모델들을 선보였다. 그들의 이름은 사라, 레이첼, 클라우디아, 제니퍼, 대니얼, 저스틴, 마이클, 니컬러스 등이다. 디지털 사진을 쓰기 시작한 에스케젠의 변화를 회의적으로 보던 순수주의자들조차 만족할 만큼 그 사진들은 놀라운 선명도를 자랑한다. 당신 회사의 IT 부서가 당신의 검색 기록을 검열해도 상관없다. 이런 펜은 엄격하게 비업무용 NSFW(not safe for work:업무용으로 안전하지 않음)이다.

플로티 펜이 주는 시각적 즐거움은 아주 크지만 전 세계를 돌아다니는 문구류 열성팬들이 구할 수 있는 기념 펜은 그것만이 아니다. 뉴욕에서 나는 그림 펜pictorial pen과 조각 펜sculptural pen을 여러 자루 수집해 런던에서 팔리는 같은 종류의 것들과 비교해보았다.

그림 펜은 기념품 펜의 대표 주자다. 본질적으로 그것은 몸통에 그림이 인쇄된 펜에 불과하다. 흥미롭게도 뉴욕과 런던에서 구한 그림 펜의 기본 형태는 똑같았다(사실 두 펜 모두에 KOREA라는 제조국의 인장이 찍혀 있었다). 두 펜의 다른 점은 펜에 인쇄되어 있는 그림뿐이었다. 전 세계에 배포된 펜이 모두 동일하기 때문에 각 도시가 자기 인식 방식을 드러낼 통로는 몸통에 인쇄된 그래픽뿐이다. 뉴욕의 기념품 제작 방식은 매우 자신감에 넘친다. 뉴욕은 자신의 아이콘적인 지위를 알고 있고 미안해하는 기색도 없이 자기 자신을 찬양한다(노란색 택시, 달러 지폐, 자유의 여신상 모양의 펜). 반면 런던의 기념품 펜은 자신의 존재를 정당화하기 위해 역사의 한 토막에 필사적으로 매달린다. 그런 역사적 존재에 대한 주장이 얼마나 사실인지는 상관없다. 내가 블룸즈버리에서 구입한 펜의 경우 뚜껑에 런던의 역사를 찬양하는 말이 찍혀 있지만 성 바울 대성당, 의사당, 타워브리지의 그림 옆에 런던 아이London Eye와 거킨Gherkin 빌딩 (그 펜보다 별로 오래되지도 않았을 건물들)도 그려져 있었다. 런던이 뉴욕보다 유리한 한 가지는 왕실 관련

오이 피클gherkin을 닮았다고 하여 그런 별명이 붙은 스위스 재보험 회사의 건물.

소재다. 하지만 이런 시대착오적인 분야에서도 런던의 기념품 가게는 여전히 필사적으로 향수에 매달린다. 지금도 여왕 모후와 다이애나 공비가 그곳의 주인공이다.

조각 펜은 지역의 랜드마크나 조각상을 플라스틱으로 복제하여 펜 끝에 붙이는 형태의 펜이다. 이상적으로 말하자면 그렇게 선택된 랜드마크는 최대한 직선형인 편이 좋다. 그래야 펜의 몸통 선이 계속 이어질 테니까. 이 때문에 탑이나 조각상은 이상적인 소재다. 호수나 해변은 좀 부적합하다. 물론 뉴욕은 자유의 여신상이라는 완벽한 아이콘을 갖고 있다. 기념품 펜에 올라가기 위해 디자인된 것이 아닌가 싶을 정도다. (사실은 아니다. 프랑스 국민이 이 조각상을 미국에 선물한 1886년은 그 펜에 쓰이는 사출성형공법이 아직 발명되지 않은 때였으니까.) 그러나 자유의 여신상 디자인에는 이런 펜에 적합하지 않은 결함이 하나 있다. 횃불 말이다. 싸구려 플라스틱으로 만든 것은 여신의 팔이 약할 수도 있다. 사실 나는 여행길에 자유의 여신상 펜을 두 자루 샀는데, 하나는 횃불이 부러졌고 다른 하나는 그 불쌍한 여신의 손이 부러졌다.

런던은 자유의 여신상처럼 펜 꼭대기에 올려놓을 것이 없다. 물론 빅벤이 있지만 의사당 건물과 분리하면 좀 이상해 보인다. 넬슨의 기념주나 샤드Shard˚는 아이콘이 되기에는 부족하다. 런던 아이는 너무 둥글다. 타워브리지는 너무 넓다. 또 섀프츠베리애비뉴에 있는 앵거스 스테이크하우스는 기념 펜으로 쓰일 만큼 중요한 건물이 아니다.

그러니 런던은 그런 랜드마크 대신에 더 일상적인 특징에 의존해야 했다. 경찰관의 모자나 빨간색 공중전화박스(시민을 위한 기능적인 시설이라기보다는 관광객의 사진 배경에 쓰이기 위해 런던의 몇몇 지점에만 남아 있다) 같은 것들이다. 런던이 펜으로 찬양할 최고의 것이 전화박스와 뿔모자라는 사실은 서글픈 일이다.

창의적인 장난감

하지만 휴가지에서만 신제품 문구류가 눈에 들어오는 것은 아니다. 작업 중에 책상의 분위기를 밝게 바꿔보기 위해 필사적으로 시도할 때든, 사무실의 비밀 산타를 위한 아이디어가 고갈되었을 때든, 이런 불필요한 제품을 우리에게 용감하게 제공해주는 회사들에게 감사해야 한다. 그런 회사 가운데 하나는 썩 유케이다. 1999년 샘 허트Sam Hurt와 주드 비덜프Jude Biddulph가 런던 북부의 어느 연립주택 부엌에서 시작한 이 회사의 제품은 현재 30개국 이상에서 구할 수 있다. 유머러스하게 변형시킨 선물용품과 가사 도구를 전문으로 하는 이 회사는 문구류도 다양하게 다룬다. ("우리는 문구류를 아주 좋아해서 더 재미있게 만들었습니다." 그들은 마치 문구류는 원래 재미있는 것이라고 믿지 않았던 것처럼 말한다.) 몇 가지 예를 들어보면 이런 것들이 있다. '머미 마이크

---

* 2013년에 공식 개관한 런던 소재 유럽 최고층 빌딩으로 총 95층에 310미터 높이. 샤드는 파편이라는 뜻으로 날카롭게 깨진 유리 조각 같은 건물 형태 때문에 붙은 별명이다.

Mummy Mike'(실리콘 고무로 만든 밴드 홀더인데 마치 이집트 미라처럼 생겼지만 붕대가 아니라 고무 밴드를 감았다), '데드 프레드Dead Fred'(볼펜에 심장을 찔린 남자 모양의 펜 홀더), 줄자처럼 생긴 테이프 디스펜서, 북채처럼 생긴 연필, 3.5인치 플로피 디스크처럼 생긴 접착 메모지, 거대한 빅 크리스털 볼펜 뚜껑처럼 생긴 플라스틱 필기구 꽂이. 그러니까 다른 물건처럼 생긴 물건들이다. 아무리 봐도 지루하지 않다.

다른 물건처럼 생긴 물건이라는 헷갈리는 세계는 다른 문구류처럼 생긴 문구류라는 영역에 가면 더욱 놀라워진다. 그런 것들은 내 누이가 수집하는 연필 모양의 지우개부터 커다란 연필깎이처럼 생긴 아주 예쁜 문구류 정리함(내가 이 글을 입력하고 있는 이 순간 내 책상 위에도 하나 있다)에 이르기까지 다양하다. 내 수집품 중에 가장 괴상한 것은 프리트 스틱Pritt Stick 처럼 생긴 연필깎이다. 이것은 1980년대 후반에 생산된 프리트 스틱을 아주 충실하게 복제한 모양으로 밑바닥에는 연필깎이가 숨겨져 있다(뚜껑을 열면 연필 깎은 부스러기를 버릴 수 있다). 커다란 연필깎이 모양의 문구함이나 연필 모양의 지우개와는 달리 이것을 설명할 만한 그 어떤 크기나 질감도 없다. 그냥 프리트 스틱처럼 생겼으니까. 그러다가 사진을 골라내 스크랩북을 정리하면서 풀을 바르려고 이것의 뚜껑을 여는 바람에 연필 부스러기가 사진 위로 쏟아지는 일을 다섯 번쯤 겪고 나면 그 신기한 재미도 사라지기 시작한다.

이처럼 신제품 문구류가 많은 까닭은 그것이 어떤 식으로든 실용적이기 때문이다. 휴가철에 우리가 반짝거리는 펜과 거대한 지우개를

독일 헨켈 사가 만든 원통형 딱풀.

사면서 자신에게 하는 거짓말은 집에 돌아가서 언젠가는 이런 것을 쓰겠지라는 말이다. 같은 이유로, 아들이나 딸에게 관광지의 기념품 가게에서 펜을 사주는 것이 같은 가게에서 장난감을 사주는 것보다는 나아 보인다. 물론 그건 창의적인 장난감이니까 사줘도 괜찮겠지. 조너선 비긴스Jonathan Biggins는 저서 《아주 무력한 부모들의 700가지 습관 700 Habits of Highly Ineffective Parents》에서 이렇게 불평한다. "그래, 정말로 연필과 종이는 창의적인 도구가 될 수 있지. 쓰기만 한다면 말이야. 그냥 그 물건을 수없이 사서 쟁여두기만 한다면 목적에 어긋난다고."

컴퍼스와의
작별 의식

일단 졸업을 하면 아주 특별한 직업을 선택하지 않는 한, 다시는 사용하지 않을 문구가 있다. 오랫동안 학생들은 이런 물건을 매일 갖고 다니다가 갑자기 그 물건과의 관계가 단절된다. 이 순간을 표시할 일종의 의식이 있어야 한다. 뭔가 작별을 고할 방식 말이다.

학교가 여름방학에 들어가자마자 그것도 곧 시작된다. 상점 쇼윈도에서, 신문 광고나 TV 광고에서 볼 수 있다. "여름방학 세일, 9월에 대비하시라." 행동에 나서라는 호출이다. 새 학기를 위해 새 문구를 사두라는 것이다. 어렸을 때(그리고 문구에 대한 사랑에도 불구하고) 나는 이런 광고가 짜증났다. 방금 시작된 6주간의 신나는 방학이 곧 끝나버린다는 생각을 하고 싶지는 않았으니까. 하지만 여름방학이 하루씩, 한 주씩 줄어들면서 조금씩 지루해지기 시작한다. 그래서 삶이 다시 정상 궤도로 돌아가기를 바라기 시작한다. 그리고 9월을 대비할 시간도 곧 닥친다.

대부분의 도심지 소매점주들에게는 12월이 가장 중요한 달이다. 한몫 잡거나 아니면 파산하거나. 책, CD, DVD 판매는 일 년 내내 기복이 있고, 어버이날처럼 '선물 주는 날'(가족애와 관대함의 표현을 냉소적인 마케팅 기법으로 바꿔놓는 말)에 반짝 매상이 오르다가 12월에 정점을 찍는다. 11개월 동안 적자를 보다가 한 달 안에 흑자로 돌아간다. 하지만 문구업자들에게는 크리스마스가 석 달 먼저 찾아온다. 그것은 9월 초의 '개학'과 함께 시작하여 그달 말의 '대학교 개학'으로 끝난다. 휴가철이 시작되자마자 마케팅 작전이 펼쳐진다. 그 작전은 그 전해에 입학한 학생들이 연필도 채 깎기 전에 열리는 회의에서 기획

된다.

학창 시절 내게 가장 중요한 물건은 필통이었다. 다른 어떤 것도 그 다음이었다. 필통은 그 주인에 관해 많은 것을 말해준다. 교복이라는 제약이 있는 교실에서는 자신들의 개성을 옷으로 표출할 여지가 거의 없다(남학생들은 넥타이 길이, 여학생들은 치마 길이에 변화를 주지만 대체로 그걸로 끝이다). 각자의 개성이 찾을 수 있는 몇 모금의 산소를 최대한 활용해야 한다. 특정한 축구팀을 응원하는가? 그러면 그들의 필통을 구하라. 어떤 밴드나 만화 캐릭터를 좋아하는가? 그런 필통을 구하라. 그런 라이선스 제품을 제작하는 산업은 거대하고 문구는 그 산업에서 중요한 역할을 한다. 그러나 특정 브랜드가 이런 라이선스 획득에 얼마나 적절한지는 논쟁거리다.

학창 시절 사용하던 펩시콜라 캔(1991년에서 1998년 사이에 쓰인 흰색 캔) 모양의 원통형 필통이 기억난다. 또 다른 해에는 납작한 직사각형의 워커스Walkers 감자칩 봉지 모양의 필통을 썼다(나는 '소금과 식초' 맛을 좋아했지만 그 필통은 소금 맛 봉지였다). 그러나 지금 온라인을 살펴보니 이런 디자인은 구할 수가 없는 모양이다. 아마 아이를 대상으로 하는 달달하고 살찌는 음식에 대한 마케팅에 더 민감해진 탓일 것이다. 그런데 다시 생각하니 학생들(아니면 그 부모들)이 자기 돈을 써가며 탄산음료와 스낵을 다른 아이들에게 홍보하는 것이 좀 이상해 보이기는 한다.

그러나 온라인에서 '플레이보이Playboy 필통'을 잠깐 검색해보면 우울하게도 대표적인 온라인 소매점 한 군데에서만도 세 가지 디자인을 구할 수 있다. 영국의 문구 체인인 WH스미스는 2005년 매장에서 플레이보이 문구류를 팔다가 논쟁에 휘말렸다. 그들은 이렇게 대답했다. "우리는 고객들에게 선택지를 제공한다. 우리는 도덕 선생님이 아니다." 이런 말을 덧붙이지만 않았더라면 대담하고 감탄할 만한 대응이었을 것이다. "그 제품은 다른 대형 문구류 브랜드보다 엄청나게 많이 팔린다." WH스미스는 플레이보이 로고가 학생들에게 부적절한 것이 아니라고 주장했다. 그저 토끼 그림에 불과하며, 재미있고 인기있고 유행을 타는 디자인일 뿐이라고. 그러나 플레이보이 제품군은 2년쯤 뒤에 WH스미스에서 조용히 사라졌다. "우리는 고객들에게 제공하는 다양한 제품군을 계속 살펴보고 매년 봄에 판매 여부를 새로 결정한다. 이런 업데이트 과정에서 플레이보이 제품군은 판매를 중단하기로 결정했다." 사회가 선도하면 필통은 따라간다.

유행하는 필통의 대다수는 여자아이들을 겨냥하는 것이고 남자아이들을 대상으로 하는 필통은 종류가 훨씬 적다. 영국 도심의 문구 소매점에서 어느 고객과 이야기를 나눈 적이 있다. 그 고객에 따르면 여자아이들은 친구들과 함께 쇼핑하는 경우가 많고, 한 아이가 뭔가를 사면 다른 아이는 그것과 다른 물건을 사기 때문에 필통 디자인이 다양한 것이라고 한다. 친구들과 똑같은 것을 갖고 싶지 않은 것이다. 그런데 십대 남자아이들은 정반대의 생각을 가지는 경향이 있다. 그들은 튀고 싶은 마음이 적다. 친구가 〈사우스파크South Park〉 필통을 가졌으면 자기도 그걸 산다(〈사우스파크〉는 처음 선보인 지 그토록 오래되

---

* 미국 TV의 코미디 애니메이션 시리즈로 1997년부터 지금까지 방영되고 있다.

있는데도 여전히 남학생들에게 아주 인기 있다). 남자아이들은 숫자가 많은 데서 안전함을 느낀다. 구매 결정과 관련된 성별 규정적(성별에 따라 성향이나 행동이 결정된다는) 가정은 판매 지수로 뒷받침되는 이론이다. 소매업에서는 손익계산이 성별정치학보다 더 중요하다. 남자아이들을 대상으로 하는 제품군의 범위가 좁다는 사실이 남학생들의 보수적인 구매 결정에 어느 정도까지 영향을 미치는지는 이 책에서 다룰 주제가 아니다.

영국에서는 라이선스 문구류가 대단히 인기 있지만 그 외 유럽에서는 그런 현상이 별로 흔하지 않다. 교복 착용이 의무가 아니라면 학생들이 개성을 표현할 방법은 많기 때문에 앵그리버드Angry Birds나 인기 아이돌 그룹 원디렉션One Direction 필통이 매력적으로 보일 이유는 사라진다. 또 앵그리버드나 원디렉션은 이미 유행이 지났을 것 같다. 하지만 이 말이 지금 맞다고 해서 미래에도 맞을 것이라고 장담하기는 힘들다.

너드의 물건

미국에서는 필통이 흔히 쓰이지 않는다. 미국 고등학교에서는 영국 고등학교만큼 필통이 어디에나 있는 물건이 아니다. 미국에서는 사물함이 더 흔히 쓰이기 때문에 수업에 필요한 물건만 교실로 갖고 들어간다. 스테이플스의 영국과 미국 웹사이트만 비교해보아도 이 말이 입증된다. 같은 용어가 약간씩 다르게 쓰인다는 점을 감안하더라도 (필통은 통case만이 아니라 주머니pouch, 상자box, 주석통tin 등도 포함하는 용어니까) 영국 스테이플스 사이트에 올라 있는 필통의 범위는 훨씬 넓다. 미국 고등학교를 무대로 하는 영화와 TV 프로그램의 온갖 장면들이 갑자기 이해가 된다. 사랑에 빠진 십대 소녀가 링 바인더 노트를 가슴에 끌어안고 손에는 연필과 자를 단단히 쥐고 자기 사물함에 기대서 있지만 어디에서도 필통은 보이지 않는다.

셔츠 주머니가 잉크로 얼룩지지 않게 해주는 플라스틱 제품을 전 세계에 퍼뜨린 것은 미국이다. 무엇이든 주머니에 안전하게 담을 수 있는데 왜 군이 필통을 들고 다니겠는가? 그런 포켓 프로텍터는 고등학생보다는 공학이나 전산학 같은 전형적인 '너드nerd' 분야에 속하는 사람들(또는 대학교에서 그런 분야를 연구하는 사람들)과 더 흔히 엮이는 물건이지만 대체로 필통을 쓰지 않는 문화의 자연스러운 결과물이라고 보는 편이 합리적이다. 포켓 프로텍터는 문구를 들고 다니기 쉽게 해주는 필통의 대체물이니까. 포켓 프로텍터가 너드와 결부되는 경향이 있음에도 자신이 발명자라고 주장하는 경쟁자가 둘 있다.

그중 헐리 스미스Hurley Smith는 시기적으로 더 이르다는 이점을 가진다. 그의 주장은 경쟁자에 비해 거의 10년이나 앞선다. 스미스는 1933년에 온타리오 주 퀸스 대학교에서 전기공학 학위를 받았지만 전공 분야의 일을 구하지 못해 고생했다. 그리고 그 뒤 2, 3년 동안 팝시클 아이스바를 과자 가게와 채소 가게에 납품하려고 애를 썼다. 결국 뉴욕 주의 버펄로로 이사한 그는 전기 부속품을 만드는 회사에 취직하여 자신의 전공을 살릴 수 있게 되었다. 그는 동료들이 펜과 연필을 셔츠 주머니에 꽂고 다니는 것을 알아차렸다. 그런데 그렇게 필기구를 꽂고 다니면 잉크가 새고 연필심이 묻어 흰 셔츠에 자국이 남는

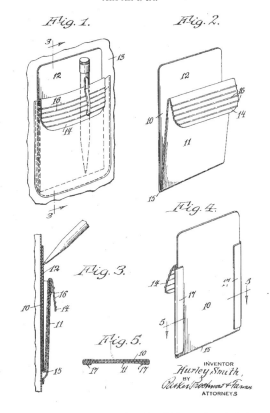

March 18, 1947.　　H. SMITH　　2,417,786

POCKET SHIELD OR PROTECTOR

Filed June 3, 1943

다. 그뿐 아니라 주머니 가장자리도 해지게 된다. 집에서 그는 여러 가지 디자인과 플라스틱을 응용하여 그 문제를 해결할 방법을 찾아보았다. 그는 플라스틱을 좁게 잘라 반으로 접은 다음 한쪽 끝을 한 번 더 접어 보조날개처럼 만들었다. 그것을 셔츠 주머니에 꽂으면 보조날개는 주머니 위에 맞게 끼워지고 긴 쪽은 그것보다 살짝 더 길게 내려가면서 주머니의 안쪽과 가장자리가 모두 보호받게 된다. 스미스는 1943년에 '포켓 실드 혹은 프로텍터 Pocket Shield or Protector'라는 이름으로 특허를 신청했다(그 특허는 1947년에 허가가 났다). 스미스는 자신의 디자인을 점차 개량하여 포켓 실드의 가장자리를 열 처리로 봉해서 주머니 속의 주머니처럼 만들었다. 디자인이 팔리기 시작하자 그는 대기업과 회사를 겨냥하여 특이한 광고 기회를 찾으려 했다. 1949년 그 디자인으로 돈을 충분히 벌자 그는 직장을 그만두고 전업 발명가로 나섰다.

이 발명을 두고 스미스와 경쟁한 사람은 거슨 스트라스버그 Gerson Strassberg다. 그는 조금 변칙적으로 그 발명에 접근했다. 1952년 스트라스버그(나중에 뉴욕 시 롱아일랜드에 있는 로슬린 하버의 시장이 된다)는 수표를 넣을 투명한 비닐 지갑을 만들다가 전화를 받게 되었다. 그는 통화를 하면서 지갑을 셔츠 주머니에 넣었다. 그러다가 통화 도중 주머니에 넣은 펜이 그 플라스틱 지갑 안에 꽂혔고 거기서 아이디어가 떠올랐다.

이 간단한 제품을 둘러싼 두 경쟁자에게서 우리는 발명가의 두 가지 원형을 발견할 수 있다. 하나는 문제를 인식하고 여러 재료와 디자인으로 실험해보다가 적절한 해결책을 얻어내는 사람이다. 또 하나는 우연히 떠오른 아이디어에 재치와 독창성을 더하여 최대치의 성과를 뽑아내는 괴짜다. 포켓 프로텍터의 발명을 둘러싼 두 사람의 주장은 모두 합법적일 것이다. 사실 그것을 발명했을 법한 사람은 그들 외에도 대여섯 명은 더 있다. 1940년대와 1950년대에 플라스틱이 흔해진

데다 펜 제조 기술은 미비하여 잉크 누출이 완전히 해결되지 못한 상태였으므로 여러 사람이 공통의 문제에 대해 비슷한 해결책을 독자적으로 생각해냈을 가능성은 얼마든지 있다.

연필에서 펜으로 옮겨가는 순간

포켓 프로텍터가 매력적이기는 했지만, 특히 〈너드들의 복수 Revenge of the Nerds〉에 나온 루이스 스콜닉 Lewis Skolnick 같은 사람이 모델로 선전하면 특히 매력적이겠지만 실제로 사람들이 셔츠 주머니에 무얼 얼마나 넣고 다니겠는가. 펜과 연필 두어 자루면 된다. 하지만 컴퍼스, 삼각자, 각도기 등 중학교 수학 수업에 필요한 도구를 매일 갖고 다녀야 한다면 필통이 필요할 것이다.

어린 학생들은 운이 좋다. 가볍게 등교할 수 있으니까. 내가 초등학교에 다닐 때는 필통을 갖고 다니지 않았다. 우리는 옛날식으로 뚜껑이 달린 책상을 썼고 필요한 물건은 책상 서랍에 두고 다닐 수 있었다. 넣어둘 것이 많지도 않았다. 연필, 지우개, 자는 선생님이 주셨다. 연필에서 펜을 쓰는 단계로 등급이 올라가면 각자 문구를 준비해야 한다. 연필에서 펜으로의 이동은 중요한 한 걸음이다. 그것은 필기체를 구사하는 학생의 능력에 교사가 만족할 때 주어지는 승급이다. 교실 내에서 분열이 발생한다. 아직도 연필(예외 없이 검은색과 노란색의 스테들러 노리스 HB 연필)을 쓰는 아이들과 나(뭘 뽐내려는 생각은 없다)처럼

---

* 1984년에 나온 미국 코미디 영화로 국내에는 〈기숙사 대소동〉으로 소개되었다.

재빨리 펜으로 옮겨간 아이들이 나뉜다.

연필에서 도약한 많은 학생이 처음 쓰는 펜은 베롤 핸드라이팅 펜 Berol Handwriting Pen이다. 빨간색 몸통의 그 펜은 아이들이 처음 쓰는 펜이 꼭 가져야 할 성질이 무엇인지에 대한 교사들의 상세한 자문을 받아 디자인되었다. 몸통의 굵기와 종이에 대한 마찰력은 처음 펜을 쥐는 아이에게 중요한 요소로 여겨졌다. 서투르고 경험 없는 손가락이 쥐려면 어느 정도 몸통이 굵어야 했다. 볼펜처럼 종이 위에서 미끄러져 달리면 안 된다. 1980년에 출시된 베롤 핸드라이팅 펜은 그 이후에도 교실에서 많이 쓰이는 품종이었다. (그렇지만 펜의 품질 때문인지, 아니면 향수 때문인지는 모르겠다. 많은 교사가 처음 사용한 펜도 아마 이것이었을 것이다.)

이제 뉴웰 러버메이드Newell Rubbermaid의 자회사가 된 베롤은 처음에는 이글 연필 회사로 시작했다. 이글은 1856년 뉴욕에서 베롤차이머 일가가 설립한 회사로, 1894년에는 런던에 지사를 세웠다. 그 회사는 1907년 토트넘에 공장을 세워 80년 동안 그 지역에 있다가 나중에는 킹스린의 더 큰 공장으로 옮겨갔다. 회사가 커지자 다른 브랜드도 사들였다(1964년 연필 회사인 L. & C. 하르트무트, 1967년 교육자재 회사인 매그로스Magros Ltd를 사들였다). 제품의 범위가 이처럼 늘어나자 이글 연필 회사라는 옛날 이름은 더 이상 의미가 없었으므로, 1969년 베롤 리미티드Berol Limited라는 이름으로 바뀌었다.

색연필의 정치적 중립성

교실에서 베롤은 핸드라이팅 펜 외에 펠트팁 felt-tip 펜 으로도 입지를 굳혔다. 베롤은 아이들이 접하는 첫 번째 펜으로 학생들의 기억에 남는 것과 마찬가지로 매그로스 사를 앞세워 교실 내의 색깔 펜 시장도 차지했다. 하지만 색깔 펜의 세계는 순진한 재미가 넘치는 동시에 심각하게 정치적인 영역이었다. 어느 색이 선발될 것인지, 또 색깔에 어떤 이름을 붙일 것인지는 그 사회에 대해 많은 것을 드러내준다.

2004년 베롤은 새 '포트레이트 Portrait' 펠트팁 펜 제품군을 선보였다. 베롤은 새로운 색깔이 추가된 포트레이트 제품군을 출시하면서 보도자료에서 이렇게 설명했다. "학생들은 갈수록 자신이나 친구들의 피부색을 표현할 색연필이 부족하다는 사실에 난감해한다." 포트레이트 펜은 학생들이 교실에서 보는 다양한 머리색과 피부색을 제대로 구현하여 사람들을 스케치하거나 초상화를 그리기에 알맞는 제품이었다. 포트레이트 펜에는 마호가니, 복숭아, 올리브, 시나몬, 아몬드, 에보니 등 새로 여섯 색이 추가되었다. 중립적인 대상(나무, 과일, 견과류, 향료)에서 색깔의 이름을 따옴으로써 베롤은 공격받을 여지를 아예 없앴다. 하지만 그처럼 선진적인 사고방식을 갖지 못한 회사들도 있었다.

비니 앤드 스미스 사 Binney & Smith Company 는 1885년에 설립되었다. 원래는 1864년 조지프 비니가 뉴욕에 설립한 픽스킬 화학 회사 Peekskill

---

우리가 쓰는 사인펜 종류.

Chemical Works Company가 뿌리였다. 비니가 은퇴하자 그의 아들인 에드원과 조카인 해럴드 스미스Harold Smith가 회사를 물려받았다. 19세기가 끝날 무렵 비니 앤드 스미스는 칠판용 연필과 가루 없는 분필 따위의 학교용 물품을 만들기 시작했다. 1903년 그 회사는 여덟 개가 한 세트인 크레용을 출시했다. 검정, 파랑, 갈색, 녹색, 오렌지, 빨강, 보라, 노랑으로 구성된 '크레욜라Crayola' 크레용에 더 많은 색이 추가되면서 비니 앤드 스미스는 색깔 이름에 창의성을 발휘해야 했다. 1949년의 색깔에는 번트 시에나Burnt Sienna, 카네이션 핑크Carnation Pink, 콘플라워Cornflower, 페리윙클Periwinkle, 그리고 운 나쁘게도 살색Flesh(뽀얀 분홍빛을 가리킨다)이 추가되었다. 몇 년이 지나지 않아 그 회사는 이 이름이 약간 문제될 수도 있음을 깨달았다. 크레욜라의 설명에 따르면 그 이름은 "1962년에 자발적으로 피치Peach로 바뀌었다. 부분적으로는 미국 인권운동의 영향이었다".

지금 보면 복숭앗빛을 살색이라고 부르는 것이 분명히 문제 있어 보이지만 크레욜라의 작명팀이 과민 반응을 했다는 비난을 받을 만한 경우도 있었다. 1958년에 선보인 '인디언 레드Indian Red'는 1999년에 '체스넛Chestnut'으로 바뀌었다. 미국 학생들이 그 색을 미국 원주민의 피부색을 가리키는 것으로 오해할지도 모른다는 걱정 때문이었다. 그런데 크레욜라에 따르면 "그 이름은 원래 화가들이 유화 물감으로 흔히 쓰는, 인도 근처에서 발견된 적갈색 염료에서 따온 것"이었다. 그 이름에는 별 죄가 없지만 나는 크레욜라가 이름을 잘 바꿨다고 생각한다. 이런 실수로 교훈을 얻은 그들은 1987년에 출시된 색연필에는 빨강, 레드오렌지, 오렌지, 노랑, 황녹색, 녹색, 하늘색, 파랑, 보라,

연갈색, 갈색, 검정 등 더 안전한 이름을 붙였다. 그런 색상 목록 가운데 논쟁의 여지가 있는 유일한 것은 살짝 모호한 호칭인 하늘색Sky Blue이었다. 연파랑Light Blue이라는 이름이 다른 이름들과도 더 어울리고 혼란을 초래할 여지(하루 중 언제의 하늘? 한 해 중 언제의 하늘? 하늘의 색은 끊임없이 변하지 않는가?)도 적을 것 같은데 말이다.

화가들은 17세기 중반부터 색분필과 파스텔을 포트 크레용에 끼워 사용했지만 최초의 목제 색연필은 1781년 요크셔 출신의 토머스 벡위스Thomas Beckwith가 개발했다. 그는 "순수한 광물, 동·식물성 재료에 아주 순수한 석회 분말이나 최고 품질의 토양 화석을 적절히 섞는" 유색 복합물 제조법의 특허를 냈다. "정제된 방향성 오일essential oil*"과 "동물성 지방 대체재animal oleaceous substance"를 적절하게 넣고 질감이 부드러워질 때까지 섞는다. 그것에 "열을 가하여 수분을 제거하고" 나무 케이스에 넣어 연필로 성형한다. 토양 화석과 동물성 재료는 구하기가 쉽지 않기 때문에 현재는 염료, 물, 바인더, 엑스텐더를 섞어 연필심을 만든다. 1788년 런던의 문구업자 조지 라일리George Riley가 생산하기 시작한, 벡위스의 "새로운 색깔 크레용 연필"은 검은색 연필처럼 편리하면서도 분필 등에 생기는 지저분한 먼지는 전혀 없었다. 처음에 색연필은 32가지 색으로 나왔다. 오늘날 스위스의 카렌다시Caran d'Ache 사는 212가지 색깔의 색연필을 만든다. 색깔의 인플레 현상이다.

---

* 천연 방향성 식물의 열매, 뿌리, 잎 등에서 추출한 기름, 정유精油.

서랍장 속에 잠들어 있는 것들

계속 학년이 올라가면서 필통에 채워지는 물건의 범위는 점점 넓어지고 다양해진다. 하지만 일단 졸업을 하면 아주 특별한 직업(건축 설계사나 해군 장교 등)을 선택하지 않는 한, 다시는 사용하지 않을 문구가 있다. 오랫동안 학생들은 이런 물건을 매일 갖고 다니다가 갑자기 그 물건과의 관계가 단절된다. 이 순간을 표시할 일종의 의식이 있어야 한다. 뭔가 작별을 고할 방식 말이다. 그러나 그것들은 그냥 서랍에 들어가서 영영 잊힌다. 버려지지는 않는다. 아직 완벽하게 사용 가능하기 때문이다. 그저 다시는 사용되지 않을 뿐이다. 그렇게 포기된 삼각자와 각도기 수천, 수만 개가 전국 방방곡곡의 책상 서랍에 그냥 놓여 있다. 그런 삼각자와 각도기의 대다수는 아마 같은 회사에서 만들어졌을 것이다.

바로 헬릭스Helix 사다. 1887년 버밍엄의 사업가 프랭크 쇼Frank Shaw가 헬릭스 사의 전신인 홀스트리트 메탈롤링 회사Hall Street Metal Rolling Company를 세웠다. 대장장이의 아들인 쇼는 처음에는 철사와 철판을 제조하다가 실험실 기구로 사업 분야를 옮겨갔다. 시험관 걸개, 클램프, 황동제 컴퍼스 등을 제작했던 것이다. 19세기 후반 학교에 다니는 아이들의 수가 늘어나자 쇼는 교육용 기구의 수요가 늘어날 것을 재빨리 알아차렸다. 당시 교육용 기구(자, 삼각자, 화판 등)는 대다수가 나무로 만들어졌다. 1887년 쇼는 유니버설 목공 회사 Universal Woodworking Company를 설립했고 그 회사는 22단계 공정으로 제작된 고품질 자로 금세 유명해졌다. 패트릭 비버Patrick Beaver는 그 회사의 창립 100주년을 기념하는 책에서 이렇게 설명한다. "15피트(약 4.5미터) 길이의 반원형 원목이 공장 마당으로 옮겨진 다음 일 년 동안 숙성된다. 그다음 다양한 자의 크기에 맞춰 원목이 기계톱으로 잘리고 다시 일 년간 숙성된다. 2차 숙성이 끝나면 기계로 나무의 형태를 잡은 다음 윤을 내고 광택제를 바른다. 다이컷 공법 die-cut process 으로 자에 숫자와 눈금을 (음각으로) 표시하고, 그 자국에 카본 블랙을 문질러 넣는다. 마지막으로 깨끗이 닦아내고 다시 한 번 윤을 낸다. 드디어 자는 고객을 만날 준비를 마쳤다.

유니버설 목공 회사의 22단계 공정은 인상적이다. 적어도 그들은 산업혁명 기간에 개발된 공법들의 혜택을 누렸다. 그러나 자를 최초로 만든 사람들은 그런 도움을 받지 못했다. 그런데도 그들은 고도의 정확도를 가진 표준화된 척도를 만들어냈다. 가장 오래된 자 가운데 로탈(서부 인도 구자라트 주에 속한 지역)에서 발견된 자는 놀라운 정확도를 자랑한다. 1950년대 유물 발굴 현장에서 발견된 로탈 자는 대략 4500년 전에 상아로 만들어졌고 오차 범위는 0.005인치 정도다. 상아와 뼈는 단단하면서도 비틀리거나 변형되지 않는 성질 때문에 19세기까지도 자와 저울의 재료로 사용되었다. 하지만 값이 비싸고 실용성이 없어서 결국 나무와 금속이 더 흔한 재료가 되었다. 두 재료를 함께 사용한 자도 있다. 내가 가진 벨로스 145 자(역시 이베이에서 구입)는 회양목 몸통에 강철 골조가 들어 있어서 일반 나무 자와 달리 흠이

다이는 쇠, 나무, 두꺼운 종이 등으로 만든 주형을 가리키고, 컷은 절단을 뜻하므로, 다이컷은 금형 또는 형판 쇠로 도려내기 정도의 뜻을 가지는 공정.

나 칼자국이 전혀 없는 완벽하게 곧은 가장자리를 유지하고 있다.

회양목 자의 성공에 으쓱해진 프랭크 쇼는 1892년 홀스트리트 금속 회사Hall Street Metal를 유니버설 목공 회사와 합쳤고 회사는 점점 더 교구 생산에 집중했다. 2년 뒤 그는 새로운 컴퍼스 디자인을 개발했다. 헬릭스 페이턴트 링 컴퍼스Helix Patent Ring Compass가 그것이다. 쇼가 이것을 발명하기 전에는 컴퍼스로 원을 그리려면 작은 나사못으로 연필을 제자리에 고정해야 했고, 이 때문에 연필을 옮기거나 조절할 때는 스크루드라이버가 필요했다. 쇼의 컴퍼스는 (나사못 대신) 손으로 조이거나 풀 수 있는 금속제 링을 썼다. 새로운 시대가 열렸다. 누구나 예전보다 쉽게 종이에 원을 그릴 수 있었다.

금속제 컴퍼스는 교실에서 싸움이 벌어지면 무기로도 쓰일 수 있었다. 데이비드 보위David Bowie의 특이한 눈은 열다섯 살 때 학교 친구인 조지 언더우드George Underwood와 컴퍼스를 들고 싸운 결과라고 한다. 하지만 이것은 확인되지 않은 비공식적인 이야기다. ("난 그냥 운이 나빴어요. 난 컴퍼스나 배터리같이 내가 갖고 있어야 했던 물건들을 갖고 있지 않았어요. 반지도 끼지 않았다니까요." 언더우드는 보위의 전기인 《스타맨Starman》에서 이렇게 말했다.)

교실의 무기 가운데 컴퍼스보다 무시무시한 것은 가위다. 교실에 가득한 아이들에게 칼날 달린 무기를 쥐여주는 위험을 줄이기 위해 가위 끝은 둥글게 다듬어졌고 가위를 들고 달리는 일은 엄격하게 금지되었다(물론 가위를 건넬 때는 반드시 손잡이 쪽을 내밀어야 했다). 안전 가

위라는 어찌 보면 모순적인 구상이 건강과 안전에 집착하는 지난 수십 년간의 과보호적 문화의 산물이라고 생각할지도 모르지만 실제로 그런 구상의 기원은 훨씬 오래되었다. 오하이오 주 얼라이언스에 사는 애머스 코츠Amos W. Coates는 1876년 아동용 가위 개선안의 특허를 신청했다("더 구체적으로 말하면 퀼트용 작은 천 조각이나 인형모양을 오릴 때 가위를 쓰는 어린 여자애들을 위해"). 그 개선안은 아이들이 가위 끝으로 자기들을 찌르거나 가위를 떨어뜨리는 경우 아이들을 보호해주기 위해 가위 끝에 공이나 보호대를 끼운 가위날 두 개로 이루어졌다.

헬릭스 문구 왕조의 흥망성쇠

1912년 쇼는 처음 출시하는 학생용 수학 기구 세트에 자신이 만든 여러 제품을 한데 모았다. 수학 기구 세트에는 헬릭스 5인치 컴퍼스, 회양목 각도기, 목제 삼각자, 6인치 자, 연필, 지우개가 들어 있었다. 이 제품이 즉시 히트를 치면서 영국만이 아니라 아프리카와 인도에 파견된 선교사들에게도 인기를 끌었다. 지금도 헬릭스에서 구할 수 있는 옥스퍼드 수학 기구 세트("완비되고 정밀함")의 선구 제품이었다. 100년이 넘도록 문구점 선반을 차지하고 있는데도 그 구성은 거의 바뀌지 않았고 지금까지 전 세계에서 100만 세트 이상 팔렸다. 현대판 세트는 베일리얼 칼리지의 예배당과 구도서관이 그려진 양철 케이스에 구식 버전과 동일한 품목이 들어 있지만 두 번째 삼각자(기존의 45도/90도 삼각자 외에 30도/60도 삼각자 추가), 연필깎이, 문자 스텐실, 수학 공식과 기호가 실린 목록이 추가되었다. 이런 목록이 포장재 뒷면에 기록되어 있지만 각 시장의 요구에 따라 내용물이 기록된 것과 다를 수도 있다는 경고문이 붙어 있다.

프랭크 쇼는 60대에 다가가자 은퇴를 생각했다. 사업을 물려줄 아이가 없었으므로(그는 50대 후반에 결혼했다), 믿을 만한 동업자인 아서 로슨Arthur Lawson과 앨프리드 웨스트우드Alfred Westwood에게 회사를 팔았다. 로슨은 쇼의 변호사였고 웨스트우드는 그 회사에 20년 넘게 근무한 공장장이었다. 로슨과 웨스트우드는 회사 지분 절반에 대해 각각 5000파운드(오늘날 가치로는 22만 파운드가량)를 지불했다. 1919년 그들이 회사를 사들였을 당시 매출액은 연간 1만 7000파운드가량이었다. 로슨과 웨스트우드는 2년 안에 매출을 2만 5000파운드까지 늘렸지만 1920년대와 1930년대에 성장은 정체했다.

1925년 아서 로슨의 아들 고든과 앨프리드 웨스트우드의 아들 클리프가 모두 회사에 들어왔다. 고든은 목제 제품의 생산을 책임졌고 클리프는 금속 공장의 공장장을 맡았다. 5년 만에 두 아들은 이사로 임명되었다. 대공황 이후의 경제난에 대처하기 위해 회사는 구조 조정을 실시하여 이익이 낮은 제품을 정리하고 임금을 동결했다. 1930년대 후반 해외 진출을 통해 회사가 약간 회복세에 올라섰지만 제2차 세계대전이 터지는 바람에 사정은 별로 나아지지 않았다. 생산은 전쟁 수행과 관련된 방향으로 전환하여 정밀 측정 기기와 항법 장치의 제작에 집중되었다. 전쟁이 끝난 뒤 회사는 해외 부문 확장에 몰두하여 특히 교육제도를 구축 발전시키던 영연방 국가들에 힘을 쏟았다. 고든 로슨은 1952년에 아버지가 죽자 사장이 되었고 2년 뒤에는 클리프 웨스트우드가 자기 지분을 로슨에게 팔고 은퇴했다. 같은 해에 로슨의 아내인 엘시가 이사회에 들어왔다. 헬릭스는 이제 로슨의 가족 기업이 되었다.

1950년대 내내 회사는 근대화에 박차를 가했다. 외주 업체로부터 기성품 셀룰로이드 삼각자와 각도기를 들여왔고 나무 제품 생산은 서서히 줄여갔다. 1955년에는 회사의 이름을 유니버설 목공 회사에서 헬릭스 유니버설 사Helix Universal Company Ltd로 바꾸었다. 4년 뒤 회사는 첫 번째 플라스틱 금형 설비를 운영하기 시작했다. 드디어 미래가 열렸다. 목재의 값이 비싸지고 플라스틱 금형 제조 공법이 점점 믿을 만해짐에 따라 플라스틱 자의 장점이 늘어났다. 나무 자에 비해 가볍고 저렴한 플라스틱 자는 투명하여 제도용으로 완벽한 도구였다. 하지만 결점도 하나 있었다. 튼튼하지 못했던 것이다. 초기의 플라스틱은 매우 깨지기 쉬웠다. 자는 조금만 부딪혀도 부서질 수 있었다.

제조 공정이 개선되어 플라스틱 자의 단점이 조금 극복되었다. 헬릭스의 자는 이제 '잘 부서지지 않는Shatter Resistant' 물건이었다. 지난 30년 동안 영국 학교를 다닌 학생이라면 다들 이 용어를 익히 들었을 것이다. 그 용어는 지금도 그 회사의 자에 쓰인다. 그 산업의 표준이 아니라 헬릭스 제품만의 고유한 성질인 것처럼 말이다. 학생 중에는 이 용어를 오해하여 그 회사가 자는 부러지지 않는 물건이라고 주장한다고 생각하는 (그래서 그들이 틀렸음을 입증하려고 시도해보는) 사람이 한둘 있다. 하지만 그 용어는 자가 잘 부서지지 않는다는 의미일 뿐, 둘로 부러뜨릴 수 없다는 주장은 아니다. '부서진다shatter'라는 단어는 부서진 유리를 상기시키듯 삐죽삐죽한 글자(1973년 빅 칼리스Vic Carless가 디자인한 것으로 그해의 레트라셋 인터내셔널 타이프페이스Letraset

International Typeface 경연에서 우승한 작품이다)로 씌어 있다. 그 용어는 뭔가가 부서지는 것과 반으로 부러뜨리는 것은 다름을 의미한다. 학창 시절 나는 동급생들에게 이렇게 주장했지만 그들은 내 말을 듣는 대신 자에 인쇄된 주장을 시험해보는 쪽을 택했다. 어떤 자는 그 주장을 업그레이드시켜서 '잘 부서지지 않는'을 '전혀 부서지지 않는 Shatterproof'으로 승격시켰다. 내 책상 위에 놓인 자(예전 직장에서 슬쩍 가져온 것)에는 이 두 가지가 합쳐져 '전혀 부서지지 않음 방지 Shatterproof Resistant'라고 씌어 있다. 무슨 말인지 난 정확하게 모르겠다. 부서지지 않는 상태를 방지한다는 말인가? 어느 순간에 그것이 수백만 조각으로 폭발할지 몰라서 항상 겁이 난다. 이런 식으로는 살 수가 없어서 이걸 내다버리려고 해도 집어 드는 것만으로 위험해지지 않을까 두렵다.

플라스틱 자가 탄력성이 있으면 부서질 위험이 줄어들 뿐만 아니라 교실 저편으로 지우개를 쏘아 보낼 수도 있고 책상과 부딪혀 '툭탁' 하는 기분 좋은 소음을 내기도 한다. 그러나 어떤 자는 물리적으로 유연할 뿐만 아니라 기능적으로도 융통성이 많다. 그런 것으로는 1940년대 파바 프로덕츠Parva Products가 판매한 콤비네이션 레터 웨이어 앤드 룰러 Combination Letter Weigher & Ruler만큼 좋은 것이 없다(뭔가 다른 크리스마스 선물). 그 자는 편지의 무게를 달아볼 수 있도록 만들어졌다. 한쪽 끝에 편지를 끼우는 홈이 있고 중간에 연필을 끼우는 세 개의 구멍이 있어서 편지를 매달았을 때 수평을 이루는 구멍이 무엇인지를 확인하면 구멍 옆에 표시된 무게에 따라 우편요금을 계산할 수 있다. 그뿐만 아니라 확대경, 운형자, 컴퍼스, 각도기, 기포수준기 , 삼각자 기능도 갖고 있다.

May 9, 1950

P. W. WHITE

2,507,073

LETTER SCALE

Filed March 21, 1946

2 Sheets—Sheet 1

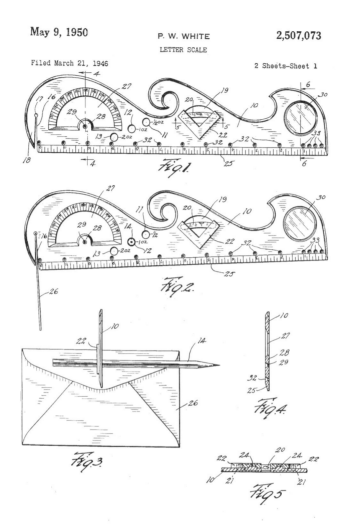

Fig.1.

Fig.2.

Fig.3.

Fig.4.

Fig.5

1959년 11월 고든 로슨이 급사하자 엘시가 헬릭스 사의 사장이 되었고 아들인 피터가 총무를 맡았다. 그 뒤 10년 동안 엘시는 아프리카, 아시아, 중동을 여행하면서 헬릭스 제품을 선전하고 영국 무역사절단과 영국 수출협회에서도 활동했다. 그녀의 고생에는 보상이 따랐다. 1960년대 말 그 회사는 80개국과 계약을 맺었고 그녀에게 대영제국 4등훈장이 수여되었다. 1970년대와 1980년대에 회사는 계속 성장했고 1975년에는 금고 회사인 던 앤드 테일러Dunn & Taylor를, 2년 뒤에는 지우개 회사인 커널 러버 사Colonel Rubber Limited(이 회사의 이름은〈클루도Cluedo〉**의 문구류를 주제로 한 버전에 의해 지어진 것처럼 들린다)를 사들였다.

프랭크 쇼가 은퇴할 무렵 후계자를 키울 시간이 충분하지 않았던 것처럼 50년간 이어진 로슨 왕조는 형인 피터로부터 사장 자리를 이어받은 마크 로슨Mark Lawson에게서 끝났다. 마크가 60대 후반에 접어들면서 회사의 장래에 대한 추측이 돌았고 2012년 1월 헬릭스는 관리 체제에 들어갔음이 발표되었다. 경영 관리자인 마크 펠Mark Pell은 이런 움직임이 회사의 자금난 때문이라는 보도를 부정하면서 구식의 가족 기업이 현대화되는 과정일 뿐이라고 설명했다. 이유가 뭐든, 마크, 당신이 뭐라고 하든.

회사가 법정관리에 들어가고 한 달도 지나지 않아 프랑스의 문구류

---

* 또는 알코올 수준기. 기포로 수평을 측량하는 기구.
** 보드 게임을 주제로 하는 영국의 TV쇼. 매주 어느 저택에서 벌어진 살인 사건의 범인을 찾는 게임.

회사인 마페드Maped가 헬릭스를 사들일 것이라는 발표가 났다. 마페드는 1947년 프랑스에서 정밀 기구와 화구 제작Manufacture d' Articles de Précision Et de Dessin이라는 이름으로 세워진 회사였다. 원래 그 회사는 황동제 컴퍼스를 생산했지만 나중에는 품목을 다양화하기 시작했다. 1985년 회사는 가위를 판매하기 시작했고 1992년에는 프랑스의 지우개 회사인 말라Mallat를 사들여 그 분야도 제품군에 추가했다. 1990년대 내내 그 회사는 스테이플러, 연필깎이 등 각종 교구와 사무용품을 생산 품목에 추가했다. 마페드가 성장하면서 국제적으로 자회사들을 추가하기 시작했다. 우선 1993년 중국에 마페드 문구류 회사를 설립하고 이후 아르헨티나, 캐나다, 미국, 영국에 새 회사를 계속 세웠다. 마페드와 헬릭스는 교구와 사무용품 분야의 다른 물품으로 생산을 확대하기 전에 같은 제품(황동제 컴퍼스)으로 성공을 거둔 적이 있었으므로, 마페드에게는 영국의 경쟁 회사를 사들일 합당한 이유가 있었다. 마페드의 사장인 자크 라크루아Jacques Lacroix는 인수 발표가 나고 나서 이렇게 말했다. "각각의 제품 포트폴리오와 지리적 활동 구역으로 보건대 두 회사 사이에는 놀라운 시너지가 있다." 자크 라크루아처럼 나도 헬릭스가 마페드 그룹의 강력한 지원을 받으면서도 자율성을 유지할 수 있으리라는 점이 기쁘다. 하지만 솔직하게 말해 프랭크 쇼나 엘시 로슨이 '놀라운 시너지'라든가, '제품 포트폴리오'에 대해 이야기하는 모습은 상상할 수가 없다.

내 인생의 하이라이트

형광펜은 메모하고, 개정하고, 공부하는 새로운 방식을 도입했다. 그것이 세상을 바꾸었다고 해도 그리 큰 과장은 아닐 것이다. 하지만 세상에 혁명이 필요한 것처럼 진화도 필요하다.

지금은 거의 상상도 못할 것이다. 형광펜 highlighter이 없을 때의 삶을. 그리 오래전도 아닌 예전에는 자료의 키워드나 중요한 내용을 강조하고 싶을 경우 밑줄을 그어야 했다. 검은색 글씨 속에서 빨간색 펜 선은 눈에 잘 띄지만, 그래도 우리가 기대할 수 있는 최선은 흐느적거리는 가는 선 정도였다. 온 세상이 필요로 하는 것은 쐐기형 펜촉을 가진 펜이었다. 한 단어를 찍기에도, 전체 문장을 지적하기에도 좋고 아래의 본문을 보이지 않게 덮어버리거나 얼룩지게 하지 않는 선명하고 투명한 잉크로 채워진 펜, 곧 형광펜 말이다. 하지만 형광펜이 만들어지기 위해서는 적절한 펜촉이 있어야 했다.

나중에 형광펜으로 발전할 파이버팁 펜fibre-tip pen을 처음 개발한 것은 일본의 호리에 유키오堀江幸夫였다. 파이버팁(흔히 '펠트팁'이라 불린다)은 솔과 유사한 방식으로 기능한다. 잉크를 빨아들였다가 페이지에 풀어놓는 것이다. 한 가지 현격한 차이는 파이버팁의 경우 잉크 저장소가 항아리나 화가의 팔레트가 아니라 펜의 몸통에 들어 있다는 점이다. 1946년 호리에는 대일본문구사를 설립했다(나중에 일본문구사가 되었다가 더 나중에는 세계적 대기업인 펜텔이 된다). 이 회사는 원래 학생용 크레용과 붓글씨용 붓을 만들었다. 볼펜이 점점 성공하는 것을 지켜본 호리에는 새로운 펜을 개발하기로 결심했다. 자기 회사를 부각시켜줄 뭔가 독특한 것을 만들어내고 싶었던 것이다. 호리에는 일본의 서예용 붓처럼 쓰이지만 볼펜처럼 편리한 것을 만들고 싶었다.

사인펜의 위엄

호리에는 한 줌의 아크릴 섬유에 레진resin, 수지樹脂을 묻혀 한 덩어리로 뭉쳐 가는 펜촉처럼 다듬어도 될 만큼 단단하지만 잉크를 쉽게 빨아들일 만큼 부드러운 펜촉을 만들었다. 펜촉 내부에 있는 섬세한 물길 덕분에 잉크가 모세관 현상을 통해 끝까지 흘러나갈 수 있었다. 잉크 자체는 그런 물길을 흘러 다닐 만큼 묽은 동시에 새지 않을 만큼 끈끈해야 한다. 몸통에 미세한 공기구멍을 내면 그곳으로 공기가 빠져나가 펜의 온도가 높아지더라도 내부의 공기압이 높아지면서 잉크가 새는 일을 막아준다. 8년간의 개발을 거쳐 호리에의 새 펜(굵은 선을 쉽게 그을 수 있어서 중요한 자료에 서명하기에 알맞았기 때문에 '사인펜Sign Pen'이라 불렸다)이 완성되었다. 그 펜은 처음에는 관심을 받지 못했다. 하지만 호리에가 그 펜을 미국에 소개한 뒤 인기가 높아졌다. 그 펜은 백악관에 들어갈 기회를 얻었고 존슨 대통령이 그 펜을 쓰게 되었다. 그 펜은 1963년 〈타임Time〉 지가 선정한 그해의 제품이 되었고, 심지어 제미니 우주 계획에도 사용되었다.

다른 회사들도 오랫동안 어떤 방식으로든 파이버팁 펜을 만들어온 것은 사실이었다. 리 뉴먼Lee W. Newman은 1908년에 흡수성 펜촉을 가진 마킹펜에 대한 특허를 신청했고("실제로는 펠트로 만드는 게 더 낫다"),

시드니 로젠탈Sidney Rosenthal은 1952년에 매직 마커를 발명했다. 하지만 레진으로 섬유를 한데 뭉치는 호리에의 방식을 쓰면 펜촉을 훨씬 가늘고 정밀하게 만들 수 있었다. 호리에의 방식은 오늘날 널리 쓰이는 끌 형태와 총알 형태의 펜촉으로 나아가는 길을 다져주었다. 호리에의 업적은 〈뉴욕 타임스〉의 주목을 받아 1965년 점점 높아지는 사인펜의 인기가 보도되었다. "이런 필기구가 시장에 등장하는 과정에서 일본 기업이 큰 역할을 했다는 점에 대해서는 거의 이견이 없다." "도쿄에 본사를 둔 그 일본 회사는 일본문구사로 알려져 있다. 그 상표는 펜텔 펜이라 알려져 있고 현재 미국의 가정과 학교와 사무실에서 널리 사용되고 있다."

〈뉴욕 타임스〉의 기사는 미국 회사들이 이런 펜의 잠재력을 얼마나 잽싸게 알아차렸는지, 그래서 그들 자신의 펜을 얼마나 신속하게 개발하기 시작했는지 설명해준다. 미국의 대형 필기구 회사들은 거의 모두 급성장하는 이 분야로 이동했다.

파커도 블루칩 시장의 다른 경쟁자인 셰퍼W. A. Sheaffer Pen Company, 스크립토Scripto Inc., 이스터브룩Easterbrook Pen Company, 비너스Venus Pen and Pencil Corporation, 린디 펜Lindy Pen Company 등의 대열에 동참했다. 이런 회사들을 비롯해서 우리에게 친숙한 다른 필기구 제작자들 외에도 스피드리 화학제품 회사Speedry Chemical Products Inc.(매직 마커의 제작자), 카터스 잉크Carter's Ink 등 우리 귀에는 별로 친숙하지 않지만 넓은 촉을 가진 마커펜 분야에서 활발하게 활동해온 다른 회사들도 이 대열에 추가되어야 한다.

그처럼 독자적인 회사들의 이름이 열거된 긴 목록을 읽다 보면 기분을 좋게 해주는 요소가 있다. 그때와 달리 지금은 몇몇 거대 기업과 그 자회사들이 그런 제품의 생산을 독점하고 있다. 그 목록에 실려 있는 회사들은 거의 모두 폐쇄되었거나 다른 회사에 합병되었다. (이스터브룩과 비너스는 1967년에 합병되어 비너스 이스터브룩이 되었다가 다시 매각되어 뉴웰 러버메이드의 자회사가 되었다. 파커도 이 회사에 소속되어 있다. 셰퍼는 현재 스피드리의 매직 마커 브랜드를 소유하고 있는 BIC과 크레욜라에 속해 있다.)

끝이 가는 파이버팁 펜이 미국 전역에 퍼지면서 새로운 유형의 잉크와 염료도 개발되었다. 묽은 수성 잉크는 알코올을 기본으로 하는 잉크처럼 종이에 스며들지 않았다. 동시에 염료 제조법도 발전하여 노랑과 분홍 같은 선명하고 투명한 색상이 만들어지면서 종이 위에서 금방 눈에 띄면서도 본문은 투명하게 보여주는 형광펜의 시대가 열렸다.

투명하고 환한 노란색

〈뉴욕 타임스〉에는 카터스 잉크가 낯설었는지 모르지만 잉크 회사로서는 탄탄한 업체였다. 윌리엄 카터William Carter는 1858년 보스턴에서 삼촌으로부터 상업용 부지 한 필지를 임대하여 회사를 창립했다. 원래는 단순히 윌리엄 카터 회사로 알려졌던 그 회사는 지역 기업들에 종이를 팔았다. 그러나 사업이 확장되면서 카터는 잉크를 대량으로 사들여 재포장한 다음 자기 이름을 달고 팔았다. 이렇게 상당히 영리한 사업은 남북전쟁이 터지면서 갑작스럽게 중단되었다. 카터가 잉크를 구입한 곳은 터틀 앤드 무어 Tuttle & Moore라는 회사였는데, 터틀이 입대하자 무어는 사업체를 닫아버렸다. 카터는 터틀 앤드 무어에 로열티를 주고 라이선스 계약을 맺어 직접 잉크를 만들기 시작했다.

카터는 장비를 설치할 공간이 있는 새 점포로 회사를 옮기고 동생인 에드워드도 합세하여 회사 이름을 윌리엄 카터 형제 회사William Carter & Bro.로 바꾸었다. 하지만 별로 장래가 촉망되는 이름은 아니었다. 얼마 후에 다른 형제인 존도 합세했고, 회사 이름은 다시 윌리엄 카터 형제들 회사William Carter & Bros.가 되었다. 1897년 사촌이 회사에 들어오면서 이름은 다시 한 번 바뀌었다. 이번에는 카터 형제들 회사 Carter Bros & Company가 되었다. 윌리엄이 처음부터 가족의 성으로 밀고 나갔다면 회사의 편지지를 인쇄하는 비용을 엄청나게 절약할 수 있었을 텐데. 카터 형제들 회사라는 이름은 마지막으로 카터스 잉크로 바뀌었고, 20세기 초반 내내 타이프라이터용 먹지, 펜, 타이프라이터 리본, 새로운 잉크 등 새 제품이 계속 개발되었다. 카터스 잉크는 성공을 손에 넣기 위해 언제나 혁신했다.

1963년 펜텔이 파이버팁 사인펜으로 성공하는 것을 지켜본 카터는 잉크 개발에서 쌓아온 전문적 능력을 발휘하여 신제품을 출시했다. 그것이 '하이-라이터 Hi-Liter'였다. 노란색으로만 출시된 그 펜의 가격은 39센트(지금의 2.99달러가량)였다. 〈라이프〉지에 실린 광고는 다음과 같았다.

카터의 독서 하이-라이터READING HI-LITER 맑고 투명하고 환한 노란색은 단어, 문장, 단락, 전화번호 등 무엇이든 잘 부각시켜준다. 그것을 '하이라이트Hi-lite' 하여 신속하게 다시 찾을 수 있게 해준다! 또 금방 마르고, 종이에 스며들지 않는다.

그 펜은 새 마커펜들과 함께 광고되었다. 카터스 마크스어랏 Carter's Marks-A-Lot("소포에 주소를 쓰려고? 도구, 장난감, 부츠, 상자에 이름을 쓰려고? 마크스어랏이 최고지. 굵고 선명하고 영원히 지워지지 않는다고"), 글로 컬러 마커 Glow-Color Marker("포스터와 장식물에 뭔가를 쓰고 싶다고? 간판과 전시물에 낙서를 하고 싶다고? 신나는 신제품 마커를 사라. 다섯 가지 색깔로, 불타는 듯한 형광색이 눈앞에서 빛난다. 눈을 놀라게 할 특별한 효과를 낸다!") 같은 것들이다. 이 광고에는 무엇보다도 중요한 행동 구호도 들어 있다. "카터스 마커를 단골 가게에서 찾아보라. 오늘 당장 예닐곱 자루 구매하라!"

카터스 하이-라이터는 성공작이었고 미국에서 계속 많이 팔리고 있다. 그 펜은 다양한 색상으로 나와 있지만 형광펜 시장을 지배하는 것은 노란색과 분홍색으로, 전체 판매량의 85퍼센트를 차지한다. 가시광선 스펙트럼의 정중앙을 차지하고 있는 노랑은 다른 어떤 색깔보다도 쉽게 눈에 띈다(적록 색맹인 사람도 알아볼 수 있다). 형광펜은 메모하고, 개정하고, 공부하는 새로운 방식을 도입했다. 그것이 세상을 바꾸었다고 해도 그리 큰 과장은 아닐 것이다. 하지만 세상에 혁명이 필요한 것처럼 진화도 필요하다. 하이-라이터에 그리 만족하지 않은 사람들도 있다. 그중에 귄터 슈반호이저 Günter Schwanhäusser가 있었다.

다른 어떤 펜과도 다른 펜

슈반호이저는 1970년대 초반 미국에 갔을 때 문구점에 들렀다가 신제품 형광펜을 보았다. 그는 고향인 독일을 떠날 때마다 각지의 문구점에 들르는 습관이 있었다. 그래야 전 세계 펜과 연필의 최신 유행을 놓치지 않을 수 있었으니까. 하지만 그것은 그냥 호기심에서 나온 집착이나 한가한 매혹 때문이 아니었다. 슈반호이저는 혈관에 문구류가 흐르는 사람이었다.

권터의 증조부인 구스타프 아담 슈반호이저Gustav Adam Schwanhäusser는 1865년에 그로스베르거 앤드 쿠르츠 연필 공장Grossberger & Kurz Pencil Factory을 사들였다. 꼭 10년 전에 게오르크 콘라트 그로스베르거 Georg Conrad Grossberger와 헤르만 크리스티안 쿠르츠 Hermann Christian Kurz 가 설립한 뉘른베르크 소재의 그 공장은 금방 빚더미에 올라앉았기 때문에 스물다섯 살인 구스타프로서는 위험한 투자였다. 그러나 그는 두어 해도 지나지 않아 죽어가던 회사의 수지를 정상으로 되돌렸다. 그 공장을 사들이고 10년 뒤 구스타프는 복사용 연필 제조 공법의 특허를 얻었다. 복사용 연필이란 아닐린 염료를 함유하는 연필이다. 그 연필로 써진 편지를 물에 적신 다음 다른 종이를 대고 누르면 복제본이 만들어진다. 물론 좌우는 바뀐 형태다. 아주 얇은 투명 용지를 쓰면 그렇게 복제된 사본을 뒤집어 정상적으로 읽을 수 있게 된다.

슈반호이저 공장은 그 뒤 2년 동안 성장했고 그들이 만드는 연필의 크기도 커졌다. 1906년 바이에른 주 박람회에서 그 회사는 당시 세계 최대 크기의 연필을 공개했다. (대략 30미터 길이였으니 지금 세계 기록에 오른 연필에 비하면 난쟁이처럼 보일 것이다. 2011년 현재 세계 최대 연필은 스테들러가 만든 225미터 길이의 괴물이다. "그 연필은 꼭대기가 깎여 있어서 그 부분으로 공증인 앞에 놓인 종이에 글씨를 썼다." 기네스 세계 기록 웹사이트는 엄숙하게 선언한다.)

1925년에 슈반호이저 공장(지금은 줄여서 슈반Schwan으로 불린다)은 나중에 가장 유명해질 브랜드인 스타빌로STABILO를 선보였다(이 이름은 처음부터 케이스 뚜껑에 적혀 더욱 강한 인상을 남겼다). 원래 스타빌로 제품은 "놀랄 만큼 가늘지만 매우 단단한 심을 가지고 있어서 섬세하고 벨벳처럼 부드러운 색깔을 칠해주는" 색연필이었다. 아우구스트 슈반호이저August Schwanhäusser 박사(구스타프의 막내아들이자 귄터의 종조부)가 개발한 이 새로운 심은 당시 사용되던 어떤 색연필심보다 가늘고 단단해서 그 제품에 '안정성'을 더해주었다(그래서 '스타빌로'다*). 새 연필심이 당시 시장에 나와 있던 다른 심보다 얼마나 튼튼했던지, 슈반은 다음과 같이 신제품을 광고했다. "절대 부러지지 않는 연필." 이 광고 문구는 연필 제조업자 조합의 반발에 부딪혔다. 양측은 타협했고 광고 문구는 "부러지지 않는 연필"로 바뀌었다. (하지만 내가 아는 한, 두 광고 문구는 같은 의미다. 연필 제조업자 조합은 너무 일찍 싸움을 포기했다.)

1950년 귄터 슈반호이저가 그 회사에 들어왔을 무렵(가족 기업에 참여한 4세대) 스타빌로 제품군은 고급 펜과 연필도 포함할 정도로 확대되어 있었다. 그 외에도 제품군 두 개가 추가되었다. 바로 오텔로

---

* Stable이 안정적이라는 의미이므로.

Othello(일반 소비자 대상)와 스바노SWANO(어린이 대상)였다. 그 회사는 화장품 쪽으로도 제품군을 다각화했다. 처음에는 눈썹 그리는 연필을 1927년에 출시했다가 나중에는 입술 그리는 연필과 아이라인 그리는 연필도 생산했다(영국에서는 별로 유명하지 않지만 슈반 화장품 부문은 지금도 매년 그 그룹의 총매출 가운데 절반 이상을 담당하고 있다).

급성장하는 파이버팁 펜 시장에서 미국 회사들이 재빨리 따라오기 시작했으므로 슈반 역시 제품군에 그와 유사한 펜을 도입하기 시작했다. 1960년대 후반 슈반은 파이버팁 두 종류를 소개했다. 스타빌로 OH펜 OHPen(아세테이트 투명 용지에 쓰는 펜)과 스타빌로 펜 68(학생용 및 취미용으로 생산된 최초의 회화용 파이버팁 펜)이었다. 1969년 아버지와 삼촌이 은퇴하자 귄터와 사촌 호르스트가 회사의 경영권을 쥐었다. 호르스트는 화장품 분야를 담당했고 귄터는 새로운 필기구 개발에 집중했다. 그가 형광펜을 처음 본 것이 이 시기였다. 귄터는 이 아이디어에 잠재력이 있다고 보았다. 또 시험 공부를 하는 미국 학생들에게 이 펜이 얼마나 인기가 있는지도 알았다. 그는 이 인기를 시장이 넓고 수익성도 높은 사무용품 분야로 확장할 수 있겠다고 생각했지만 미국 펜 자체의 품질은 그다지 좋아 보이지 않았다. 노란색 잉크는 "지저분" 했고, 펜의 모양("단순하고 둥근 몸통에 뭉툭한 펠트 펜촉")도 흥미를 자극하지 못했다. 그는 새로운 유형의 펜은 판매대에 놓여 있는 기존 펜과는 달라 보여야 한다고 생각했다. 독특해야 했다. 귄터는 이런 문제를 극복할 길을 찾아낸다면 자신의 새 형광펜이 히트작이 되리라고 믿었다. 그는 뚜렷한 목적의식을 품고 독일로 돌아왔다.

첫 번째 문제는 잉크였다. 제대로 된 잉크가 없으면 형광펜을 새로 만든다고 해도 미국 제품보다 나을 것이 없었다. 화학은 슈반에서 큰 비중을 차지했다. 아우구스트 슈반호이저 박사(귄터의 종조부)는 스타빌로 브랜드의 기초를 놓은 얇은 심의 색연필을 개발했고, 아우구스트의 아들인 에리히가 그 전통을 이어받아 1920년대에 회사에 들어오기 전에 화학 박사 학위를 땄다. 귄터 본인은 화학적 지식이 없었으므로 회사의 연구 개발 부서장인 한스-요아힘 호프만Hans-Joachim Hoffman 박사에게 더 밝은 형광 잉크를 개발할 임무를 맡겼다.

형광색의 잉크와 페인트는 캘리포니아의 로버트와 조 스위처Robert & Joe Switzer 형제에 의해 1930년대에 최초로 개발되었다. 직장에서 일하던 로버트는 큰 상자를 차에서 내리다가 사고를 당해 여러 달 동안 코마 상태에 빠졌다. 코마에서 깨어나 보니 그의 시력이 손상되어 있었고 의사는 회복될 때까지 어두운 방에서 지내라고 조언했다. 이런 암담한 시기에 그는 자외선 및 형광 성분과 인광 성분, 즉 어둠 속에서 빛을 내는 물질에 관심을 쏟았다(모두 빛에 민감한 그의 눈으로도 볼 수 있는 것들이었다). 그가 회복된 뒤 두 형제는 아버지의 약국 창고에서 형광 물질을 실험하기 시작했다(자외선이나 빛을 내는 것은 모조리 창고로 가져갔다). 천연 형광 물질을 셀락이나 다른 물질과 섞어 형광 페인트를 만들어내고 '데이 글로Day-Glo'라는 이름을 붙였다. 전시에 데이 글로 페인트와 염료는 군사적으로 사용되었다. 공중에서도 식별 가능한 형광 옷감으로 만든 군복과 형광 페인트로 칠한 활주로 표시 덕분에 어두워진 뒤에도 항공모함에 이착륙할 수 있었고, 그럼으로써 일본군에 대해 상대적인 우위를 확보할 수 있었다. 전후 그런 페인트는 도로 표시와 도로 차단용 원뿔, 건물의 출구 신호, 옷감과 레저용품에 사용되었다. 1960년대와 1970년대에는 카터스의 잉크 글로 컬러 마커 같은 펜으로 선명한 색상의 포스터를 그리던 히피들에게서 자외선 조명(혹은 '검은 빛')이 인기를 얻었다. 호프만의 팀은 이런 종류의 잉크를 개발하여 귄터의 형광펜에 쓸 수 있게 했다. 형광 잉크를 최초로 사용한 진정한 의미의 형광펜이 탄생한 것이다.

내가 그 회사의 역사를 읽어나가면서 "경험 많은 그 회사의 화학자들이 한스-요아힘 호프만 박사의 지도 하에 금세 선명한 노란색의 형광 잉크를 생산할 수 있게 되었다"는 문장에 노란색 스타빌로 형광펜의 쐐기형 펜촉으로 줄을 그으면서 얼마나 만족감(뱃속이 찌르르해지는 전율감)을 느꼈을지 다들 상상할 수 있을 것이다. 한스-요아힘 호프만 박사와 그의 팀에게 바치는 찬사로서 그들이 개발한 바로 그 빛나는 형광 노랑 잉크로 그들의 위대한 업적에 줄을 긋는 것만 한 것이 있을까?

'새로운 행동'을 팔다

하지만 신제품 형광펜에 사용할 선명한 형광 잉크를 개발했음에도 문제는 아직 남아 있었다. 귄터는 펜이 다른 것들과 다른 외형과 느낌을 갖기를 바랐다. 그냥 둥근 몸통에 뚜껑이 있는 형태가 아니라 뭔가 독특한 것을 원했다. 뭔가 새로운 것. 그는 디자인 팀에 새 디자인을 만들어보라고 지시했다. 그들은 여러 가지 아이디어를 냈지만 딱 맞는 것은 없었다. 그들은 영감을 얻기 위해 점토로 여러 디자인과 콘셉트를 만들어보았다. 가는 것, 두꺼운 것, 짧은 것, 긴 것. 결국 그들은 원

뿔형의 원통을 최종안으로 결정했다. 둥근 몸통이지만 한쪽 끝이 반대쪽 끝보다 굵은 모양 말이다. 그들은 귄터가 원하는 디자인을 찾아냈다고 확신하면서 점토로 만든 원뿔형 모델을 그에게 보여주었다. 하지만 그는 여전히 만족하지 않았다. 좌절한 디자이너 한 명이 점토 모델을 주먹으로 내리쳐 찌부러뜨렸다. 그런데 그것이 귄터의 마음에 들었다.

우연한 사고로 얻은 디자인이었지만 그 형광펜의 뚱뚱하고 납작한 모양은 그 쓰임새에 이상적인 형태였다. 그 독특한 형태 때문에 우리는 읽고 있던 페이지에서 눈을 떼지 않고도 형광펜이 어디 있는지 알아차릴 수 있다. 그 형광펜은 납작한 쐐기처럼 생겼으므로 책상에서 굴러떨어지지 않는다. 그것은 단단하고 묵직하고 든든했다. 디자이너들은 이렇게 납작해진 원뿔을 엔지니어들에게 가져갔고 엔지니어들은 주형을 만들었다. 펜의 몸통은 잉크와 같은 색상을 가질 것이다. 그래서 강조된 단어가 지면에서 금방 눈에 들어오는 것처럼 펜 자체도 문구류가 빽빽하게 진열된 선반에서 금방 눈에 띄게 된다. 펜 몸통의 색깔은 속에 담긴 잉크와 같은 색이지만 균일한 이미지가 만들어지도록 뚜껑은 모두 검은색이었다. 여기에 뭉툭한 형광펜 펜촉을 사선으로 잘라내 좀 더 작고 뾰족한 부분을 추가했다. 다양한 굵기의 선을 그을 수 있게 한 것이다. 펜촉의 두꺼운 쪽을 쓰면 5밀리 폭의 선(자료를 뭉텅뭉텅 강조하기에 적절하다)이 그어지고, 뾰족한 쪽을 쓰면 2밀리 폭의 선(단어를 하나씩 지적하기에 적절하다)이 그어진다.

귄터는 새 형광펜이 성공할 것이라고 확신했지만 마지막 한 가지가 빠져 있었다. 펜에는 이름이 있어야 했다. 새로운 형태처럼 이름도 뭔가 아이콘 같은 것이어야 했다. 그 펜의 중요성을 보여주는 이름, 짧고 강력한 이름. 보스BOSS. 스타빌로 보스. 듣기에 근사했다. 사실 귄터는 그 이름이 그냥 좋은 것 이상이라고 생각했다. 그 이름이 너무 좋아서 그는 그 펜에는 다른 제품처럼 제품 번호를 붙이지 않기로 했다. 스타빌로 보스만으로 충분했다.

이제 잉크와 형태와 이름에 만족한 귄터 슈반호이저는 세계에 이것을 출시할 준비가 되었다. 그는 신제품 펜을 팔기가 쉽지 않으리라는 것을 알고 있었다. 사람들은 자료에 밑줄을 치기 위해 보통 펜을 쓰는 데 익숙해져 있었다. 그러니 왜 예전에는 전혀 필요 없었던 일을 하는 특별한 펜을 더 비싼 값에 사겠는가. 그가 팔려는 것은 그냥 새 펜이 아니라 새로운 행동이었다. 그는 펜의 샘플을 독일 내의 영향력 있는 1000명에게 보냈다. 비즈니스맨, 대학 교수, 기업체 오너, 심지어 독일 대통령에게도 보냈다. 각 샘플에는 편지가 딸려 있었다. "이 펜은 당신의 일을 단순하게 해주고 더 중요한 일을 할 귀중한 시간을 절약해주며 당신 책상에 어울리는 물건입니다." 그 펜이 생산성을 높여줄 귀중한 도구라는 생각을 독일 전역의 인사들에게 확고히 심어준 그는 중간 관리자와 부서장들에게도 펜을 보내기 시작했다. 형광펜의 미래에 대한 귄터의 비전을 공유할 경우 대량의 주문을 해줄 실무자들이었다. 다행히 펜을 써본 사람들은 기대대로 행동했다. 스타빌로 보스의 발전 과정에서 귄터 슈반호이저는 어느 한 부분도 요행에 기대지 않았다. "그 이후 출시된 모든 제품 중에 그것만큼 철저하게 대비된 제품은 없었다." 귄터는 나중에 말했다. 노력은 대가를 가져다주었다. 스타빌로 보스는 세계에서 가장 인기 있는 형광펜이 되었다.

계속되는 도전

형광펜의 성공은 귄터의 회사에 다시 활력을 불어넣었고 덕분에 플라스틱 사출 성형을 전문으로 하는 새로운 제작 시설이 바이젠부르크에 세워졌다. 새 공장 덕분에 그들은 새로운 형태와 모양을 실험할 수 있었다. 예전에 그들은 새 잉크나 연필심 개발에 관심을 쏟았지만 이제는 생물공학에 관심을 집중할 수 있었다. 펜이 손에서 어떻게 느껴지는지를 연구하는 것이다. 그래서 왼손잡이용 펜이나 고무 재질의 어린이용 펜 등이 만들어졌다. 다분히 보스 펜의 성공 덕분이지만 1976년에 그 회사는 이름을 슈반 연필 회사에서 슈반-스타빌로Schwan-STABILO로 바꾸었다.

형광펜은 슈반호이저 회사의 사세를 확고하게 만들어주었지만 카터스 잉크에는 그런 일이 일어나지 않았다. 1963년에 원조 형광펜을 출시했던 회사 말이다. 카터스 잉크는 데니슨 매뉴팩처링Dennison Manufacturing(나중에는 에이버리 인터내셔널 Avery International과 합병하여 에이버리 데니슨Avery Dennison이 된다)에 넘어갔다. 하이-라이터는 여전히 에이버리 데니슨에 속해 있고 미국 전역에서 흔히 보는 문구지만 카터스 잉크에 관련된 내용은 거의 남아 있는 것이 없다. 데니슨에 넘어가는 동안 그 회사의 기록(끝내 완전히 개발되지 못했던 잉크 제조법과 초기의 계약서 등)이 없어져버렸다.

1963년에 하이-라이터가 처음 출시된 이후 형광펜은 다양한 문제와 도전을 겪었다. 그중 가장 큰 도전은 사무실과 가정용 프린트 기술의 잦은 변화였다. 새 잉크, 새 프린트 기술이 나올 때마다 새로운 문제를 해결해야 했다. 형광펜 회사로서는 형광펜으로 덧칠하다가 원래 자료의 잉크가 페이지에 퍼져 혼탁하게 뭉개지는 것만큼 심각한 문제는 없다. 그런 얼룩이 생기는 끔찍한 상황을 모면하기 위해 회사들은 자기들의 한계에 대해 고객에게 미리 경고한다. 나는 이베이에서 구매한 S510F 펜텔 시스루 마커Pentel See-Thru Marker 한 상자를 갖고 있다. 그 펜에는 "NCR에는 쓰지 않는 것이 좋다"는 경고가 적혀 있다(NCR이란 NCR 회사가 개발한 무카본 복사용지를 가리킨다). 그런데 그 펜에서 내가 제일 좋아하는 점은 '시스루 마커'라는 표현이 다른 세계, '하이라이터'라는 단어는 결코 자리잡지 못한 완전히 다른 현실을 암시하는 미묘한 방식이다.

스타빌로가 인쇄 기술을 따라잡기 위해 펜을 계속 발전시켜온 반면 궁극적으로 얼룩지지 않는 형광펜을 만들기 위해 아예 잉크를 쓰지 않는 쪽으로 나가려는 시도도 있었다. 펜이 아닌 형광펜 말이다. 스테들러, 몰스킨, 스타빌로 등은 '건성' 형광펜을 만들었다. 그것은 굵은 심을 가진 형광색 연필로, 밝은 색의 선을 그을 수 있다. 형광 테이프도 있다. 형광색을 내는 투명한 테이프로 그 위에 글씨를 쓸 수 있다.

그 테이프는 헨켈이 1999년에 출시한 것으로 필요가 없어지면 그대로 떼어버릴 수 있다는 이점이 있다. 더 최근에 파일럿은 지울 수 있는 형광펜을 프릭시온 제품군에 추가했다. 그것이 프릭시온 라이트 FriXion Light다.

반드시 인쇄된 자료에만 형광펜을 사용할 수 있는 것은 아니다. 마이크로소프트워드에 있는 하이라이트 도구Highlight tool는 모니터의 텍스트가 마치 형광펜으로 표시된 것처럼 보이게 해준다(그리고 물론 여기서도 기본 색상은 노랑이다). 우리가 사는 세상에서는 더 이상 뭔가를 강조하기highlight 위해 형광펜highlighter이 필요하지는 않다. 무엇으로든 강조할 수 있다.

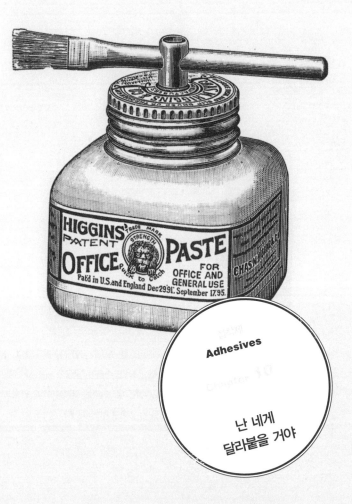

Adhesives

난 네게
달라붙을 거야

테이프를 잘라내고 나면 잘린 끝이 테이프 롤 속으로 금방 자취를 감춘다. 스티븐 코너가 설명하듯이 잘린 테이프 끝을 찾아내려면 손톱이 "축음기 바늘처럼 예민해야 했다. 테이프 끝이 숨어 있는 지점으로 당신을 데려가주는 결정적이고도 군침 도는 작은 눈금을 더듬어 딸깍 하는 소리를 들을 수 있어야 하는 것이다."

"난 너와 달라붙을 거야. 난 풀로 만들어졌거든I'm sticking with you, 'cos I'm made out of glue." 1969년 미국의 록밴드 벨벳 언더그라운드Velvet Underground의 모 터커Moe Tucker가 부른 〈난 너와 달라붙을 거야I'm Sticking With You〉의 한 대목이다. 근사하기는 해도 말은 안 되는 가사다. 모가 풀로 만들어졌다면 당연히 나'와with' 달라붙는 것이 아니라 나'에게to' 달라붙을 테니까. '에게'가 아니라 '와'가 쓰였으니 풀로 만들어진 쪽은 '나'임을 시사한다. 그런데 나는 풀로 만들어져있지 않다. 모 터커가 자신이 풀로 만들어졌다고 주장하던 시기쯤에 어느 독일 회사 역시 그 끈적끈적한 물질에 대해 생각하고 있었다. 하지만 그들은 그 물질에 대해 생각을 좀 많이 했다.

1967년 독일 헨켈 사의 연구원인 볼프강 디리히Wolfgang Dierichs 박사가 출장을 떠났다. 비행기에 오른 그는 좌석에 앉아 안전벨트를 착용하고 이륙을 기다렸다. 비행기가 착륙했을 때쯤 디리히는 (접착제의) 세계를 뒤바꿔놓을 아이디어를 품고 있었다. 비행 도중에 영감을 불러일으킬 뭔가를 본 것이다. 한 여성이었다. 문제의 여성은 립스틱을 꼼꼼하게 바르고 있었는데, 디리히는 그녀를 보다가 립스틱 형태를 다른 곳에도 적용해볼 수 있겠다는 생각이 들었다. 립스틱처럼 비틀어 짤 수 있는 얇은 튜브를 만들어 액상 풀을 채우는 것이다. 그러면 깨끗하고 편리하지 않을까. 그냥 뚜껑을 열고 필요한 만큼 짜내면 된다. 풀 단지도 솔도 필요 없고 그냥 풀 스틱만 있으면 된다. 물론 모든 사람이 립스틱 바르는 여자를 보면서 '그녀가 입술에 문지르는 저것이 풀이라고 상상해봐'라고는 생각하지 않겠지만 디리히는 헨켈 사의 접착제 부서에서 일하는 사람이었으니, 그렇게 연결지어본 것도 (거의) 이해할 수 있는 일이었다.

프리트 스틱의 공식 역사에서는 디리히가 비행 중에 본 그 여자가 그의 발명에 영감을 준 사람으로 꼽히지만 애석하게도 그녀가 누구인지는 알려져 있지 않다. 이 이야기는 그들의 웹사이트와 보도 자료 등에 다양한 형태로 전해지지만 그녀의 이름이 실린 적은 없다. 그녀가 같은 승객이었는지, 아니면 승무원이었는지도 분명치 않다. 그저 한 여성으로 기술될 뿐이다. 어떤 곳에서는 젊은 여성이고 어떤 곳에서는 아름다운 여성이다. 냉소주의자라면 그런 여성이 실제로 존재하기나 했는지 의심해볼 수도 있다. 아니면 그런 탁월한 아이디어가 떠올랐을 때 그녀가 비행기에 타고 있었는지조차 의심할 수 있다. 아마 전체 시나리오도 발명이 이루어지고 한참 뒤에 약간의 낭만적인 분위기를 더하기 위해 가공된 것일 수 있다. 하지만 난 냉소주의자가 아니다. 나는 헨켈을 신뢰한다.

프리츠 헨켈은 스물여덟 살 때인 1876년에 두 명의 동료와 함께 독일의 아헨에서 헨켈 앤드 키Henkel & Cie를 차렸다. 그 회사는 원래 규산소다sodium silicate(혹은 '물유리water glass')를 원료로 하는 세탁용제를 만들었다. 그와 비슷한 제품이 시장에 이미 나와 있었지만 헨켈이 만든 제품이 더 편리했다. 원하는 용량만큼 달아서 파는 것이 아니라 작은 용량으로 미리 포장해서 팔았기 때문이다. 2년 뒤에 그의 회사는 표백제를 팔기 시작했다. 헨켈의 표백소다는 독일 최초로 브랜드를 달고 나온 계면활성 세제였다. 회사가 성장하면서 헨켈은 새 공장을 짓고 독일 전역에 자신들의 제품을 선전하는 영업직원을 고용했다. 새롭고 다양한 생산라인이 더 세워졌다. 세탁 제품만이 아니라 포마드, 쇠고기 추출물, 찻잎 등도 팔았다.

20세기에 들어서서 그 회사는 다양한 비즈니스 부문에서 계속 활약하다가 나중에는 주요 분야 세 가지에 집중하게 된다. "세탁과 가정용품"(1907년에 출시된 퍼실Persil 같은 브랜드 포함), "미용과 개인 관리"(슈바르츠코프Schwarzkopf 헤어 제품), "접착제, 봉인제, 표면처리제". 디리히는 이 마지막 부서에서 근무했다. 헨켈이 접착제를 처음 개발하기 시작한 것은 제1차 세계대전 중이었다. 전쟁으로 풀을 만들 원자재가 부족해지자 세제 생산 부서에서 사용되던 다른 재료를 사용할 수 있는지 실험해본 것이었다.

접착의 역사

수천 년 동안 인류는 여러 방식으로 물건들을 접착시켜왔다. 자작나무 수액으로 돌조각을 붙인 원시적 도구가 2001년에 중부 이탈리아에서 발견되었는데, 그것이 만들어진 시기는 20만 년 전으로 추정되었다. 자작나무 껍질에 열을 가하면 뻑뻑한 풀 같은 수액이 나온다. 고대에는 역청도 석기 제작에 사용되었다. 남아프리카의 시부두 동굴Sibudu Cave에서 발견된 표본은 7만 년 전의 것으로, 복합 접착제의 흔적을 보여준다. 역청 같은 천연 접착제를 그냥 쓰는 것이 아니라 여기 식물 수액과 붉은 황토를 섞은 다음 돌조각을 목제 손잡이에 붙여 무기를 만든 것이다. 붉은 황토는 접착력을 강화시켜(식물 수액만으로는 부서지기 쉬워서 충격을 받으면 깨지곤 한다) 습한 날씨에도 수액이 묽어지지 않게 한다.

1930년 풀의 역사에 관한 저서 《어떤 고대 기술 이야기 Story of an Ancient Art》에서 플로이드 대로 Floyd L. Darrow는 고대 이집트에서 얇은 나무판으로 가구를 만들 때 풀이 어떻게 쓰였는지 설명한다. 테베에서 발견된 3500년 전의 벽화에는 항아리에 담긴 풀이 불 위에서 데워지고 있고 일꾼 한 명이 솔로 풀을 찍어 바르는 모습이 그려져 있다. 같은 시기의 무덤에서 발견된 가구에는 얇은 나무판을 풀로 붙인 흔적이 있다. 《가구의 역사 Story of Furniture》(1904)에서 알프레트 쾨펜 Alfred Koeppen과 카를 브로이어 Carl Breuer는 이렇게 단언한다. 고대 이집트인들은 평범한 목재에 값비싼 목재를 얇게 풀로 붙여 고급품으로 만드는 세공기술을 이미 쓰고 있었다고. 쾨펜과 브로이어는 이집트인들이 쓰던 두 종류의 풀에 대해 설명했다.

많이 쓰이는 풀은 동물 찌꺼기와 물고기 부레로 만들었다. 또 생석회와 달걀 흰자나 카제인으로도 풀을 만들었다.

이집트인들은 얇은 나무판을 장식용으로 쓸 뿐만 아니라 그 구조적인 장점도 알아냈다. 얇은 판을 겹쳐 만든 가구는 통나무로 만든 것보다 덜 휘어졌다. 당시 제작된 가구 중에 오늘날까지 보존된 것들이 있어서 당시 이집트 공예의 수준을 보여준다(내가 쓰는 이케아의 휘청거리는 책장이 그렇게 오래 남을 가능성은 희박하다). 대로는 이렇게 말한다. "역사적 연구 결과로 보건대, 이 가구의 호사스러운 아름다움은 숙련된 나무판 제작 기술이 없었다면 불가능했을 것이다." "그리고 이 고대의 공예 기술에서 핵심은 풀이다."

풀 만드는 기술은 그리스와 로마에도 잘 알려져 있었다. 《박물지》에서 대플리니우스는 풀을 발명한 것이 미노스 왕을 위해 크레타의 미궁을 만든 아테네의 장인 다이달로스였다고 말하면서 두 종류의 풀을 묘사했다. 바로 황소 풀bull-glue과 물고기 풀fish-glue이다. 어떤 동물 부스러기에서든 콜라겐을 추출하여 젤라틴을 만들 수 있지만 "최고 품질의 풀은 황소의 귀와 성기로 만든 것"이라고 플리니우스는 설명한다. 물고기 풀은 재료의 이름을 따서 부레 풀ichthyocolla이라 불렸다. 플리니우스는 "흔한 종이 풀"에 대해서도 설명한다. "아주 고운 밀가루를 물에 풀어 끓이다 식초 몇 방울을 뿌린" 그 풀은 지금도 초등학교 교실에서 쓰는 밀가루와 물로 만든 풀과 비슷하다.

플리니우스는 다이달로스가 황소로 풀을 만들었다고 말하지만 풀과 가장 밀접하게 연관된 동물은 말이다. 퇴역한 말은 '폐마 도살장knacker's yard'(16세기에 스칸디나비아에서 유래한 용어로, 옛 노르딕어에서 '안장'을 뜻하는 흐나쿠르hnakkur가 어원이라고 한다)으로 보내 풀로 만든다. 그런데 말이 다른 동물보다 우수한 풀의 재료라는 것은 근거 없는 이야기다. 말고기가 유달리 심하게 끈적거리는 것도 아니다. 영국과 미국에서는 말을 육용으로 사육하기보다는 일하는 동물로 활용해왔다. 그러니 일하는 동물로서의 삶이 끝난 뒤 식탁에 오르는 것 외에 다른 용도를 생각해낸 것이다.

로마제국이 멸망하자 합판 제작 기술은 거의 사라졌다가 16세기와 17세기에 차츰 되살아났다. 역사상 최초의 상업적 풀 공장이 1690년 네덜란드에 세워져서 동물 가죽으로 풀을 만들었다. 1754년에 피터 조머Peter Zomer라는 사람이 "고래 꼬리와 지느러미, 기차 기름 제조업자들이 쓸모없다고 내다버린 물고기 찌꺼기와 부스러기를 재료로 하여" 풀을 만드는 방법으로 영국 최초의 특허를 등록했다. ('기차 기름 train oil'은 고래 방광으로 만든 것인데, '뜯어내다tear'라는 뜻을 가진 중기 저지 독일어 트랜trän과 중기 네덜란드어 트라엔traen의 발음이 영어의 '트레인'과 비슷해서 생긴 이름이다. 그런 기름은 방울방울 추출되기 때문에 그리고 등잔용 기름과 비누 제조에 쓰이기 때문에 그 이름이 붙었다.) 따라서 풀은 이런 제조 과정에서 생기는 부산물을 친환경적이고 경제적으로 활용한 산물이다. 그러나 조머 본인이 인정했듯이 그 결과물인 생선 풀이 가죽 부스러기로 만든 풀에 비해 품질이 떨어진 것은 사실이다.

식물성 풀

풀 생산은 19세기 후반까지도 다분히 지역적인 산업이었다. 특히 장거리로 운송되고 판매되는 동안 썩거나 말라버리지 않을 만큼 수명이 긴 제품을 개발하기가 어려웠기 때문이다. 윌리엄 르페이지William LePage는 이 문제를 해결해줄 방법을 가장 먼저 찾아낸 사람 중 하나였다. 그는 생선 풀에 탄산나트륨을 써서 "그때까지 완전한 성공을 저해했던 염분 찌꺼기를 모두 제거할 수 있었다". 예전에는 물고기 껍질에서 비늘을 벗겨냈지만 르페이지는 비늘도 그대로 둠으로써 "비늘의 유용한 성분이 풀에 함유되어 물질적인 이익이 있었다. 그 성분 덕분에 비늘을 벗긴 껍질로 만들 때보다 풀이 더 물에 녹지 않고 접착성이 강해졌다". 르페이지의 풀은 생산된 지 몇 달이 지나도록 액체 상태로 남아 있었기 때문에 그릇에서 그대로 퍼서 쓸 수 있었다. 다른 풀은 쓰기 전에 데워야 했다.

르페이지는 1849년 캐나다의 프린스에드워드 섬에서 태어났지만 매사추세츠 주로 가서 대장장이로 일하다가 나중에는 약사가 되었다. 그 지역은 큰 어업 중심지였다. 그보다 먼저 활동한 조머처럼 르페이지는 풀을 만들기 위해 버려진 생선 부산물을 썼다. 1876년에 창립된 르페이지의 회사는 처음에는 그 제품을 지역의 가죽 제품 생산자들에게 팔았다. 1880년에 회사는 가정용으로 적합한 풀을 출시했다. 그 뒤 7년 동안 르페이지의 회사는 전 세계에 그 풀을 4700만 병 팔았다.

1905년 인디애나 주 출신의 프랭크 가드너 퍼킨스Frank Gardner Perkins가 육류와 어류 외에 식물성 재료로 풀을 만드는 데 성공했다. 그보다 2~3년 전에 퍼킨스는 카사바cassava(남아메리카산 작물)를 플로리다로 도입하려는 사업에 가담했다가 참담하게 실패했다. 그가 속한 플랜터스 매뉴팩처링 사Planters' Manufacturing Company의 투자자들이 30만 달러를 날리면서 알아낸 사실에 따르면 그 작물은 플로리다의 기후에 맞지 않았다. 카사바 때문에 시련을 겪는 동안 퍼킨스는 그 작물의 가루가 축축해지면 풀같이 끈적끈적한 성질이 생긴다는 사실을 알게 되었다. 카사바를 기를 수 없었던 퍼킨스는 그 가루를 수입하여 풀을 만들어보았다. 만족스러운 제조법을 알아낸 퍼킨스는 싱어 매뉴팩처링 사 Singer Manufacturing Company에 접근하여 그 제품의 장점을 납득시키고 그들 공장에서 써보라고 권했다.

식물성 전분은 수천 년 전부터 풀의 재료로 사용되어왔지만 가구 제작에 쓰인 적은 한번도 없었다. 싱어 회사는 직접 그 풀을 실험해보기로 했다. 그들은 그 풀로 목제 옷장을 만든 다음 최대한 불리한 위치(보일러 위, 증기 라디에이터 뒤, 지하실, 온도 변화가 극심한 방 등)에 두었다. 그 옷장들은 철저한 실험 결과가 나오도록 그런 불리한 장소에 일년 넘게 방치되었다. 퍼킨스의 입장에서는 다행스럽게도 풀은 단단히 붙어 있었다. 퍼킨스는 싱어 회사의 지원을 받아 풀의 제조법을 계속 다듬어나갔다. 퍼킨스 1번에서 시작된 제조법은 2년 뒤에 183번까지 발전하고서야 만족스러운 수준에 도달했다.

식물성 풀의 제조 비용이 상대적으로 저렴하고 르페이지의 생선 풀에는 그 외 또 다른 장점이 있었는데도 풀 시장은 여전히 소와 말로 만든 것들이 지배하고 있었다. 그런데 제1차 세계대전이 일어나 원료를 구하기 힘들어지자 헨켈은 '물유리'(세제 재료인 규산소다)를 재료로 실험하기 시작했다. 처음에는 새 상품을 개발하기 위해서가 아니라 기존 제품의 포장 문제를 해결하기 위해서였다. 실험의 진전 속도는 느렸고 1922년이 되어서야 쓸 만하고 상업적으로 이윤이 남는 접착제를 생산하기 시작했다. 첫 단계에서 헨켈은 장식가의 풀decorator's glue에 집중했다. 수용성 건조 풀인 헨켈 클라이스터-트로켄Kleister-trocken도 그 종류에 속한다. 1930년대 그 회사는 셀룰로오스 접착제도 실험했다. 제2차 세계대전 중에도 생산은 계속되었고, 군대에 징집당한 직원들의 자리는 외국인과 전쟁 포로들로 채워졌다. 전쟁이 끝난 뒤 그 회사는 합성수지도 개발하기 시작했다.

1922년 스웨덴 출신의 제화공인 알렉스 칼슨Alex Karlson이 합성수지로 만든 접착제로는 최초로 상업적 성공을 거두었다. 피터 조머와 윌리엄 르페이지가 지역 산업의 부산물을 활용한 것처럼 칼슨 역시 주위에 있던 것으로 풀을 만들었다. 그는 스웨덴 영화 업계에서 쓰고 남은 셀룰로이드를 가져다 아세톤으로 녹여 다용도 접착제를 만들었다. 스웨덴 영화 업계는 칼슨에게 원자재를 제공했을 뿐만 아니라 홍보도 해주었다. 칼슨의 동업자 올라프 클레르Olow Klärre는 회사의 마스코트인 당나귀 페포Peppo를 인상적인 방식으로 선보였다. 클레르는 회사를 선전하는 띠를 두른 페포를 그 지방의 퍼레이드에 참가시켰고 뉴스 보도팀이 그 광경을 촬영했다. 그 뉴스가 전국의 영화관에서 방영되었다. 이게 혹시 게릴라 마케팅의 탄생이었을까?

미스터 프리트

1960년대 헨켈은 일련의 인조 접착제와 레진 제품군을 성공적으로 생산하고 있었다. 그들은 1960년에 스탠더드 케미컬 프로덕트 사Standard Chemical Products Inc.를 사들여 미국에서도 자리를 굳히기 시작했다. 1969년 그 회사는 프리트 스틱을 출시했다. 2년이 지나지 않아 프리트 스틱은 전 세계 38개국에 판매되었고, 오늘날에는 120개가 넘는 나라에서 판매되고 있다. 매해 생산되는 프리트 스틱의 수는 1억 3000만 개가량이며, 지금까지 25억 개 이상 판매되었다(접착제를

한 줄로 세우면 지구에서 출발하여 위성인 달을 지나 화성까지 닿았다가 다시 지구로 돌아올 수 있는 길이라고 한다).

프리트 스틱은 이제 미스터 프리트Mr. Pritt라는 캐릭터로 선전되고 있다. 프리트 스틱이 어쩌다 보니 생명을 갖게 된 것이다. 그것의 출생에 관해 피터 파커 가 방사성 거미에 물린다거나 브루스 배너 가 감마선에 노출된다는 식의 사연은 없다. 그냥, 1987년 맨체스터 소재 광고 회사인 보덴 다일 헤이스Boden Dyhle Hayes에서 일하는 아널드 신들Arnold Sindle의 마음속에서 완전한 형태로 출현했다. 미스터 프리트의 몸뚱이는 프리트 스틱의 국제판처럼 빨간색(영국판은 흰색)이다. 빨간색 프리트 스틱은 뚜껑도 빨간색이다. 그런데 미스터 프리트의 뚜껑은 흰색이다. 아니, '뚜껑'이라는 말이 옳을까? 뚜껑이 그의 머리인데. 아니면 뚜껑이 일종의 헬멧인가? 그 아래에 있는 머리를 덮어주는 것? 어떤 식의 구성인지는 분명치 않다. 미스터 프리트의 괴상한 신체가 어떻게 생겼든 프리트 스틱을 쓸 때마다 사람들은 사실상 미스터 프리

《스파이더맨》의 주인공으로 방사성 거미에 물려 슈퍼 영웅이 된다.
《인크레더블 헐크》라는 만화에 나오는 천재 과학자로 실험 중 감마선에 노출되어 분노하면 괴물 헐크로 변한다.

274

트의 자식의 끈적거리는 두뇌를 종이에 문질러 바르고 있는 셈이다.

2007년 이후 프리트 스틱 옆면에 붙은 빨간색 라벨에는 미스터 프리트의 그림도 들어가게 되었다(영국판 흰색 디자인에는 2011년에야 그가 등장한다). 비록 뉴욕의 비치 포장 디자인Beach Packaging Design의 그래픽 디자이너 랜디 러다서Randy Ludacer가 자신의 웹사이트에서 "그 라벨에 등장하는 캐릭터는 옛날 라벨(미스터 프리트가 그려져 있지 않은 라벨)을 입고 있는 것 같다"고 주장했지만. 미스터 프리트의 몸에 붙은 라벨에서도 현재의 라벨 디자인(그의 존재 자체가 두드러지는 디자인)이 더 정확하게 보이도록 업데이트된다면 우리는 무한소급의 세계로 들어가게 된다. 프리트 스틱의 라벨에 미스터 프리트의 그림이 들어 있고, 미스터 프리트는 다시 미스터 프리트가 등장하는 라벨이 붙은 프리트 스틱의 그림을 두르고 있고, 이런 소급이 무한히 반복된다. 러다서는 지적한다. "물론 라벨에서는 미스터 프리트의 하반신이 잘려 나오지만 그 반복이 얼마나 이어질지 따져볼 수 있다."

하지만 프리트 스틱 외에도 시장에는 여러 종류의 딱풀이 나와 있다. 디리히의 아이디어가 현실화되자 다른 브랜드도 금방 자신들의 버전을 출시했다. 물론 그 누구도 헨켈의 프리트 스틱만큼 강한 인상을 주는 제품을 만들어내지는 못했지만. 새로운 방식으로 플라스틱 튜브에 담긴 딱풀을 판매하려는 시도는 많이 있었다. (독일의 접착제 제조회사 UHU가 출시한) 글루 스틱Glue Stick은 경쟁 제품보다 더 잘 팔리고 더 오래간다. 유색 염료를 넣은 풀도 있는데, 풀이 마르면 색깔은 마술처럼 사라진다("바를 때는 자주색, 마르면 투명!"). 그런 비좁은 시장을 고려하면 UHU가 보여온 절제력은 칭찬받아 마땅하다. 그 회사는 글루 스틱을 선전하면서 "마르지 않게 해주는 독특한 나사형 뚜껑"만 자랑한다(풀이 마르지 않게 하는 것은 뚜껑의 기본 임무인데 말이지).

UHU는 독일의 화학자 아우구스트 피셔August Fischer가 뷜에 있던 작은 화학 공장을 사들인 1905년에 창립되었다. 1932년 피셔는 합성수지 접착제를 개발했는데, 그것은 완전히 투명한 풀이었다. 그 이전에 칼슨이 만든 클리스터Klister 같은 제품은 그냥 '다목적용'인 반면 피셔의 제품은 '전방위적'이었다. 어떤 것도 붙일 수 있었다. 베이클라이트bakelite 같은 초기의 플라스틱도 접착시켰다('UHU는 모든 것을 더 잘 접착시킨다'). 그 풀의 이름은 당시 근처 슈바르츠발트에서 자주 보이던 수리부엉이의 별명을 따온 것이다. ("풀이라고 하지 마세요.……유–후 Yoo-Hoo라고 부르세요.") UHU의 글루 스틱이 막강한 미스터 프리트를 상대로 고전하고 있지만 그래도 경쟁자에 비해 한 가지 이점이 있었다. UHU의 글루 어드바이저 앱Glue Advisor app(아이폰과 안드로이드폰 둘 다 가능)을 쓰면 서로 다른 두 가지 재료를 붙일 때 어떤 풀을 쓰면 가장 좋은지 말해준다. 자연산 진주를 납에 붙이고 싶은가? UHU 플러스 엔드페스트 2-K 에폭시다르츠클레버plus Endfest 2-K Epoxidharzkleber를 쓰라(애석하게도 영어 앱은 독일어로 쓰인 제품군 소개로 연결된다). 코르크를 콘크리트에 붙이려는가? UHU 몬타제클레버 우니베르잘 Montagekleber Universal을 쓰라. 하지만 UHU 글루 어드바이저도 도움이 안 되는 경우가 있다. 가끔 뭔가를 한데 붙이고 싶은데, 적합한 풀이 없을 때가 있다. 찢어진 20파운드 지폐를 수선할 때, 아니면 생일선물을 포장할 때는 프리트 스틱을 쓰지 않는다. 그럴 때는 테이프를 쓴다. 그러니 테이프가 있어야 한다.

스카치테이프

다양한 형태의 접착테이프가 여러 세기 동안 사용되어왔다. 이집트인들은 풀에 적신 리넨 천을 좁고 길게 잘라 장례용 가면을 만들었다. 고대 그리스인들은 리넨을 좁고 길게 잘라 여러 종류의 식물 즙과 올리브유, 산화납의 혼합물인 단연경고를 묻혀 의료용으로 사용했다. 1676년 토머스 메이스Thomas Mace는 자신의 저서 《음악의 기념물: 또는 신성 음악이든 민간 음악이든 지금껏 알려진 현존하는 모든 것 중에서 최고의 실용음악을 상기시키는 것Musick's Monument: Or, a Remembrancer of the Best Practical Musick, Both Divine, and Civil, That Has Ever Been Known, to Have Been in the World》에서 류트 제작자들이 악기를 조립하는 과정을 설명했다. 그 설명에는 1펜스나 2펜스 동전 크기의 작은 종잇조각에 풀을 적셔 붙인다는 말이 나온다. 1845년 뉴욕의 윌리엄 쉬컷William Shecut과 호러스 데이Horace Day는 "인도 고무와 다른 재료를 사용한 의료용 접착붕대와 강화 석고붕대 제조법"의 특허를 따냈다. 쉬컷과 데이는 접착붕대의 판권을 토머스 올콕Thomas Allcock에게 팔았고, 올콕은 그 물건을 요통 등의 치료법으로 선전했다. 1887년에 존슨 앤드 존슨Johnson & Johnson은 산화아연을 바른 접착붕대를 조나스ZONAS라는 브랜드로 팔기 시작했다. 몇 해 안 되어 존슨 앤드 존슨은 이런 접착붕대(즉 반창고)에 외과적인 용도 외에 독자적으로도 엄청나게 큰 용도가 있음을 알아냈다. 가정에서, 작업장에서, 공장에서, 그리고 여행길에서도 일상적으로 쓰일 만한 용도는 거의 끝이 없었다. 이런 용도 중에는 유리병과 항아리를 수선하고, 저장 용기에 라벨을 붙이고,

책을 손보는 일(접착붕대의 잠재력이 가장 잘 발휘된 사례는 영국의 TV 드라마 〈코로네이션 스트리트Coronation Street〉에서 잭 더크워스가 즉흥적으로 거창하게 벌이는 수선 장면이다)도 들어 있었다. 이처럼 다양하게 활용될 수 있지만 의료용 접착테이프는 원래 이런 용도로 만들어진 것이 아니었으며, 최초의 다목적용 접착테이프가 성공적으로 개발되기까지는 아직 여러 해가 더 지나야 했다.

그런 테이프를 발명한 사람은 딕 드루Dick Drew였다. 드루는 대학을 갓 졸업한 1921년에 미국 회사인 3M에 취직하여 처음에는 '웻오어드라이WetOrDry' 방수 사포의 품질을 테스트하는 연구실에서 일했다. 사포를 그 지역의 자동차 정비소에 가져가 실제 상황에서 어떤 효능을 내는지 알아보는 것도 그의 일이었다. 1920년대 초반 자동차 주인들 사이에서는 차를 두 가지 색으로 칠하는 것이 유행이었다. 그렇게 하려면 두 색상의 경계선이 깨끗이 그어져야 했다. 그래서 한쪽 구역을 칠할 때 다른 구역은 신문지 따위로 가리고 외과용 반창고로 붙여두었다. 그런데 이런 신문지나 반창고를 떼어낼 때 그 아래의 페인트까지 함께 붙어 나올 때가 많았다. 어느 정비소에 사포를 가져다주던 드루는 페인트공이 자동차의 한쪽 구역에 조심스럽게 스프레이 페인트를 뿌리는 것을 지켜보았다. 그런데 페인트공이 가려놓은 종이를 떼면 새로 칠한 페인트도 함께 붙어 나오는 바람에 정비공들이 짜증을 냈다. 드루는 그들에게 자기가 더 나은 테이프를 만들어보겠다고 말했다. 하지만 3M의 역사를 잘 아는 어떤 사람의 말에 따르면, 드루에게는 자신의 약속을 뒷받침해줄 지식도 경험도 없었다고 한다. 심지어 그는 무엇이 필요한지조차 몰랐다. 하지만 그에게는 젊은이다운

낙관주의가 있었다.

　드루는 3M 사무실로 돌아가 새로운 테이프를 연구하기 시작했다. 당시 그가 맡은 업무와 직결되지도 않는 일이었지만 연구 지원을 아끼지 않는 3M의 문화 덕분에 그는 실험을 계속할 수 있었다. 그런 테이프는 붙이기도 떼어내기도 쉬워야 했다. 또 방습력도 있어야 했다. 그래야 페인트가 자동차 몸체로 스며들지 않을 테니까. 그는 3M이 이미 생산하고 있던 웻오어드라이 사포에 사용되던 방수성 접착제를 바탕으로 연구를 진행해나갔다. 이 접착제는 식물성 기름을 썼으며, 떼어내기는 쉬웠지만 그 아래의 페인트에 얼룩을 남겼다. 몇 달 안에 드루의 팀은 목재용 풀과 글리세린을 혼합한 접착제를 만들어냈다. 이 새로운 마스킹 테이프는 쉽게 떼어지면서도 페인트에는 손상을 입히지 않았다. 하지만 바탕이 일반 종이 재질이었기 때문에 신축성이 없어서 곡면인 자동차에 붙이기에는 적합하지 않았다. 또 롤로 감은 다음에는 자기들끼리 달라붙곤 했다. 또 풀어놓으면 풀이 아래쪽의 테이프 층에 달라붙기도 했다. 드루는 이를 방지하기 위해 얇은 거즈를 안감으로 붙여보려 했지만 생산비가 너무 올라갔다.

　판매 중인 드루의 마스킹 테이프는 약 5센티미터 너비의 롤 형태였지만 접착제는 가장자리에만 발라져 있었다(한쪽 가장자리는 자동차 몸체에 붙고 다른 쪽 가장자리는 신문지에 붙었다). 3M에 전해지는 말에 따르면 회사가 테이프 가장자리에 바르는 풀의 양을 너무 인색하게 정해놓는 바람에 어느 정비공은 이렇게 불평했다고 한다. "왜 접착제를 가지고 그렇게 스카치(스코틀랜드 사람)처럼 굴어요(Why be so Scotch with the adhesive)?" (이는 동시에 두 가지 이유로 스코틀랜드 사람들에게 문화적 반감을 살 수 있는 발언이다. 즉 스코틀랜드 사람들이 인색하다는 것만이 아니라 그들이 '스카치'라고 불린다는 사실도 암시하니까.) 회사 내부의 외국인 혐오증과 문법적 부정확성에도 불구하고 스카치라는 이름은 히트를 쳤고 곧 3M 사의 등록상표가 되었다. 그러나 드루는 여전히 테이프 바탕으로 쓰는 종이에 만족하지 못했다. 그러던 어느 날 그는 주름종이로 실험해보았다. 종이에 주름이 있기 때문에 필요할 때 테이프를 늘려 쓸 수 있으면서도 예전의 보통 종이처럼 자기들끼리 달라붙는 일도 없었다. 1926년 새로운 테이프의 판매액은 16만 5000달러였다(오늘날의 220만 달러에 해당). 그 뒤 10년 동안 제조법을 개선한 이 테이프는 1935년에는 매년 115만 달러의 판매고를 달성했다(지금의 1960만 달러).

　미국의 화학 공장 듀폰Du Pont은 1920년대 후반에 투명한 셀로판 포장 재료를 선보였다. "생각과 백일몽 중간의 어디쯤에서" 드루는 이 재료를 새로운 종류의 접착테이프 원료로 써보자는 생각을 했다. 첫 마스킹 테이프를 출시한 지 4년 만에 드루는 절연재를 생산하는 회사인 플랙시리늄Flaxlinum의 연락을 받았다. 이 회사는 주로 가옥의 단열재를 생산했지만 1929년 냉동 열차를 단열해달라는 주문을 받았기 때문에 완전히 방수가 되는 포장 재료가 있어야 했다. 그들은 스카치 마스킹 테이프가 어떤 해결책이 되어주지 않을까 했지만 주름 종이

---

　* Scotch에는 알뜰하다, 검소하다, 인색하다의 뜻이 있기 때문에 나온 중의적 표현. 영국 북부와 스코틀랜드에서 스코틀랜드인을 가리키는 스카치Scotch라는 단어는 경멸적 뉘앙스를 담은 것으로 간주되기 때문에 스카치보다는 스캇Scots, 스카티시Scottish가 주로 쓰인다.

바탕재는 단열재를 습기로부터 완전히 보호해주지 못했다. 드루는 다른 바탕지로 실험해보았지만 만족할 만한 해답을 얻지 못했다.

그동안에도 그의 마스킹 테이프는 여전히 잘 팔려나갔다. 3M의 한 동료는 배로 운송되는 동안 마스킹 테이프가 보호되도록 셀로판지로 싸두자고 제안했다. 그렇다면, 셀로판지가 마스킹 테이프를 보호할 만큼 방습 성능이 충분하다면 테이프 자체의 바탕 재료로 쓰일 수도 있지 않을까. 그렇더라도 아직 간단한 문제가 아니었다. 테이프에 접착제를 고르게 펴서 바르는 것은 까다로운 작업이었으니까. 또 펴서 바르고 나면 호박 빛의 풀이 투명한 셀로판지 위에서 더럽고 지저분해 보일 것이다. 거의 한 해 내내 노력한 결과 3M은 투명한 접착테이프를 만들어냈고 10년이 지나지 않아 3M의 접착테이프 부서가 한 해에 생산하는 물량은 1400만 달러(지금 가치로는 2억 3000만 달러)어치에 달했다. 그 제품은 산업용과 무역용으로도 디자인되었지만 그 판매고를 높인 것은 작은 단위의 가정용이었다. 시기가 더할 나위 없이 적절했다. 대공황이 한창일 때 신제품이 출시된 것이다. 일반적으로 불황은 신상품을 출시하기에 최고의 시기가 아니라고 여겨지지만 그 테이프는 찢어진 책이나 다른 가정용품을 수선하는 데 이상적이었으므로 검소한 소비자들에게 호소력이 있었다.

그래도 이 제품에는 한 가지 문제가 있었다. 바탕 재료와 접착제가 개선되기는 했지만 아직도 사용이 편리하지는 않았다. 테이프를 잘라

내고 나면 잘린 끝이 테이프 롤 속으로 금방 자취를 감춘다. 케임브리지 대학교에서 영문학을 가르치는 교수이자 문화 평론가인 스티븐 코너Steven Connor가 《비품들: 마술적 물건들의 기묘한 생애Paraphernnalia: The Curious Lives of Magical Things》에서 설명하듯이 잘린 테이프 끝을 찾아내려면 손톱이 "축음기 바늘처럼 예민해야 했다. 테이프 끝이 숨어 있는 지점으로 당신을 데려가주는 결정적이고도 군침 도는 작은 눈금을 더듬어 딸깍 하는 소리를 들을 수 있어야 하는 것이다." 테이프 끝이 어디 있는지 파악한 뒤에도 필요한 길이만큼 잡아당겨야 하고 가위로 잘라야 한다. 이런 일은 여전히 성가신 문제지만 쉽게 찢어져버리고 접착 성능이 떨어지는데도 신제품이 가진 가치를 사람들에게 납득시켜야 했던 드루의 시절에는 더 큰 문제였다.

3M은 테이프 롤을 고정시키고 필요한 길이만큼 테이프를 잡아당겨 자를 수 있는 테이프 홀더를 생산하려고 했다. 하지만 테이프 끝을 찾아내기는 쉽지 않았고 테이프를 자르려면 여전히 가위가 필요했다. 1932년 존 보든John Borden(셀로판테이프 부서의 영업 매니저)은 칼날이 미리 장착된 테이프 홀더를 개발했다. 그 칼날은 잘린 테이프 끝을 다음번에 사용하기 쉽게 그 자리에 고정해주는 형태로 만들어졌다. 그다음 진 오티스 라이네케Jean Otis Reinecke가 홀더를 개량했다. 라이네케는 시카고의 뉴바우하우스에서 공부한 산업디자이너로, 20년 동안 3M을 위해 테이프 홀더를 만들게 된다.

1961년에 선보인 데코 디스펜서 모델Décor Dispenser Model C-15는 곡선의 몸체와 자갈 모양의 부드러운 밑바닥이 특징으로, 지금도 생산되고 있다. 그러나 라이네케의 가장 유명한 디자인은 플라스틱으로 만든 '달팽이' 모양의 디스펜서다. 두 조각의 플라스틱으로 만든 라이네케의 디스펜서는 한 통의 테이프마다 함께 제공해도 될 만큼 값싸게 만들어졌다.

영국에서 감압접착제pressure-sensitive adhesive[*] 테이프 시장을 지배하는 것은 한 가지 브랜드, 즉 셀로테이프Sellotape였다. 셀로테이프는 1937년 콜린 키닌먼스Colin Kininmonth와 조지 그레이George Gray가 런던 서쪽의 액턴에 세운 회사였다. 키닌먼스와 그레이는 셀로판 필름에 천연 고무수지를 코팅했다. 코팅 기술을 개발한 어느 프랑스 회사로부터 기술 사용권을 사들인 것이다. 당시에 '셀로판cellophane'은 등록된 명칭이었기 때문에 그들은 C 대신에 S로 철자를 바꾸어 셀로테이프를 브랜드 이름으로 삼았다. 그 테이프는 전쟁 중에 군용 식량과 화약 상자 봉인에 사용되었다. 폭격 피해를 최소화하기 위해 창문에도 붙일 수 있도록 넓은 종이 형태의 셀로테이프도 개발되었다. 미국에서 드루의 테이프가 대공황 중에 시장을 찾아냈던 것처럼 셀로테이프도 광범위하게 쓰일 수 있고 가정 비품을 쉽게 고칠 수 있었기 때문에 전후 영국에서 재빨리 인기를 얻었다. 존슨 앤드 존슨이 조나스 의료용 테이프의 다기능성을 선전하기 위해 집 안팎에서 얼마나 많은 용

---

[*] 접착제와 접착면을 붙일 때 압력을 가해야만 접착 물질이 작용하는 접착제. 제거 가능한 접착이 필요한 곳에 사용한다.

도를 가지는지 설명한 것처럼 셀로테이프도 "현대적 반창고 수선—신속하고 깨끗하고 위생적"이라고 선전했다. 1960년대 그 회사는 영국의 포장용품 재벌인 디킨슨 로빈슨 그룹Dickinson Robinson Group으로 넘어갔다. 1980년 셀로테이프는 옥스퍼드 영어사전에 등재되었다.

명사: (불가산 명사) 상표 : 투명한 접착성 테이프

동사: (셀로테이프) (목적어와 부사와 함께) 투명한 접착성 테이프로 동여매거나 접착시키다.

(예문) 내 방문에 메모 한 장이 셀로테이프되어 있었다.

셀로테이프의 용도는 다양하지만 그 제품의 연간 판매량의 절반가량은 크리스마스 이전의 석 달 동안 팔린다. 그 기간, 그러니까 선물이 개봉되는 명절 전에는 사람들이 가족과 친구에게 보낼 선물을 꼼꼼하게 포장하고, 명절 뒤의 며칠 동안은 다른 물건과 교환하기 위해 또는 조용히 반품하기 위해 재포장하는 그 기간에 셀로테이프는 매년 36만 9000킬로미터가량의 테이프를 판매한다. 그런데 고마워하는 마음도 없을 친척들에게 보낼 크리스마스 선물을 포장하는 데는 테이프가 이상적이지만 테이프의 사용이 정말로 적절하지 않은 경우도 있다. 가령 벽에 포스터를 붙일 때 테이프를 쓰면 벽과 포스터 모두 손상될 수 있다. 핀을 쓰면 피해가 더 커진다. 이 일을 위해서는 떼어내기 쉽고 흔적은 남지 않는 도구가 필요하다.

블루택의 수천 가지 용도

블루택Blu-Tack의 포장지에는 "재사용 가능한 접착제의 원조"라고 씌어 있다. "깨끗하고 안전하다. 말라버리지 않는다. 수천 가지 용도." 수천 가지 용도라고? 내 생각으로는 아마 네 가지가량일 텐데. 벽에 그림 붙이기, 벽의 장식이 미끄러지지 않게 하기, 연필 끝으로 판지에 구멍을 낼 때의 쿠션 역할, 사무실의 즉흥 조각 재료. 블루택의 포장지를 더 자세히 살펴보면 그 외의 용도가 적혀 있다.

> 블루택은 위로 지지해준다: 포스터, 카드, 장식물, 지도, 소식지 등.
> 블루택은 아래로 잡아당긴다: 장식물, 전화, 앨범, 스크루드라이버의 나사못, 뭔가를 만들거나 그릴 동안 부품을 매달고 있기.
> 블루택은 옷감에서 보풀을 떼어주고 자판에서 먼지를 제거해준다.

이 짧은 단락이 제기하는 한 가지 질문은 '다양한' 용도라는 것을 얼마나 엄밀하게 규정하느냐 하는 것이다. 포스터, 카드, 장식물, 지도, 소식지 등을 위로 버텨준다는 것은 한 가지 용도일 뿐이다. 나는 보스틱Bostik의 웹사이트와 그들의 마케팅 문구를 연구하여 결국 그 제품의 용도 39가지를 더 알아냈다. 나는 그 회사에 편지를 보내 블루택의 용도 가운데 나머지 1961가지를 더 알려달라고 했다.

 수천 가지라고 하는 경우 1000 이상의 수 중에서 가장 작은 1000단위는 2000이라고 생각해서 2000-39＝1961이라는 계산.

2, 3일 뒤 나는 "수천 가지 용도"라는 태그가 2005년부터 사용되었다는 설명과 함께 그 제품의 특이한 사용법이 담긴 답장을 받았다.

- 케임브리지 대학교 측이 블루택이 얼마나 부드러운지 문의해왔다. (표본용) 곤충의 다리를 그것으로 고정시키려 한다는 것이었다.

- 레스터 병원의 이비인후과 수술 담당 교수로부터 문의를 받았다. 그는 귀 수술을 받은 아이들에게 이것을 귀마개로 쓰라고 말해준다고 했다. 가장 효과적이라는 것이다. 또 신문에서 그것을 실제 귀 수술에도 쓴다는 기사를 보았다. 그러니 귀에 관한 한, 블루택은 다기능적이다.

- 경찰(그들이 우리에게 연락했다)과도 함께 일했다. 블루택®은 위성 내비게이션을 고정시키는 데 쓰인다. 그것을 쓰면 앞 유리에 자국이 남지 않아 도둑들이 알아차리지 못하기 때문이다.

- 푸른색 외에 다른 색깔에 대해서도 여러 번 질문을 받았다. 어떤 사람은 살색 택이 없는지 물어보았다. 그녀는 응급처치 수업 시간에 교실에서 마네킹 위에 물건을 고정시키는 데 블루택을 쓴다고 했다.

이름은 블루택이지만 보스틱은 가끔 푸른색(블루)이 아닌 다른 색의 접착성 택도 생산했다(마리 퀴리 암센터를 위한 노란색 택, 그리고 유방암 캠페인을 위한 분홍색 택 등). 개발 당시 블루택은 흰색이었지만 아이들이 그것을 껌으로 착각하여 입에 집어넣을지도 모른다는 우려가 제기되어 색상을 넣게 되었다. 1969년에 개발된 뒤로 푸른색의 블루택은 가정의 상비용품이 되었고 레스터에 있는 보스틱 공장에서 매주 100톤 가량이 생산되고 있다.

블루택이 발명된 것은 사실 우연이었던 것 같다. 분필 가루에 고무와 기름을 섞어 새로운 방수재를 개발하려던 중에 실패한 결과물 하나가 유용한 성질을 갖고 있음이 확인되었다. 이런 실험 실패와 그로 인한 편리한 파생물의 발견이 누구의 공인지 아는 사람은 보스틱 사에도 없다. 2010년 블루택 개발 40주년을 기념하여 〈레스터 머큐리 Leicester Mercury〉에 이런 이야기가 실렸다. 〈머큐리〉 지는 이렇게 물었다. "블루더닛?Blu-Dunnit? 그것은 레스터의 가장 유명한 수출품 가운데 하나다. 하지만 누가 블루택을 발명했는지 확실하게 아는 사람은 아무도 없다. 그리고 보스틱 사는 그 끈적끈적한 테이프의 탄생 40주년을 축하할 준비를 하면서 그 개발자에게 앞으로 나서라고 호소하고 있다."

위키피디아의 블루택 항목에 등재된 내용에 따르면 블루택의 첫 번째 발명자는 햄프셔에 자리 잡은 실런트 회사인 랠리 본다이트Ralli Bondite의 앨런 할러웨이Alan Holloway라고 한다. 그리고 그들은 그 퍼티에 변변한 상업적 가치가 없다고 보고 사무실에 찾아오는 고객들에게 그냥 보여주었다고 한다. 앨런 할러웨이라는 이름이 위키피디아에 등재된 것은 2007년 11월이었다(그런데 인용된 곳은 없다). 햄프셔의 워털

· 범죄자의 정체를 집중적으로 쫓는 탐정소설류를 가리키는 후더닛Who-Dunnit에서 따온 말. "누가 블루택을 만들었는가?"

루빌에는 실제로 랠리 본다이트라는 회사가 있었지만 이 회사는 1995년에 없어졌기 때문에 직원 기록을 찾아내기는 힘들었다. 위의 내용을 처음 올린 위키피디아 사용자(ID는 콜트레인Coltrane 67)는 그 전후를 막론하고 위키피디아에 어떤 글도 올린 적이 없었다. 콜트레인 67이 실제로 앨런 할러웨이인가?(아니면 가까운 친척일지도?) 도저히 알 수가 없다(혹시 콜트레인 67이나 앨런 할러웨이가 이 글을 읽고 있다면, 부탁이니 내게 연락해주세요).

영국에서는 블루택이 가장 유명한 접착성 택이지만 전 세계에는 다른 회사들이 만든 비슷한 제품이 많다. 1994년에 셀로테이프는 보스틱으로부터 고발당했다. 보스틱은 셀로테이프의 푸른색 셀로택 제품이 자신들의 지적 재산권을 침해했다고 주장했다. 셀로택 포장이 셀로테이프의 노란색 리본 모티프를 닮기는 했지만 보스틱이 주장한 것은 포장의 유사성이 아니었다. 보스틱은 포장지를 벗기고 나면 셀로택의 푸른색 퍼티가 블루택과 혼동될 수 있다고 믿었다. 보스틱의 주장은 받아들여지지 않았다. 포장을 벗기기 전에는 셀로택의 색깔이 겉으로 드러나지 않으니, 판매되는 시점에는 두 제품이 혼동될 위험이 없다는 판결이 내려졌다. 셀로테이프가 법정에서는 승소했지만 제품 판매량은 줄어들었다. 미국에서는 엘머스Elmer's(오하이오 주에 본사가 있는 접착제 제조사)가 엘머스 택Elmer's Tack이라는 이름의 접착성 퍼티를 생산한다. UHU는 유럽 전역에서 파타픽스Patafix라는 퍼티를 생산한다. 파타픽스가 영국에서는 화이트 택White Tack이라는 이름으로 판매되는데, 그 포장용지에는 이것이 "수천 가지 용도"로 쓰인다고 쓰여 있다.

나는 UHU에 연락하여 그 용도를 알려달라고 했고 다음과 같은 답장을 받았다.

방금 구글에서 '수천 가지 용도' 라는 말을 검색했다가 '수천 가지 용도' 라는 문구가 사용된 제품/서비스 사이트가 18만 건 조회되는 것을 보았습니다. 이 말은 정말 다양한 기능을 가진 제품을 묘사하기 위한 영어의 일반적인 표현법이라고 생각합니다. 그런 용법은 UHU의 화이트 택 및 UHU 파타픽스에도 해당됩니다.

그 회사는 정말로 많은 기능을 가진 제품을 묘사하는 단어가 이미 있다는 사실은 무시하는 모양이다. '다재다능한' 이라는 단어 말이다.

소비자의 상상력을 위하는 길

포스터를 붙이는 것 외에 접착성 택의 또 다른 용도는 미술 재료로 쓰이는 것이다. 2007년 윔블던에 사는 화가 리즈 톰슨Liz Thompson은 블루택 4000봉지를 써서 거미 조각을 만들었다. 무게가 200킬로그램이나 나가는 그 조각은 ZSL 런던 동물원에서 열린 전시회에 전시되었다. 마틴 크리드Martin Creed가 1993년에 만든 작품 〈No.79〉은 톰슨의 작품보다 약간 덜 정교하지만 집에서 다시 만들기에는 더 쉽다. 화가의 웹사이트에서는 그 작품이 "약간의 블루택을 다듬고 굴려서 공 모양을 만든 다음 벽에 대고 누른 것. 직경은 대략 2.5센티미터가량" 이라고 설명되어 있다. 〈프리즈Frieze〉 지에 따르면 유색 접착 물질은 지지대로서 벽의 기능에 대한 은유이며, 그것 자체가 벽에 의해 지탱되고 있다. 하지만 〈선Sun〉 지는 그 정도에 감명받지 않았다. 크리드가 2001년에 터너 예술상Turner Art Prize을 받자 "터너 예술상 심사위원들이 블루를 선택한 것은 영악한 판단"이라고 주장했다.

〈선〉 지는 심지어 블루택의 더 일상적인 용도에도 문제를 제기했다. 2012년 영국 보건안전집행부Health & Safety Executive는 웹사이트에 있는 "신화 깨부수기Myth Busters" 코너에 다음과 같은 발표문을 실었다. 퍼스 앤드 킨로스Perth & Kinross에 있는 어느 학교가 그곳 땅을 관리하는 민간 회사로부터 "건강과 안전의 우려 때문에 블루택으로 만든 학생들의 작품을 창문에 전시할 수 없다"는 통보를 받았다. "블루택에 함유된 화학물질이 유리 속의 화학물질과 섞이면 유리를 깨뜨릴 수도 있다"는 이유였다. 보건안전집행부는 다음과 같이 발표했다. "블루택의 사용을 금지하는 이유가 무엇이든 그것은 보건과 안전의 문제는 아니다. 제조 회사의 웹사이트에 따르면 그 제품은 유리에 붙여도 된다고 분명히 밝혀져 있다. 아이들의 창의력 있는 작품이 누구든 감상할 수 있게 전시되지 못할 이유는 없다고 본다." 그러나 보건안전집행부의 발언에도 불구하고 〈선〉 지는 어떤 교사가 "블루택을 교실 창문에 쓰지 말라는 지시를 받았다"고 여전히 주장한다. 혹시라도 유리가 폭발할까봐!

포장지에서 약속한 "수천 가지 용도"를 알려달라고 요청하는 서신을 몇 달간 나와 주고받은 보스틱의 블루택 프로덕트 매니저product manager 미셸은 다음과 같은 이메일을 보내왔다.

사실 블루택은 재미와 창의력과 상상력을 위한 거예요. 그 브랜드에 대해 우리가 하려는 말이 이겁니다. 자, 이제 우리가 사람들에게 그 수천 가지 용도를 알려준다면 그들의 상상력에서 마술 같은 요소를 약간 없애 버리게 되겠지요.

예전에는 블루택의 '마술'에 대해 한번도 생각해본 적이 없었다. 미셸은 250개 정도의 용도가 적힌 목록을 보내주었다(보스틱 남아프리카와 보스틱 오스트레일리아에서 일하는 동료의 도움을 받아 작성한 목록). 난 목록을 읽지 않았다. 그 마술이 계속 살아 있었으면 했으니까. 그녀는 새 블루택도 한 봉지 보내주었다. 난 그것을 책상 서랍에 예비용으로 넣어두었다. 절대 뜯지 않을 것이다. 그것은 미셸과 나눈 서신을 기리는 특별한 기념물이다. 그것은 어떤 목록에도 실리지 않을 블루택의 또 한 가지 용도다.

---

* 어떤 제품에 대해 기획에서부터 생산, 판매, 홍보에 이르는 전 과정을 책임지고 관리하는 사람.

냉장고 문에 붙은
하이퍼텍스트

포스트잇의 매력은 단순하다. 그것은 우리가 기억하도록 도와준다. 재무보고서나 찬장에 붙어 있는 포스트잇은 사무실에서든 집에서든 똑같이 쓸모 있다. 시각적인 환기 장치로서 우유를 사거나 이메일을 보내라고 상기시켜준다. 저서 《기억의 일곱 가지 죄악: 마음은 어떻게 잊어버리고 기억하는가》에서 대니얼 L. 샥터는 미국의 기억력 챔피언인 타티아나 쿨리의 말을 인용한다. 그녀는 자신이 일상적으로는 대체로 머리를 비우고 산다고 했다는 것이다. "난 포스트잇 덕분에 살아요." 그녀는 인정한다.

리사 쿠드로Lisa Kudrow와 미라 소르비노 Mira Sorvino가 출연한 1997년 영화 〈로미와 미셸의 고교 동창회Romy and Michelle's High School Reunion〉에서 로미와 미셸이 고등학교 동창회에 간다는 말에 그다지 놀랄 만한 요소는 없다. 그런데 (동창회에 가려고) 고향으로 돌아가는 길에 자기들의 인생이 기대했던 것만큼 근사하지 않다고 생각한 그들은 성공한 여성 사업가 행세를 해보기로 했다. 로미는 자신들이 회사 사장으로 자기들이 발명한 제품을 판매한다고 말하자고 했다.

난 그래야 할 것 같아. 다들 그것에 대해 알기는 하지만 누가 발명했는지는 아무도 모르는 그런 것 말이지. 아, 그래, 알겠어. 포스트잇! 다들 포스트잇이 뭔지는 알지!

"그래!" 미셸이 대답한다. "뒷면에 접착제가 칠해진 작고 노란 것 말이지."

애석하게도 그들은 동창생들에게 자기들이 포스트잇을 발명했다고 납득시키지 못했다. 하지만 그들은 서로에게는 상대방이 있다는 것, 그리고 다른 사람들이 자신들을 어떻게 생각하는지보다는 두 사람의 우정이 훨씬 중요하다는 것을 배웠다. 그리고 끝에 가면 모든 일이 잘 풀리게 된다. (동창생인) 앨런 커밍이 일종의 고무 같은 것을 발명했으니까. 어쨌든 뭔가 그 비슷한 것 말이다.

하지만 로미와 미셸이라는 허구의 인물들이 포스트잇을 발명한 것이 아니라면 누가 했을까?

스펜스 실버Spence Silver는 1966년 3M에 입사하여 연구실의 선임연구원으로 일했다. 실버는 애리조나 주립대학교에서 화학을 공부한 다음 콜로라도 대학교에서 유기화학으로 박사 학위를 땄다. 그가 들어간 팀은 감압접착제를 개발하고 있었다. 실용성이 있으려면 이런 접착제는 부착시킬 표면에 달라붙어 있을 만큼 끈적끈적한 동시에 쉽게 떼어낼 수도 있어야 했다(딕 드루가 알았던 것처럼 자기들끼리 달라붙는 테이프는 별 쓸모가 없다). 나중에 〈파이낸셜 타임스Financial Times〉 지와의 인터뷰에 따르면 실버는 1968년 접착제용 폴리머 개발 프로그램의 일환으로 자신이 연구하고 있던 접착제 공식을 바꾸어보았다고 한다.

분자들이 고분자화하도록 유도하는 화학 반응제를 권장량 이상으로 첨가해보았다. 결과는 아주 놀라웠다. 그렇게 만들어진 작은 입자들은 용해되지 않고 용매 속으로 흩어졌다. 그것은 새로운 현상이었고, 나는 그 방향으로 실험을 계속했다.

그 입자는 아주 작은 구형의 고체로 뭉쳐졌는데, 구형이므로 접착되는 물건의 표면에 일부만 닿게 된다. 그로 인해 접착력이 약한 접착제가 만들어졌다. 접착성 강한 풀을 만들려는 회사로서는 별로 유용하지 않았다. 새 접착제는 '무차별적'이었다. 즉 두 표면을 붙이기도 하고, 쉽게 떨어지기도 하고, 때로는 여기 달라붙었다가 저기로 옮겨 붙기도 했다. 한마디로 예측 불가였다. 실버는 이 신물질에 매혹되었고 분명히 쓸모가 있을 것이라고 확신했다. 그런데 그게 어떤 쓸모일지는 아직 몰랐다.

최초의 문구류 실험실

1902년에 창립된 3M은 원래 이름이 미네소타 광업과 제조업 회사 Minnesota Mining & Manufacturing company였다. 광물 탐사가인 에드 루이스Ed Lewis는 자신이 댈러스에서 강옥 광맥을 찾아냈다고 생각하고 이 회사를 설립했다. 산화알루미늄의 한 형태로 강도가 높은 광물인 강옥은 공업적 연마제로 그 가치가 급속도로 올라가고 있었다. 그 지역 사업가 다섯 명(헨리 브라이언Henry Brian, J. 댄리 버드J. Danley Budd 박사, 허먼 케이블Herman Cable, 윌리엄 맥고너글William McGonagle, 존 드완John Dwan)이 루이스가 발견한 것으로 돈을 벌기 위해 회사를 세웠다.

　그러나 불행하게도 이 계획에는 두 가지 문제가 있었다. 하나는 이들이 강옥을 연마기와 사포로 변형시킬 방법을 궁리하고 있는 동안 에드워드 애치슨Edward Acheson이 강옥 대체재인 카보런덤carborundum이라는 인공물질을 개발하는 바람에 강옥의 가치가 급격히 떨어졌다는 것이다. 또, 알고 보니 루이스는 처음부터 착각을 하고 있었다. 그가 발견한 것은 강옥이 아니었으니까. 그것은 저품질의 회장암anorthosite이었다. 회장암은 외형은 강옥과 비슷하지만 강도가 낮아 연마제로 쓸 수 없었다.

댈러스 광산에 투자한 돈을 되찾지 못하리라는 것을 아직 깨닫지 못한 다섯 남자는 채굴된 광물로 사포를 만들 큰 공장을 짓기 시작했다. 그러나 '강옥'을 채굴하기가 너무 힘들자 그들은 석류석을 쓰기 시작했다. 석류석을 안정적으로 공급해줄 국내의 공급처를 찾지 못한 그 회사는 품질이 낮은 석류석을 스페인에서 들여와야 했다. 1914년 3M에는 사포를 몇 분만 사용해도 연마제 알갱이가 떨어진다는 불평이 접수되기 시작했다. 무엇 때문에 이런 문제가 생기는지 아무도 파악하지 못하다가 석류석을 검사해보니 그 속에 일종의 기름 성분이 들어 있어서 도저히 사용할 수 없는 상태임이 밝혀졌다. 스페인에서 석류석을 실어온 증기선에는 올리브 오일 통도 함께 실려 있었는데 거친 바다를 건너오는 동안 기름통이 몇 개 부서져서 석류석에 스며들었던 것이다. 이 일을 겪은 3M은 원료의 품질을 보증할 방법이 있어야 한다고 깨달았다. 그래서 1916년에 그 회사는 최초의 연구실험실을 지었고 점차 제품을 개선시킬 새로운 접착제 연구에 관심을 더 많이 쏟았다.

1921년 프랜시스 오키Francis Okie라는 잉크 제조업자가 신제품을 개발하고 있다면서 사포의 사암 알갱이 샘플을 보내달라고 3M에 요청했다. 3M은 경쟁자가 될 만한 사람에게 샘플을 보내주기가 꺼려졌지만 그의 편지를 읽고 궁금증이 생겼다. 방수 사포를 만들 새로운 공법

─────────

* 칼슘이 많은 사장석으로 이루어진 관입 화강암 종류.
** 사실은 회장암.

을 개발했다는 오키의 말을 들은 3M은 그에게 사포를 팔기보다는 거꾸로 그의 발명품을 사들이고 자기들 회사에 들어와 새로운 실험실에서 그 재료를 계속 연구하자고 제안했다. 이렇게 만들어진 오키의 '웻오어드라이' 사포는 3M의 첫 번째 성공작이 되며, 미처 깨닫지 못한 사이에 그 회사가 접착제 사업으로 이동하는 데 기여했다.

'이상한 접착제' 세미나

앞서 소개한 영화에서 로미와 미셸은 동창회에 참석하기 위해 애리조나로 가는 길에 자기들이 포스트잇을 어떻게 발명했는지 설명할 계획을 짜낸다. 로미는 자신들이 고객 대상의 프레젠테이션을 준비하는 홍보 회사의 임원이라고 상상한다. 프레젠테이션을 준비하던 그들은 종이 클립이 다 떨어졌음을 알게 된다. "좋아." 로미가 미셸에게 말한다. "이런 것, 그러니까, 이 종이 뒷면에 접착제 같은 것이 있다면 얼마나 근사하겠어? 그걸 다른 종이 위에 놓으면 종이 클립 없이도 붙어 있는 거야." 로미가 더 자세하게 상상을 추가해나가면서 미셸은 신이 났다. "그렇다면 네게 종이 회사나 제지 공장을 가진 할아버지든 삼촌이든 누군가가 있는데, 그가 네 생각에 완전히 혹하는 거야. 그러면 나머지는 다 아는대로 되어가지." 로미의 상상 속에서 포스트잇은 간단한 과정을 거쳐 발명된다. 문제가 인식되고(로미와 미셸에게 종이 클립이 부족해진다) 해결책이 발견되는 것(종이 뒷면에 풀을 바른다)이다. 그러나 실제로 포스트잇을 발명하는 과정은 이런 간단한 시나리오와 정반대였다. 스펜스 실버가 나중에 쓴 글에 따르면 "내 발명은 그것이 해결해줄 문제가 출현하기를 기다리는 어떤 해결책이었다".

우연한 발명이 이루어진 뒤 실버는 여러 공식을 실험해보고 여러 아이디어를 적용해 이 독특한 물질을 활용할 기회를 찾아보면서 여러 해를 보냈다. 그는 동료들에게 그것을 보여주었고 심지어 이 특이한 성질을 설명하기 위해 세미나도 여러 번 열었다. 처음에 그는 그 접착제를 분사기 형태로 팔 수 있으리라고 생각했다. 종이나 포스터 뒷면에 분무하여 일시적으로 붙여두는 것이다. 그런 것이 아니라면 메모나 쪽지를 일시적으로 붙여둘 수 있도록 이 물질로 커다란 소식판을 코팅하면 어떨까? 그러나 이 접착제의 '무차별적' 성질 때문에 그 용도로 쓰기에는 한계가 있었다. 포스터를 붙였다가 떼어내면 끈적끈적한 자국이 벽에 남았다.

스펜스 실버의 접착제 세미나에 참석한 3M 직원 중에 아트 프라이 Art Fry라는 사람이 있었다. 프라이는 그 회사의 테이프 부서에서 일했고 그가 맡은 임무 중에는 신제품 아이디어를 개발하는 일도 들어 있었다. 프라이는 여가 시간에 지역 합창단에서 열심히 활동했다. 실버의 발견에 대해 설명을 듣고 며칠 뒤 찬송가를 연습하던 프라이는 짜증이 났다. 찬송가집에 페이지를 표시해두는 종잇조각이 계속 떨어져 나갔던 것이다. 접착력이 크지 않은 접착제가 있다면 책갈피를 제자리에 붙여놓을 수 있을 텐데. 그는 스펜스에게 그 접착제 샘플을 받아 좁은 종잇조각에 바른 다음 책갈피처럼 써보았다. 효과가 있었다. 하지만 여전히 페이지에 끈끈한 자국이 남았다. 결국 프라이는 접착물질을 바르기 전에 종이에 미리 발라둘 화학물질을 개발하여 책갈피를 떼고 나서도 그 자국이 페이지에 남지 않게 했다. 그는 이 책갈피를 동료들에게 보여주었지만 그들은 별로 흥미를 보이지 않았다. 어느 날 프라이는 사무실에서 보고서를 작성하고 있었다. 그는 감독관에게 보여줄 짧은 메모를 쓰고 싶었다. 그래서 자기가 만든 책갈피 한 장에 몇 마디를 써서 보고서 앞쪽에 붙였다. 감독관도 프라이의 책갈피 한 장을 가져다 수정이 필요한 단락 옆에 붙인 다음 자기 말을 몇 마디 보탰다. 이것을 본 프라이는 "유레카, 머리가 열리는 순간"을 경험했다. 스티키 노트sticky note가 태어난 것이다.

3M이 일련의 난관(강옥이 아니었던 강옥, 에드워드 애치슨이 개발한 인공 연마제, 기름 먹은 석류석)을 창의적으로 극복하고 광업 회사보다는 접착제 회사로 성공을 거둔 과정을 살펴본다면 이 회사가 강력한 혁신의 기업문화를 가지게 된 것이 의외가 아니다. 딕 드루가 원래는 사포를 만들어야 하는데도 테이프를 개발할 수 있었고, 실버가 (아직) 쓸모도 없는 풀에 그처럼 많은 시간을 쏟을 수 있었던 것은 이런 문화 덕분이었다. 3M에는 '15퍼센트 규칙'이 있었다. 이는 직원들이 업무 이외에 다른 기획에도 어느 정도의 시간을 쏟을 수 있게 하는 규칙이었다. 그들은 이런 창의적인 자유 덕분에 마감 시간에 쫓기며 과녁을 맞히는 데만 몰두했더라면 찾아내지 못했을 발견을 해냈고 서로 다른 부서와 전문성을 가진 사람들 사이에서 협업을 이룰 수 있었다. "3M에서 우리는 모두 아이디어의 저장고였어요. 어떤 아이디어든 그냥 내버리는 것이 없었어요. 누가 그걸 어디서 필요로 할지 모르니까요." 프라이는 나중에 이렇게 말했다. 포스트잇의 경우 결국은 가능성 있

는 제품이 되었지만 프라이가 실버의 접착제에서 쓸모를 찾아낸 뒤에도 회사 내에서 이 제품에 대한 지지는 높아지지 않았다.

끈끈한 메모지의 잠재력

자기 아이디어가 성공할 것이라고 확신한 프라이는 자기 집 지하실에서 스티키 노트를 생산할 기계를 만들기 시작했다. 그는 제대로 작동하는 프로토타입을 만들었지만 불행히도 너무 커서 문을 통과할 수가 없었다. 프라이는 문을 떼어내고, 그다음에는 문틀을 떼어내고, 마지막에는 벽 일부를 허물어 마침내 그 기계를 3M 실험실로 운반할 수 있었다. 이제 그는 자기 아이디어의 성공에 꼭 필요한 새 제품의 샘플을 생산할 수 있었다. 샘플이 없으면 스티키 노트는 절대 성공할 수 없었을 것이다.

문제는 사람들에게 그 제품의 실용적인 장점을 납득시키기가 어려웠다는 것이다. 예전에 포스트잇을 한번도 보지 못했거나 사용한 적이 없다면 그것은 있으나 마나 한 물건으로 보일 것이다. 접착력 약한 풀이 한쪽 가장자리에 가늘게 칠해진 작은 종잇조각이라니, 무슨 쓸모가 있을 것 같지 않다. 그런데 한번 쓰기 시작하면 모든 것이 변한다.

다행히 프라이의 상관인 제프 니컬슨Geoff Nicholson은 그 스티키 노트의 위력을 믿었고, 계속 연구해보라고 격려했다. 니컬슨은 그 제품의 샘플을 다른 3M 부서에 나눠주기 시작했다. 3M 어디서든 신제품 샘플을 나눠주는 것은 흔한 관행이었고, 언제나 감사하게 받아들여졌다(다들 공짜는 좋아하니까). 그런데 이번에는 반응이 달랐다. 니컬슨의 비서는 샘플을 더 달라는 밀물 같은 요청에 파묻혀버렸다. 상황이 이런데도 3M의 마케팅 담당자는 신제품이 상업적으로 성공할지 어떨지 여전히 확신을 못하고 있었다. 사람들이 그냥 좋잇조각을 쓰면 되는데 이런 물건을 정말로 돈을 내고 살까? 스티키 노트를 더 달라는 요청에 익사할 지경이 되어버린 니컬슨의 비서가 니컬슨을 쏘아붙였다. "제가 당신 비서가 되면 좋겠어요? 아니면 유통업자가 되면 좋겠어요?" 니컬슨은 그녀에게 새 샘플의 요청서를 모두 그 마케팅 담당자에게 넘기라고 말했다. 그랬더니 이제는 그 담당자가 샘플 요청에 떠내려갈 지경이 되었고 그제야 그 제품이 잠재력이 있음을 인정했다.

운 나쁘게도 1977년 그 제품을 처음으로 시험 출시했을 당시 소비자들 역시 3M 마케팅 담당자만큼 회의적이었다. 프레스앤필 노트Press 'n Peel Note(그때는 이런 이름이었다)는 네 도시에서 시험 판매되었지만 모든 곳에서 실패했다. 니컬슨은 시험 판매장으로 가서 문제가 무엇인지 알아보았다. 이번에도 사람들이 그 물건을 사기 전에 샘플을 먼저 써봐야 할 것 같았다. 1978년 사장인 루 레어Lew Lehr의 지원을 받은 3M의 직원이 아이다호 주 보이시 시에 있는 '보이시 블리츠Boise Blitz'라는 회사로 가서 샘플을 수없이 나눠주었다. 써본 사람들 중 90퍼센트는 포스트잇 노트Post-it Note라는 새 이름으로 나온 그 제품을 구입하겠다고 대답했다. 3M은 그 제품을 신뢰하게 되었고 마침내 1980년에 본격적인 광고와 함께 미국 전역에 제품이 출시되었다.

포스트잇 노트가 약간은 머뭇거리다가 출시된 탓에 2010년의 TV

프로그램 〈밀리언 달러 머니 드롭Million Dollar Money Drop〉의 프로듀서들은 문제에 봉착했다. 프로그램 참가자인 게이브 오코이Gabe Okoye와 브리타니 마이트Brittany Mayt가 소니 워크맨, 애플 매킨토시, 포스트잇 노트 중에 가장 먼저 판매된 것이 무엇인지 묻는 문제에 대해 모두 포스트잇이라고 대답했지만 틀렸다고 판정받은 것이다(워크맨은 1979년에 출시되었다). 온라인에서 항의가 벌 떼같이 일어나자 그 쇼의 프로듀서들은 두 사람을 다시 쇼에 초청했지만 불운하게도 그들이 다시 출연하기 전에 그 프로그램은 종영되어버렸다.

소박한 걸작품

미국 전역에 소개된 뒤, 그리고 실버의 원래 발견이 이루어지고 12년 뒤 포스트잇은 엄청난 성공을 거두었고, 프라이와 실버는 나중에 3M의 명예의 전당에 들어갔다. 포스트잇의 제품군에는 이제 수십 가지 색상으로 나오는 16가지 제품이 포함된다(페이지 마커Page Markers, 불러틴 보드Bulletin Boards, 이젤 보드Easel Boards도 포함). 로미가 미셸에게 자기들이 어떻게 포스트잇을 발명했는지 설명할 때 미셸은 화가 살짝 났다. 로미가 공을 독차지하려는 것 같았기 때문이다. 그래서 로미는 타협안을 제안한다. "오케이, 있잖아, 그러면 넌 그 디자이너 비슷한 사람이라고 할 수 있겠어. 말하자면, 그걸 생각해낸 건 난데, 그걸 노란

일정한 액수의 돈을 걸고 여러 개의 선택지가 있는 질문을 맞히는 퀴즈 게임 프로그램. 원래 영국에서 방영된 〈밀리언 파운드 머니 드롭〉을 미국의 폭스 TV에서 리메이크한 프로그램이었는데, 시즌 1만으로 끝났다.

색으로 하자고 생각한 건 너란 말이지." 사실 원래 포스트잇이 노란색인 이유는 디자인 면에서 의식적으로 판단한 결과는 아니었다. 포스트잇 자체의 발명처럼 색상 역시 우연의 산물이었다. "그냥 어쩌다가 실험실에 노란색 종이가 좀 있었기 때문입니다." 니컬슨은 나중에 〈가디언Guardian〉지에 이렇게 설명했다.

다른 회사들이 재빨리 3M의 제품을 자신들의 버전으로 출시했지만 포스트잇은 여전히 아이콘 같은 위치에 있다. (내가 제일 좋아하는 것은 썩 유케이가 만든 스위치 노트Switch Note다. 한가운데 구멍이 있어서 전등 스위치에 끼울 수 있다.) 〈섹스 앤 더 시티Sex and the City〉에서 캐리 브래드쇼는 미란다, 샬럿, 사만다에게 남자친구와 헤어졌다면서 "버거가 내게 헤어지자는 말을 스티키 노트로on a sticky note 전했어"라고 하지 않는다. 그녀는 그가 헤어지자는 말을 "포스트잇으로on a Post-it" 전했다고 한다. 로미와 미셸이 그 '스티키 노트'를 발명했다고 주장한다면 아무도 감명받지 않을 것이다. 포스트잇이어야 했다. 프리트 스틱이나 셀로테이프처럼 포스트잇은 일반적 용어만이 아니라 그런 유형의 제품을 규정해주는 용어가 되었다.

포스트잇의 매력은 단순하다. 그것은 우리가 기억하도록 도와준다. 재무보고서나 찬장에 붙어 있는 포스트잇은 사무실에서든 집에서든 똑같이 쓸모 있다. 시각적인 환기 장치로서 우유를 사거나 이메일을 보내라고 상기시켜준다. 저서 《기억의 일곱 가지 죄악: 마음은 어떻게 잊어버리고 기억하는가Seven Sins of Memory: How the Mind Forgets and Remembers》에서 대니얼 L. 샥터Daniel L. Schacter는 미국의 기억력 챔피언인 타티아나 쿨리Tatiana Cooley의 말을 인용한다. 그녀는 자신이 일상적으로는 대체로 머리를 비우고 산다고 했다는 것이다. "난 포스트잇 덕분에 살아요." 그녀는 인정한다.

포스트잇은 융통성이 커서, 그러니까 수없이 뗐다 붙였다 할 수 있어서 작가들은 이야기를 구성할 때 포스트잇을 자주 쓴다. 윌 셀프Will Self는 〈가디언〉 지에서 자신의 글쓰기 과정을 설명했다. 자기 책의 "생애는 공책에서 시작되며, 그다음에는 포스트잇으로 옮겨가고, 포스트잇이 방의 벽에 붙여진다"는 것이다. 글이 완성되면 셀프는 포스트잇을 벽에서 떼어내 스크랩북에 보관한다("어떤 것도 내버릴 수 없어요"). 뉴욕 현대미술관의 건축과 디자인 부문 큐레이터인 파올라 안토넬리 Paola Antonelli는 이런 융통성, 그리고 그것이 정보들을 서로 연결시켜주는 방식을 고려하여 2004년 〈소박한 걸작품Humble Masterpieces〉 전시회에 포스트잇을 전시 품목에 포함시키고 그것을 "냉장고문에 붙은 하이퍼텍스트"라고 묘사했다.

사람들에게 포스트잇의 유용성을 이해시키기 위한 분투를 겪은 뒤에야 그 끈끈한 메모지는 우리의 데스크탑 컴퓨터에서도 흔히 보이는 물건이 되었다. 마이크로소프트 엑셀 프로그램의 코멘트 기능은 작고 노란 사각형으로 등장하며, 다른 앱에서는 포스트잇과의 관계가 더 확연해진다. 3M 자체의 소프트웨어인 포스트잇 디지털 노트Post-it Digital Notes만이 아니라 애플의 스티키스Stickies, 마이크로소프트의 스티키 노트Sticky Notes 등이 그런 예다. 그러나 기술과 스티키 노트가 만나는 가장 흔한 경우는 가장 단순한 것이기도 하다. 모니터 옆에 포스트잇이 붙어 있는 광경을 생각해보라.

하지만 포스트잇이 순수하게 기능적으로만 존재한다는 주장은 그리 공정한 견해가 아니다. 가끔은 그것이 예술이 될 수도 있다. 2001년 캘리포니아의 화가 리베카 머토프Rebecca Murtaugh는 수천 장의 포스트잇으로 자기 침실의 모든 표면을 덮었다. 설치미술 〈침실에서 중요한 공간 표시하기 1To Mark a Significant Space in the Bedroom 1〉의 일부였다. 각 포스트잇은 색상마다 다른 가치가 주어졌다. 원래의 노란색 메모지는 벽과 천장 같은 저가低價 공간에 사용되었고, 선명한 형광 노랑은 그녀가 좋아하는 물건을 가리키는 데 사용되었다. 머토프는 〈뉴욕타임스〉 지와의 인터뷰에서 자신이 포스트잇 메모지에 "홀렸다"고 설명했다.

그것들은 온갖 색상으로 나와요. 아름답지요. 용도가 있지만 그건 사람에 따라 달라집니다. 어떤 경우에는 "다시 올게"라는 메모이고, 어떤 경우에는 전화번호이기도 합니다. 하지만 중요한 내용을 담고 있으면서도 메모지 자체는 언제나 덧없고 일시적이지요. 그런데도 귀중한 정보를 전달해요. 그러니 이런 이중성이 있습니다. 폐기 가능하지만 매우 귀중하다는 이중성입니다. 나는 어떤 중요한 공간을, 책이 아니라 방 전체를 메모지로 표시하고 싶었어요.

머토프는 포스트잇을 계속 작품에 썼다. 그러면서도 원래 용도대로 쓰지는 않았다. "난 그것들을 낭비하고 싶지 않아요." 그녀는 말한다.

Staplers

스테이플러의
연속 동작

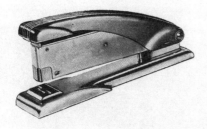

스테이플러는 상당한 존재감을 가진 물건이다. 감정적으로 집착하는 이유 중에는 분명 그것도 있다. 금속제 팔과 용수철로 되어 있으니, 그 주위에 널린 펜과 연필보다 더 복잡한 구조다. 작동 방식이 쉽게 파악되지 않는다. 존경의 대상이 될 만하다.

니컬슨 베이커Nicholson Baker의 《구두끈은, 왜? The Mezzanine》 만큼 현대 사무실의 환경을 섬세하게 묘사해주는 소설은 거의 없었다. 어느 페이지에서도 이름이 거론되지 않는 이 주인공은 두터운 자료를 철하기 위해 스테이플러의 브론토사우루스 같은 머리를 누르면서 예상되는 세 단계의 동작을 마음속으로 그려본다. 첫 단계, 스테이플러를 누르면서 그 기구를 지탱해주는 용수철의 저항을 느낀다. 그다음에 이어지는 둘째 단계에서 스테이플러 날stapler blade이 "종이에 헤딩하듯 부딪히고 스테이플러 침이 종이를 뚫고 들어가도록 힘을 가한다." 그리고 다음의 마지막 단계가 이어진다.

마치 얼음덩이를 깨무는 것처럼 으드득거리는 느낌. 스테이플러 침의 양쪽 끝이 종이를 뚫고 나와 스테이플러 밑바닥에 패인 홈에 맞게 구부러지며 메모지를 게다리처럼 끌어안고는 마침내 스테이플러에서 완전히 분리된다.

베이커가 1988년에 발표한 소설로, 직장의 점심시간 동안 한 남자의 마음속에서 진행되는 생각을 따라가는 내용.

그런 다음 주인공은 수많은 사람이 익히 아는 재앙 같은 시나리오를 묘사한다. "팔꿈치가 꺾이고 숨이 콱 막힌다." 스테이플러 침통이 비어있었던 것이다. "어떻게 이처럼 끈질기게, 점점 더 심하게 날 배신할 수 있는 거야?" 언뜻 보기에 스테이플러는 그리 낭만적인 물건은 아니지만 베이커가 말하는 빈 스테이플러에게 배신당한 기분이라는 묘사는 사람들이 이런 물건에 대해 갖는 감정적인 집착을 생생하게 보여준다.

스테이플러는 상당한 존재감을 가진 물건이다. 감정적으로 집착하는 이유 중에는 분명 그것도 있다. 금속제 팔과 용수철로 되어 있으니, 그 주위에 널린 펜과 연필보다 더 복잡한 구조다. 작동 방식이 쉽게 파악되지 않는다. 존경의 대상이 될 만하다. 다 쓰면 버리고 새것으로 바뀌는 것이 아니라 속을 다시 채워 계속 쓰는 도구다. 그러니 책상 위에 널린 다른 물건들보다 더 오래 존재한다(스테이플러를 새로 사기까지 걸리는 시간보다 컴퓨터를 교체하는 기간이 더 짧은 회사도 있을 것이다). 사실 사무실 근무자가 쓰는 다른 문구류보다 더 오래 존재할 뿐만 아니라 사무실 근무자 자신보다도 더 오래 남아 있을 수도 있다. 근무자들은 다른 직장으로 이동하겠지만 스테이플러는 그대로 남아 있을 것이다. 문구류 캐비닛에 도로 들어가 새 사용자를 기다리고 새로운 관계를 준비하면서. 그런데 가끔은 그 관계가 너무 강해져서 계약을 간단하게 종료하지 못하는 경우가 있다. 2011년 렉셀의 조사 결과에 따르면 "최근 경제 불황 때문에 일자리를 잃은 직원들이 사무실에서 쓰던 스테이플러를 집으로 가져가는 일이 많다. 자신들의 개인 소지품이라고 생각했기 때문이다".

우중충한 사무실의 한 줄기 빛

하지만 스테이플러에 대해 강한 애착을 느끼기로는 1999년의 코미디 영화 〈오피스 스페이스Office Space〉에 나오는 밀턴만 한 사람은 없을 것이다. 자신이 다니는 회사 이니텍의 상관들이 기존의 스윙라인Swingline 스테이플러를 보스턴Boston 스테이플러로 바꾼 것에 불만을 느낀 밀턴(스티븐 루트Stephen Root가 연기)은 빨간색 스윙라인을 고집한다.

내가 스윙라인 스테이플러를 쓰는 것은 별로 고장이 나지 않기 때문입니다. 또 스윙라인 스테이플러용 침도 갖고 있고요. 내 스테이플러를 압수한다면 이 건물에 불을 지를 거예요.

사실 이 영화가 제작되었을 때는 밀턴이 그처럼 격렬하게 방어하는 선홍색 스테이플러가 스윙라인에서 생산되고 있지도 않았다. 지금은 ACCO 그룹에 속한 스윙라인은 잭 린스키Jack Linsky가 세운 회사였다. 린스키는 어린 시절 러시아에서 뉴욕으로 이주했다. 열네 살 때 린스키는 문구류 공급 회사에서 일하기 시작했다. 나중에 도매업을 시작한 그는 독일의 스테이플러 공장을 찾아갔다. 그는 당시 시장에 나와 있는 스테이플러의 디자인을 개선하고 더 매끈하게 만들 수 있으리라고 생각했다. 그러나 독일의 제조업자들에게 자신의 구상을 납득시키지 못한 그는 패럿 스피드 패스너Parrot Speed Fastener라는 회사를 차렸다.

국내에는 〈뛰는 백수 나는 건달〉이라는 제목으로 알려진 미국의 코미디 영화.

그 회사는 "실용적이고 효율적으로 작동되는" "상부 충전식 스테이플링 기계top loading stapling machine"를 개발했다. 이 새 디자인은 사용자들이 스테이플러의 윗부분을 열어 스테이플러 침을 새로 채우고 구부러지거나 망가진 침을 빼낼 수 있게 해주었다. 린스키의 아내 벨은 이 스테이플러를 스윙라인이라 부르자고 제안했고 그 제품이 큰 성공을 거두자 1956년에는 회사 이름을 스윙라인으로 바꿨다.

스윙라인은 기존의 검은색과 회색 스테이플러와 함께 빨간색 스테이플러를 생산했지만 〈오피스 스페이스〉의 세트 디자이너인 에드워드 T. 매커보이Edward T. McAvoy가 그 물건을 찾아다니기 오래전에 생산을 중단했다. 〈오피스 스페이스〉의 감독인 마이크 저지Mike Judge는 스크린에 보이는 우중충하고 지루한 칸막이 속의 생활에서 눈에 확 들어올 선홍색 스윙라인 스테이플러를 원했지만 그런 스테이플러는 더이상 존재하지 않았다. 매커보이는 임기응변을 써야 했다. 그는 스윙라인에 전화하여 그들이 생산하는 스테이플러에 빨간색 스프레이를 뿌려도 될지 물어보았다. 영화 관련자들에게는 (스윙라인 측에도) 다행스럽게도 회사는 괜찮다고 했다. 매커보이는 자동차 정비소에 스테이플러를 한 아름 가져가서 선홍색 스프레이를 뿌렸다.

그 영화는 처음 개봉했을 때는 그리 큰 인기를 끌지 못했지만 점차

컬트 작품의 반열에 오르게 되었다. 팬들은 스테이플러를 갖고 와서 배우 스티븐 루트에게 사인해달라고 부탁했고 스테이플러에 직접 스프레이를 뿌리기 시작했다. 어떤 사람은 영화에 나온 물건을 어디서 살 수 있는지 스윙라인에 문의하기도 했다.

결국 2002년에 스윙라인은 선홍색의 747리오Rio를 출시했다. "우리는 75년 이상 이 업계에 종사해왔지만 이처럼 큰 관심을 받은 적은 없었습니다." 스윙라인의 사장인 브루스 네폴Bruce Neapole은 신제품이 출시된 직후 〈월스트리트 저널Wall Street Journal〉과의 인터뷰에서 이렇게 말했다. 스윙라인은 그때까지 20~30년 동안 대기업을 상대로 무난한 검정과 은백색 제품의 대량 주문을 확보하려고 애써왔었다. 그러다 갑자기 747리오가 성공하면서 "표현력 있는 소비자"로 구성된 새로운 시장이 있음을 알게 되었다. 스윙라인 웹사이트는 이런 표현력 있는 소비자들에게 특이한 곳에서 스테이플러와 찍은 사진을 보내달라고 했다. "사랑을 공유해요." 그 웹사이트는 말한다. 나무 위에, 스쿠터 위에, 따뜻한 욕조 곁에 놓인 빨강 스테이플러들. (마지막 사진은 칵테일을 홀짝거리면서 찍은 것이었다. 나는 이걸 보면서 생각지도 못하게 스테이플러에게 질투심이 생겨버렸다.)

스테이플러의 연속 동작

1939년 스윙라인이 선보인, 위에서 침을 채워 넣는 스테이플러는 현대적 스테이플러의 진화 과정에서 결정적인 한 걸음이었다. 사무실 근무자가 일렬형 스테이플러 침을 간단하게 끼워 넣을 수 있게 된 것이다. 하지만 지금은 당연시되는 상부 충전식의 스테이플러는 스테이플러 침의 생산 방식이 변했기 때문에 제작될 수 있었다. 특히 풀로 붙인, 혹은 고정된 일렬 형태의 스테이플러 침이 등장한 것이 중요했다. 니컬슨 베이커의 주인공이 텅 빈 스테이플러에게 "배신"당한 뒤 그를 어떤 면에서 위로해주는 것이 바로 이 사실이다.

스테이플러 뚜껑을 벗기고, 구불거리는 긴 스테이플러 침을 제자리에 놓는다. 그리고 나중에 누군가와 통화하면서 스테이플러에 잘 끼워지지 않는 스테이플러 침을 가지고 용을 쓰다가 작게 쪼개진 침이 고무풀에 매달린 꼴을 보게 된다.

그러나 과거의 스테이플러에는 일렬형 스테이플러 침을 끼울 수 없었다. 그때는 침을 한번에 하나씩만 끼울 수 있었으므로, 한번 쓸 때마다 매번 침을 새로 끼워 넣어야 했다. 알베르트 클레츠커Albert J. Kletzker가 1868년에 특허를 출원한 기구가 최초의 스테이플러 가운데 하나로 알려져 있지만 실제 특허 신청서에는 '종이 클립'으로 기술되어 있었다. 하지만 그것은 오늘날 우리가 종이 몇 장을 철할 때 끼워 넣는, 끝이 둥근 잼 클립과는 전혀 닮지 않았다. 그것은 무서운 짐승처럼 생긴 기구였다. 금속제 쥠쇠ᆞ가 위쪽을 향한 이빨처럼 생긴 날카로운 송곳guides 사이에 끼워진다. 종이를 이런 송곳 위에 바로 놓은 다음 손잡이가 종이를 내리누르면 쥠쇠 대신에 송곳이 스테이플러의

ᆞ 즉 낱개로 된 스테이플러 침.

힘에 의해 종이를 뚫고 나간다. 손잡이를 놓고 "(송곳 덕분에 종이를 뚫고 나온) 쬠쇠의 끝을 손가락을 이용해서 안쪽으로 구부린 다음 손잡이를 두 번째 누르면 쬠쇠의 끝이 종이를 단단히 눌러 철하기 작업이 완결된다". 그 기구는 우리가 알고 있는 스테이플러를 뒤집어놓은 상태로 작동했다. 스테이플러 침이 아래 있는 종이를 뚫고 들어가는 것이 아니라 종이가 침 위로 눌러지는 것이다. 사실 스테이플러 침 혹은 쬠쇠 자체는 작업이 이루어지는 동안 완전히 수동적이다. 종이가 눌러지는 동안 송곳이 구멍을 내주고 스테이플러 침은 수동으로 구부려진다. 스테이플러 침을 끼우고 꽉 무는 일을 동시에 하는 최초의 스테이플러는 헨리 헤일Henry R. Heyl이 1877년에 특허를 냈다. 그가 만든 물건도 비슷한 방식으로 작동했지만 스테이플러 침이 종이를 뚫고 지나가면서 안쪽으로 구부러졌다.

헤일의 디자인이 인상적이기는 했지만 상업적인 성공을 거둔 최초의 탁상용 스테이플러는 1879년 조지 맥길이 특허를 낸 것이었다(맥길은 확실히 수많은 종이 클립 디자인보다는 스테이플러로 더 크게 성공했다). 이전 디자인과는 달리 맥길의 기계는 종이를 스테이플러 침 위로 누르는 것이 아니라 스테이플러 침이 위에서 종이를 뚫고 들어가게 했다. 이 덕분에 종이를 뚫고 침을 구부리는 작업이 하나의 연속적이고 즉각적인 동작으로 이루어졌고 스테이플러를 두 번 누를 필요가 없었으므로, 그 기계는 "맥길의 특허품 단일 타격 프레스Patent Single Stroke Press"로 알려지게 되었다. 단일 타격 프레스는 이전 모델보다 편리했지만 스테이플러 침은 여전히 한 번에 하나씩 집어넣어야 했다. 대니얼 소머스Daniel Somers는 1877년에 "침 넣는 슬라이드feeding slide"가 달린 스테이플러를 개발했다. 하지만 소머스의 디자인이 훨씬 우수한데도 맥길의 디자인만큼 성공하지 못했다. 소머스의 기계와 맥길의 기계는 마치 베타맥스와 VHS와 같은 관계였다.

1970년대 소니가 개발한 베타맥스 비디오 방식이 빅터가 개발한 VHS에 비해 더 우수한 점이 많았는데도 가정용 홈비디오 기기의 표준 포맷으로 선정되지 못하고 사라진 것을 의미한다. 즉 품질이 열등한 상품이 우월한 상품을 물리치고 시장에서 승리하는 상황.

나무나 금속 심지에 끼운 상태로 판매된 초기의 탄창급탄식 스테이플러 침은 헐겁거나 쉽게 엉켰다. 이런 침은 점차 연속된 일렬형 침으로 대체되었다. 처음에는 얇은 금속제 뼈대가 침을 이어주는 형태였다. 작동 방식은 스테이플러를 누르면 칼날이 그 뼈대를 절단하여 침을 하나씩 떼어내는 식이었다. 그런데 이렇게 하려면 힘을 많이 주어야 했기 때문에 금속제 뼈대는 곧 접착제로 바뀌었다. 1924년 보스티치Bostich 1번 모델에서 처음 사용된 접착식 스테이플러 침의 디자인은 지금까지도 별로 변하지 않았다. 각 스테이플러 침은 가장자리가 아주 살짝 깎인 철사로 만들어져 있어서 일렬로 배열되면 미세한 산맥처럼 봉우리와 골짜기가 교대로 이어진다. 이런 얕은 골짜기에 채워진 접착제가 스테이플러 침들을 한데 묶어주는 것이다.

초기의 스테이플러에 일렬식 침을 새로 넣으려면 침과 스테이플러가 서로 맞는 종류인지 확인해야 했다. 현대의 스테이플러는 일반적으로 표준형 스테이플러 침을 모두 사용할 수 있도록 만들어졌지만 오랫동안 표준 규격이라는 것이 없었고 각각의 제조업자들이 각각의 모델에 고유한 규격의 침을 써왔다. 이런 상황은 판매자(여러 종류의 스테이플러 침을 공급해야 한다)와 소비자(각자에게 필요한 종류의 침을 구하려고 뛰어다녀야 한다) 모두에게 비효율적이었으므로, 점차 표준 규격화가 진행되었다. 1956년 렉셀이 선보인 렉셀Rexel 56 제품군에는 각기 다른 가격으로 구할 수 있는 다양한 종류의 스테이플러가 망라되어 있지만 사용되는 침은 모두 같은 유형과 규격이다. 이처럼 단순하고 편리한 시스템이기 때문에 56 제품군은 즉각 성공을 거두었고 지금까지도 여전히 시장을 지배하고 있다.

스테이플러 침의 규격은 숫자 두 개, 즉 게이지gauge로 표시되는 철사의 굵기(대개 26게이지나 24게이지)와 침의 다리 길이를 나타내는 셴크shank(대개 6밀리미터)로 표시된다. 가장 흔한 사무용 스테이플러 침은 26/6(렉셀 56 제품군에 사용되는 침이기 때문에 56번이라고도 한다)이다. 규격은 표준화되었지만 품질은 다양하기 때문에 스테이플러에는 경고문이 붙는다. ("이 기계에는 브링코 스테이플러 침 정품만 사용하시오. 다른 제품을 쓰면 엉킬 수 있음." 혹은 "렉셀 주니어 No. 46 정품 스테이플러 침을 써야 제대로 작동.") 고전적인 꿩 먹고 알 먹기 수법을 쓰는 제조자들은 고객들이 경쟁 제품의 스테이플러 침을 쓰지 못하게 겁을 주는 한편 자기들의 침은 경쟁 제품에도 쓸 수 있다고 주장한다. 그들이 판매하는 스테이플러 침 상자에는 그 침을 끼울 수 있는 모델명이 나열되어 있다("사용 가능한 제품: 벨로스 스프라이트 스테이플러Velos Sprite Stapler, 벨로스 지피 플라이어Velos Jiffy Plier, 리틀 피터Little Peter, 스피디 스윙라인 토트Speedy Swingline Tot, 태텀 버디 주니어 Tatem Buddy Junior").

종이에 박힌 침 빼내기

보스티치가 일렬형의 접착식 침을 만들기 이전 최초의 기계에 사용된 스테이플러 침은 지금 우리가 쓰는 것에 비해 훨씬 두꺼웠다. 침을 빼내는 것도 끼우는 것만큼 힘들었다. 이상하게 들릴지도 모르지만 스테이플러 침을 빼내는 문제는 더 가는 스테이플러 침이 널리 사용되고 나서야 해결되었다. 한 가지 짐작 가는 이유가 있다. 초기의 침은 너무 두꺼워서 빼내려면 집게가 필요했는데, 집게는 이미 존재하는 도구였으니까. 그런데 침이 얇아진 뒤에는 얼핏 보면 손으로 제거할 수 있겠다는 생각을 들게 했다. 손톱을 침 아래쪽에 끼우고 들어 올리면 되지 않을까. 그러나 우리 모두가 알고 있듯이 그런 방법을 쓰면 손이 아프고 침도 잘 빠지지 않는다.

1932년 시카고의 윌리엄 팬커닌William G. Pankonin은 '스테이플러 침 제거 기구Tool for Removing Staples'의 특허를 신청했다. 그 기구를 쓰면 종이를 찢거나 자르지 않고도 스테이플러 침 또는 그와 비슷한 고정쇠를 빼낼 수 있다. 이 디자인은 작은 집게와 비슷하게 생겼다. 이빨 끝이 스테이플러 침 아래쪽에 들어가고, 집게를 끌어올리면 종이 아래쪽에서 침의 양쪽 다리가 펼쳐져서 빠져나오는 것이다. 후대의 디자인(1944년 프랭크 커티스Frank Curtiss가 특허 낸 디자인)은 오늘날 우리 눈에 익은 것과 더 많이 비슷하다. 날개 달린 손가락처럼 생긴 쥐는 부분과 이빨 달린 턱이 있는 기구. 스테이플러 침 제거기라는 기본 개념이 갖추어진 이후 몇 십 년 동안 디자인은 거의 달라지지 않았다.

내 책상 위에는 많지 않은 스테이플러 컬렉션이 대략 연대순으로 정리되어 있다. 지난 100년 동안 만들어진 스테이플러 가운데 10년 정도의 간격을 두는 것들이 하나씩 선택되었다. 100년간의 디자인 역사를 압축한 형태가 그 속에서 드러난다. 물건은 더 납작해지고, 더 얇아지고, 더 반짝거리고, 더 둥글어졌다. 스테이플러도 유행을 따르는 것 같다. 하지만 스테이플러 침 제거기가 유행을 걱정할 필요는 없다. 스테이플러는 계속해서 책상 위에 놓여 있을 것이다. 자주 쓰는 물건이니 손 가까운 곳에 있으면 좋겠다. 눈에 잘 보인다. 보기가 좋아야 한다. 더 작은 데다 자주 쓰이지 않는 스테이플러 침 제거기는 책상 서랍에 들어가 있다. 가끔 제거기의 이빨을 악어 이빨이나 뱀 머리 모양으로 만들려는 신제품 제조업자가 있을 수도 있지만 그런 물건은 진지한 사무실에 들어갈 자격이 없다.

스테이플러 침 제거기가 필요해지는 상황 자체를 피하려면 자료를 스테이플러로 철하지 말고 핀으로 꿰는 것도 한 가지 방법이다. 일반적으로 스테이플러 침의 다리는 안쪽으로 구부러진다. 자료를 한데 묶어주는 가장 안전한 방법이다. 모루를 회전시켜(스테이플러 밑바닥에는 대개 작은 회전용 단추가 있다) 다리를 바깥쪽으로 휘게 할 수 있다. 그렇게 하면 손으로 쉽게 빼낼 수 있는 직선형 핀이 만들어진다. 그러나 이 두 가지 선택지(침의 다리가 안으로 굽는 것과 바깥으로 굽는 것)로는 충분치 않은 사람들도 있었다. 윌리엄 팬커닌은 스테이플러 침 제거기를 개발했을 뿐만 아니라 사용자에게 더 많은 선택지를 주는 스테이플러 모루도 개발했다. 그가 1934년에 만든 "스테이플러를 위한 모루Anvil for Stapling Devices"는 표준적인 쌍방향 모루 하나 대신 두 개의 별도 좌대, 혹은 스테이플러 침 다리 하나에 하나씩 배당되는 "좌석" 두 개로 구성되어 있다. 이 좌대는 각기 회전될 수 있어서 여러 위치를 다양하게 구성할 수 있다. 하나는 안쪽, 다른 하나는 바깥쪽을 향하도록 정렬되어 "갈고리식 스테이플러 침"을 만들 수도 있고 한쪽을 앞으로, 다른 쪽을 뒤로 향하게 하여 Z형 스테이

스테이플러 침 제거기

플러 침을 만들 수도 있다. 아니면 둘 다 안쪽을 향하거나(전통적인 스테이플러 침처럼) 바깥쪽을 향하도록 정렬될 수 있다. (이렇게 만들어진 것을 그는 "연장되지만 언제라도 도로 짧게 할 수 있는 부분"이라고 묘사한다. 이런 설명을 듣다 보면 1930년대의 스테이플러 특허 신청서 내용이 영화 〈캐리 온 Carry On〉에 나오는 대사처럼 들린다). 이 디자인은 융통성이 커서 무척 인상적이지만 그 융통성의 쓸모는 거의 없다.

전동식 스테이플러

표준적인 26/6 혹은 24/6 규격의 탁상용 스테이플러는 거의 모든 직장에서 쓰기에 알맞지만 가끔은 뭔가 더 억센 것이 필요할 때가 있다. 조금 더 강한 힘이 필요하다. 보스티치 전자식 패스너 모델Bostitch Electromagnetic Fastener Model 4(1937년에 특허) 같은 초기의 전동식 스테이플러는 '표준형 탁상용 스테이플러'를 눌러주는 금속제 팔과 모터라는 단순한 구성으로 되어 있고 발로 페달을 눌러 작동시킨다. 1956년산 보스토매틱Bostomatic 또한 표준형 보스티치 탁상용 스테이플러의 모습이지만 "깃털처럼 가볍게 살짝 건드리기만 해도 켜지는 스위치"에 종이가 끼워지면 자동적으로 작동한다. 현대의 사무실용이나 가정용 전동 스테이플러는 최대 70장의 종이를 철할 수 있고 특별히 디자

---

* 영국의 뮤직홀 코미디 전통에 따라 1958년에서 1992년 사이에 만들어진 저예산 영화 31편, 크리스마스 스페셜 4편, TV 시리즈 13편, 웨스트엔드 등지에서 상연된 연극 3편이 포함된 코미디 시리즈.

인된 카트리지에는 스테이플러 침 5000개를 담을 수 있다.

전동식 스테이플러와 표준형 수동식 모델 사이의 타협안이 바로 페이퍼프로 프로디지PaperPro Prodigy 같은 노력 절감형 스테이플러다. 용수철 구조를 사용하는 페이퍼프로는 표준형 기계만큼 힘을 많이 들이지 않아도 스테이플러 침을 삽입할 수 있다(회사는 종이 20장을 철하기 위해 표준 스테이플러는 30파운드의 힘을 들여야 하지만 프로디지에는 7파운드의 힘만 들이면 된다고 주장한다). 페이퍼프로를 만드는 아센트라Accentra의 회장 토드 모지스Todd Moses는 2005년 〈타임〉과의 인터뷰에서 "손가락 하나로 종이 20장을 철할 수 있다. 내 새끼손가락으로도 할 수 있다"고 말했다. 인상적인 말이지만 모두가 그 말을 받아들이지는 않는다. 스윙라인의 부사장 제프 에커버그Jeff Ackerberg는 같은 잡지에서 "스테이플러를 더 쓰기 쉽게 만들어야 하는 것은 당연하지만 당연히 새끼손가락을 써야 하는 것은 아니다"라고 말했다.

새끼손가락을 당연히 써야 할 필요는 없지만 애당초 스테이플러를 당연히 써야 할 필요는 있을까? 오늘날 환경 친화적인 물건으로 팔리는 침 없는 스테이플러는 금속제 스테이플러 침을 쓰지 않고 한번에 종이를 절단하고 접어서 묶어준다(종이에 좁고 긴 절개지를 만든 다음 그 부분을 접는다). 하지만 실제로 이런 방식은 100년 이상 사용되었다. 1910년 위스콘신 주 라크로스 출신의 조지 범프George P. Bump는 "위에 놓인 종이를 혀 모양으로 잘라내고 그 혀를 뒤로 돌린 다음 종이에 생긴 틈으로 집어넣어 종이에서 잘라낸 혀가 종이 자체를 묶어주는 방식"의 디자인에 대해 특허를 신청했다. 지금 이런 아이디어는 지구를 구하는saving 방식으로 선전되지만 그 당시에는 돈을 절약하는

saving 방식으로 선전되었다. ("실천 대 교훈practice vs. precept. 정부는 **절약**을 지지한다. 정부는 '**범프**' 종이 패스너를 산다. 왜? 실천에서나 교훈에서나 '**범프**' 종이 패스너는 **절약**의 동의어니까.") 우리가 정부의 효율성이나 경제를 걱정하지 않아도 되는 시절을 살고 있어서 다행이다.

이 디자인으로 만들어진 것이 범프 종이 패스너Bump Paper Fastener로 1913년에 특허가 나왔다.

실천은 교훈보다 낫다, 실행하면서 배운다 등등으로 해석될 수 있는 practice is better than precept라는 영어 속담과 관련된 말.

색인 카드로 정보를 쉽게 재배열할 수 있고, 또 새로운 정보를 어떤 시점에서든 추가하는 방식은 카탈로그를 만들거나 파일을 체계적으로 정리하는 데만이 아니라 모든 창조적 절차에도 유용했다. 사물의 패턴이 사물에 앞선다.

나는 밀쳐지지도, 파일로 분류되지도, 스탬프가 찍히지도, 색인으로 분류되지도, 설명되지도, 숫자가 매겨지지도 않을 것이다. 내 삶은 내 것이란 말이다.

이것은 TV 역사상 가장 위대한 사직 장면의 하나로 〈프리즈너 Prisoner〉 1화에 나오는 말이다. 긴 지하 복도를 걸어 내려온 패트릭 맥구언Patrick McGoohan은 상관의 사무실로 쳐들어가서 책상 위에 사직서를 쾅 내려놓으며 주먹으로 책상을 내리치고 찻잔을 뒤엎는다(책상을 어찌나 심하게 내리쳤는지 찻잔 받침이 깨진다). 천둥 같은 음향 효과는 드라마의 효과를 더해준다. 맥구언이 노란색의 로터스 세븐을 몰고 떠나면 그의 사진 위로 X자가 연속적으로 찍히고 자동화된 파일 시스템이 그의 기록 카드를 파일 캐비닛이 가득한 거대한 방 안의 '퇴사자'라는 라벨이 붙은 서랍에 떨어뜨린다. 회색 철제 캐비닛의 대열이 까마득히 이어지는 이 시설도 인상적이지만 테리 길리엄이 감독한 영화 〈브라질〉에 나오는 지식의 저장고에 비하면 아무것도 아니다. 마

1967년에서 1968년까지 17화로 방영된 영국의 TV 드라마 시리즈. 2009년에는 미니시리즈로 리메이크되었다.

천루처럼 솟아 있는 파일 캐비닛이 가득한 그 저장고에는 모든 지식, 지혜, 학식, 경험, 생각의 조각들이 단정하게 파일로 정리되어 보관되어 있다.

현실 세계에서 지식의 저장고와 규모가 가장 비슷한 것은 새뮤얼 예이츠Samuel Yates가 만든 〈무제Untitled(Minuet in MG)〉다. 예이츠가 1999년에 제작한 이 조각 작품은 파일함을 7층으로 쌓은 탑으로 그중에는 1974년산 MG 미드젯Midget 스포츠카를 담은 파일함도 있다. 그 차는 기증되고 토막 내어지고 증기 다림질이 되고 사진 촬영되고 자루에 담기고 라벨이 붙고 번호가 매겨지고 무게에 따라 파일로 처리되었다. 높이 22미터에 달하는 그 조각은 지상 최고 높이의 파일 캐비닛으로 기네스 기록에 등재되었다. 예이츠가 그 작품에 사용한 파일함 15개는 혼 사HON Company의 제품이었다. 원래는 호모나이즈Home-O-Nize라는 이름(아마 "가정을 조화롭게 만든다harmonising the home"는 데서 나온 말장난 같지만 너무 한심한 말장난이어서＊ 그것이 의도적이었는지 아니었는지 확인할 길이 없다)이었던 혼 사는 1944년 엔지니어 맥스 스탠리Max Stanley와 그의 처남인 홍보 회사 사장 클렘 핸슨Clem Hanson, 그리고 산업 디자이너 H. 우드 밀러H. Wood Miller에 의해 설립되었다. 처음에 그들은 전후 미군 퇴역병들에게 일자리를 제공하기 위해 회사를 세웠고 호모나이즈 사는 바퀴 달린 작업대와 레시피를 담는 상자같이 제조가 간단한 물건을 생산했다. 1948년 그 회사는 파일함 제품군을 선보이고 사무용품 생산에 힘을 집중하기 시작했다. 1950년대 초반 판매고

＊ '하모나이즈'가 아니라 '호모나이즈'로 발음하는 것을 가리키는 듯.

는 100만 달러에 달했고 오늘날 혼 사(지금은 HNI인터내셔널)는 전 세계 사무실 가구 부문에서 두 번째로 큰 회사가 되었다.

그런데 HNI인터내셔널은 규모는 크지만 영국에서는 그리 유명한 회사가 아니다. 예이츠가 영국에서 그와 비슷한 조각 작품을 만들 작정이라면 아마 비슬리Bisley 파일함을 쓸 가능성이 많다. 영국 서리 주의 워킹 근처에 있는 소도시 비슬리에서 이름을 따온 그 회사는 1931년에 프레디 브라운Freddy Brown에 의해 설립되었다. 원래 브라운은 자동차 수리를 전문으로 하는 사람이었다. 하지만 1941년 그 회사는 낙하산으로 보급품을 투하하는 용도로 사용할 금속제 용기를 만들어 공군에 납품하기 시작했고, 수요에 맞추기 위해 더 큰 시설로 이사했다. 전쟁이 끝나자 낙하산용 대형 금속제 용기 시장은 급격히 줄어들었다. 다행히 스탠더드 오피스 서플라이라는 도매업자가 그 회사에 연락하여 투하용기 대신에 금속제 쓰레기통을 생산할 수 있는지 물어보았다. 그 뒤 2년 동안 회사는 사무실 비품에 집중하기 시작했고, 자동차 정비 부문은 1963년에 청산되었다.

1960년대 프레디의 아들 토니가 회사에 들어왔다. 프레디에게는 아들이 다섯 있었지만 사업에 열성을 보인 것은 토니뿐이었다. 프레디가 1970년에 은퇴하자 토니는 다른 가족의 지분을 40만 파운드에 사들이고 사업을 물려받았다. 토니는 회사를 사무실 가구 쪽으로 확장했고 그 뒤 2, 3년 동안 디자인팀(책임자는 버나드 리처즈Bernard Richards였다)은 단순한 금속제 파일함을 생산하기 시작했다. 나중에 그 회사를 가장 유명하게 만든 것은 그 분야였다. 서랍을 열고 닫는 장치에 볼베어링을 써서 서랍이 매끄럽게 움직이게 했고 금속제 러너를 확장하여 '100퍼센트 연장'이 가능해졌다. 비슬리의 제품군은 유럽 전역에서 다른 어떤 파일함 브랜드보다 많이 판매되었지만 여전히 겸손했다. 색깔이 다양하기 때문에 어떤 사무실 환경에서도 보호색 기능을 발휘할 수 있었다. 전통적인 사무실에서는 단조로운 색채, 진취적인 작업장에서는 더 선명하고 대담한 색깔이 사용되었다. 〈가디언〉 지의 디자인 평론가 조너선 글랜시Jonathan Glancey에 따르면 비슬리 파일함은 〈지브스와 우스터Jeeves and Wooster〉 시대 의 영국인 집사처럼 신중했다.

수직식 파일링 시스템

오늘날 널리 쓰이는 수직식 파일링 시스템vertical filing system 이 1890년대에 개발되기 전에는 우편물이 들어오면 책상 위의 비둘기장처럼 생긴 칸막이식 우편물 분류함pigeon-holes에 분류되었다. 우편물을 접어서 그 겉쪽에 수신날짜와 송신자 정보를 기록한 다음 분류함에 넣는 방식이었다. 우편물이 많지 않던 19세기 중반 이전에는 이런 방식이 전혀 문제가 되지 않았다. 그러나 여러 여건이 복합적으로 작용하면서(산업화의 확대, 전신과 철도와 우편 개혁) 장거리로 소식을 교환하고 사업을 하기가 더 편리해지고 비용도 더 낮아졌다. 이는 또 대기업이 발달하고 그와 관련된 관료적 조직이 늘어나는 결과를 낳았다. 문자압

에드워드 7세 시대를 배경으로 하는 영국 코미디 드라마 시리즈.
일반 문서 보관에 가장 많이 사용되는 것으로, 문서를 폴더에 끼워 수직으로 세워 보관하고, 폴더의 조견표를 이용하여 신속하게 찾아내는 시스템.

인식 복사기|letter press copier 와 아닐린 염료 덕분에 발송될 편지를 복제하는(편지를 손으로 필사하여 복제하는 것이 아니다) 속도가 빨라졌다. 편지 발송 비용이 줄어들자 분량은 늘어났다. 비둘기장 분류함으로는 더 이상 감당할 수가 없었다.

평면 파일링 시스템flat filing system 은 19세기 중반부터 개발되었다. 이제 편지를 접거나 송·수신자 정보를 기록하여 분류할 필요가 없어졌으므로, 보관하고 나눠주기가 쉬워졌다. 평면 파일링으로 이행하는 첫 단계는 우편물을 그냥 한 뭉치로 묶어두는 방식이었지만 이 방식은 곧 상자 파일box file에 밀려났다. 상자 파일은 "책처럼 뚜껑이 열리는 상자에 알파벳 글자별로 꼬리표를 붙인 25~26장의 마닐라 종이가 책의 페이지처럼 상자에 묶여 있는 형태로, 서류는 그 종잇장 사이에 끼워져 보관된다". 서류는 파일에 묶여 있지 않으므로 쉽게 재배열될 수 있었고, 예전의 파일링 시스템보다 훨씬 유연하게 분류될 수 있었다. 이런 수평식 평면 파일이 예전의 비둘기장 방식보다 편리한 점은 있었지만 상자 파일 밑바닥에 있는 자료를 찾으려면 그 위에 있는 다른 자료를 모두 들어내야 했다. 전혀 이상적인 방식이 아니었다.

제임스 섀넌James Shannon이 1877년에 구상한 섀넌 파일은 "작은 레터판 크기의 파일을 넣는 서랍장으로, 각 서랍에는 밑바닥과 앞면만 있었다". 측면은 없었다. "서류를 파일로 꿰어주는 아치형 철사가 있

기름 먹인 종이와 물에 적신 종이를 사용하는 복사기구이다. 1780년에 발명되었다.
폴더를 수평식 선반함에 보관하는 서가식 파일링 시스템.

어서 측면은 불필요했다." 섀넌의 초기 디자
인에서는 자료를 꿰뚫기 위해 철사 아
치의 끝이 날카로워야 했지만 나중
에는 "파일을 걸어두는 철사의 수와
위치에 따라 종이에 깨끗하게 구멍을 뚫어주
는 단일 동작(다시 말하면 천공 동작)에 사용될 펀
치가 딸려 나왔다." 대략 같은 시기에 비슷한
구상을 기초로 한 파일링 시스템이 독일에서
개발되었다. 프리드리히 쇠네켄Friedrich
Soennecken은 1886년에 링 바인더와 천공기 디
자인을 개발했다. 10년 뒤에 루이스 라이츠
Louis Leitz는 레버 아치 파일lever-arch file 방식* 을 개발했다.

하지만 천공기, 링 바인더, 레버 아치 파일 시스템이 제대로 사용되
려면 그전에 구멍의 위치와 간격이 표준화되어야 했다. 내가 쓰는 천
공기가 다른 사람의 링 바인더와 맞지 않으면 그냥 포기하는 편이 낫
다. ISO 838("일반적인 파일 용도를 위한 종이 구멍")은 "일반 파일에 철해
질 수 있도록 서류나 자료에 만들 구멍의 크기, 간격, 위치"를 구체적
으로 명시해준다. ISO 838에 따르면 원칙적으로 구멍은 자료나 서류
의 축을 기준으로 하여 대칭적으로, 구멍의 축선과 직각으로 자리 잡
아야 한다. 구멍 중심점 사이의 거리는 80밀리미터, 구멍은 지름 6밀

---

* 파일을 철해두는 아치형 걸쇠를 레버, 즉 손잡이로 여닫을 수 있는, 지금도 흔히
사용되는 대용량 바인딩 방식.

리미터이고 각 구멍의 중심점은 종이 가장자리에서
12밀리미터 떨어져 있어야 한다. ISO 838의 사
용법을 PDF파일로 다운로드 받으려면 26파운
드를 내야 한다. 그러니까 천공기 사용법을
배우려면 26파운드가 든다는 말이다. 차라리
그 돈으로 한번에 40장에 구멍을 내주는
고성능 천공기인 라피스코Rapesco 835를
사고 말겠다.

　특별히 안전해야 하는 자료에는 구멍을 추가로(역시 80밀리미터 간격
으로) 뚫을 수 있고, A시리즈에 포함되는 종이들의 관계 때문에 A3 종
이는 짧은 변에 구멍을 내서 반으로 접기만 해도 A4 종이와 함께 철
해질 수 있다. 사실 A7 이상 어떤 규격의 종이도 같은 방식으로 철해
질 수 있다. 미국은 A시리즈의 매력에 넘어가지 않겠다고 버텨온 것
과 똑같은 이유로 ISO 838에도 저항하지 않을 수 없었다. 대신 미국
은 다른 나라의 시스템과 공존할 수 없고 융통성도 훨씬 떨어지는 3
공 시스템을 사용한다. 잘났어, 미국.

색인 카드 시스템

에드윈 자이벨스Edwin G. Seibels는 1898년에 수직 파일함을 발명한 것
으로 알려져 있다. 자이벨스는 아버지가 사우스캐롤라이나에 차린 보
험 대리점인 자이벨스 앤드 에젤Seibels & Ezell의 동업자였다. 당시까지
도 주로 사용되던 비둘기장식 우편 분류 시스템의 비효율성에 분통이

터진 자이벨스는 접어서 기록하고 분류하기보다는 큰 봉투에 편지들을 평평하게 넣어 서랍 안에 세워두는 편이 낫겠다고 생각했다. 그는 목공소에 목제 캐비닛 다섯 개를 주문했다. 나중에 자이벨스는 자기의 구상으로 특허를 신청하려다가 특허를 낼 만한 요건이 전혀 없음을 알고 좌절했다.

그냥 크기만 다양하게 만들면 (누구든) 내 특허를 침해하지 않고 파일 상자를 얼마든지 만들 수 있다는 지적을 받았다. 운이 나쁘게도 나는 봉투를 똑바로 세워두고 안내 카드로 그것들을 구분해주는 부분에 주목하지 않았다. 물론 이 부분에 대해서는 특허를 신청할 수 있었을 것이다.

자이벨스 파일함은 현대식 파일함과 매우 비슷하지만 자료를 수직으로 파일 속에 저장하는 관행은 1870년대에 듀이 십진법이 개발되고 도서관에서 카드 색인을 쓰게 되면서 이미 통용되고 있었다. 듀이 십진법 분류 시스템은 멜빌 듀이Melvil Dewey가 1876년에 고안한 것으로, 현재도 전 세계의 도서관에서 널리 쓰이고 있다. 도서관들은 각자의 고유한 분류 숫자를 갖고 있다(내 것은 651-오피스 서비스). 색인 카드 카탈로그는 분류 시스템 자체와 함께 검색용 도구로 신속하게 채택되었다. 카드는 사용자들이 특정한 책이나 자료의 위치를 찾아보기 쉽도록 꼬리표가 달린 구분기로 캐비닛 안에 정리되었다.

색인 카드 카탈로그는 18세기의 스웨덴 박물학자 칼 린네Carl von Linné가 개발한 시스템을 기초로 하는 것이었다. 식물과 동물 종의 분류 체계를 개발하고 있던 린네는 외견상 모순되는 두 가지 조건을 조화롭게 처리해야 했다. 종들에게 어느 정도의 질서를 부여하는 한편 새로운 종을 그 질서 안에 통합해야 했던 것이다. 그는 작은 카드(지금도 쓰이고 있는 가로 5인치, 세로 3인치 크기의 카드와 비슷)를 써서 이 난관을 해결했다.

색인 카드로 정보를 쉽게 재배열할 수 있고, 또 새로운 정보를 어떤 시점에서든 추가하는 방식은 카탈로그를 만들거나 파일을 체계적으로 정리하는 데만이 아니라 모든 창조적 절차에도 유용했다. 사물의 패턴이 사물에 앞선다. 1967년 블라디미르 나보코프는 〈파리 리뷰〉지와의 인터뷰에서 자신의 작업 방식에 대해 이렇게 말했다. "나는 그냥 내키는 대로 크로스워드 퍼즐의 빈 구멍을 메우기만 합니다. 소설이 완결될 때까지 색인 카드에다 이런저런 조각들을 써놓아요. 그런데 작업 스케줄에는 융통성이 있지만 쓰는 도구에는 좀 까다로운 편입니다. 줄 쳐진 브리스톨 색인 카드, 잘 깎이고 너무 단단하지 않은 지우개 달린 연필을 씁니다."

꼬리표 달린 구분기가 있으면 색인 카드를 간단하게 정리할 수 있겠지만 휘리릭 돌아가는 롤로덱스Rolodex 가 훨씬 만족스럽다. 롤로덱스는 1950년에 브루클린 출신의 오스카 노이슈태터Oscar Neustadter가 발명했다. 노이슈태터의 제퍼 아메리칸 사Zephyr American Corporation는 그전에 스위보덱스Swivodex(쏟기지 않는 잉크병)와 클리포덱스Clipodex(비서들이 무릎에 붙이고 쓸 수 있는 속기 보조기구)를 발명했지만 어느 것도 상

◦ 전화번호부, 주소록 등으로 쓰이는 회전식 카드 정리기.

업적으로는 성공하지 못했다. 노이슈태터의 오토텍스 전화번호부는 성적이 좀 나았지만(그리고 오늘날에도 구입할 수 있다) 노이슈태터의 이름이 기억되는 것은 롤로덱스 덕분이었다. "나는 우리 엔지니어인 힐도어 닐슨Hildaur Neilson과 함께 그 아이디어를 이리저리 다듬어봤어요." 노이슈태터는 1988년에 이렇게 회상했다. "그가 모델을 하나 만들어 생산하기 시작했어요. 나는 우리 아이디어가 좋다는 것을 알았지만 사람들은 회의적이었지요. 처음 제품은 지금도 생산되는 철제 제품과 비슷하게 생겼습니다. 회전식 커버가 있었어요. 열쇠와 자물쇠도 있었고요. 하하. 그건 전 세계의 어떤 롤로덱스에도 맞는 열쇠였어요."

롤로덱스는 작은 카드에 쓰인 사업 계약서를 신속하게 살피기에는 적합하지만 훨씬 큰 서류를 정리하는 파일 시스템으로는 부적합할 것이다(아이디어로는 좋을지 몰라도 A4 크기의 롤로덱스는 별로 실용성이 없을 것 같다). 파일함이 더 좋은 방법이다.

수직식 파일함은 구식인 수평식 파일 시스템보다 더 많은 분량을 수용할 수 있다. 1909년 어느 파일함 회사는 자기들의 시스템이 다른 것들보다 44퍼센트나 효율적이며, 비용도 3분의 1 절감해준다는 광고를 내기도 했다. 그러다가 종이 해먹에 자료들을 한꺼번에 담아두는 서스펜션 파일함lateral suspension file이 도입되자 효율성은 더 높아졌다.

이제 사람들이 가장 자주 쓰는 파일과 폴더는 컴퓨터에 있다. 전자식 파일링이 공간 면에서는 분명 장점이 있지만 위험도 있다. 포맷이 시대에 뒤진 것이 되면 장기적 저장과 회수가 복잡한 문제가 된다. 데이터는 구식 포맷에 잠겨버리기 전에 매체의 변화에 따라 옮겨놓아야 한다. (내가 고등학생 때 만든 시험용 과제물은 3.5인치 플로피디스크에 저장되어 있지만 그걸 내버릴 수가 없다. 설사 USB 플로피디스크 드라이브를 구입한다 해도 플로피디스크의 성능이 나빠져서 아무리 해도 판독되지 않을 것이 뻔한데도 말이다.) 롱나우 재단Long Now Foundation의 케빈 켈리Kevin Kelly는 "아주 장기적인 백업"에 관한 논문에서 종이 자료와 전자식 자료의 수명을 비교했다.

알고 보면 종이는 매우 믿을 만한 백업 수단이다. 불에 타거나 물에 젖어 글씨가 지워지는 일은 있지만 품질 좋은 중성지는 장기간 안정적이다. 창고 유지 비용도 싸고, 주위의 다른 기술이 변해도 상관없다. 지면에 적힌 내용은 그냥 "눈으로 볼 수 있는 것"이니까. 특별한 장치가 필요 없기 때문이다. 잘 만들어지고 잘 보관된 종이는 1000년간 유지되며, 특별한 수고 없이도 2000년까지 유지될 것이다.

따라서 컴퓨터에 담긴 내용을 그냥 프린트하여 파일함에 쑤셔 넣는 것이 가장 안전한 저장법일 수도 있지만 그러려면 저장 공간이 상당히 많이 필요하다. 1기가바이트는 마이크로소프트 워드로 6만 5000 페이지 정도의 분량이다. 별로 비싸지 않은 노트북의 용량도 보통 500기가바이트를 넘는다. (그러니 프린트하여 보관하려면) 설사 양면인쇄를 하더라도 종이 분량이 엄청나며, 44퍼센트 더 효율적인 수직식 파일링 시스템을 쓰더라도 별 도움이 안 된다. 어느 지점에서는 뭔가 다른 장소에 저장할 필요가 생긴다.

스탠리 큐브릭의 아카이브 상자

1913년 미국 정부는 기업들이 과세용으로 문서화된 기록을 반드시 보관하게 하는 새로운 법률을 제정했다. 그전에는 각 회사가 자료를 언제까지 보관하든 회사 마음대로였다. 하지만 새 법률에 따라 미국 전역에서 기록 보관이 공식적으로 의무가 되었다. 시카고의 젊은 양복공인 해리 펠로스Harry L. Fellowes는 월터 니켈Walter Nickel의 상점 근처에서 일했다. 니켈의 상점은 자료 보관용으로 특별히 디자인된 접이식 상자를 팔았다. 니켈이 1917년에 징집되자 펠로스는 니켈의 가게를 50달러(지금의 가치로 920달러가량)에 샀다. 그는 별 어려움 없이 접이식 상자를 판매했고 전쟁이 끝난 뒤에도 사업은 성장했다. 제대한 니켈은 회사에 돌아왔고 두 사람은 제품 범위를 확장하여 '은행가의 상자Bankers Box'와 함께 리버티 박스Liberty Box라는 애국적 이름의 제품을 선보였다. 암흑색 나무 무늬의 펠로스 알-카이브Fellowes R-Kive 상자는 지금도 전 세계 사무실에서 흔히 찾아볼 수 있다. 이런 상자가 100년이 넘도록 전 세계에서 팔리고 있지만 그것에 만족하지 못하는 사람들이 있다.

2008년 다큐멘터리 영화 〈스탠리 큐브릭의 상자들Stanley Kubrick's Boxes〉에서 존 론슨Jon Ronson은 큐브릭 아카이브에 있는 상자 수천 개의 내용을 파헤쳤다. 나무 무늬가 있는 알-카이브 상자 수백 개가 줄지어 올려진 선반들이 거대한 창고에 가득 들어차 있고, 그 상자에는 그의 영화를 위한 로케이션 사진, 조사 자료들이 가득 들어 있었다(열성적인 문구류 수집가였던 큐브릭은 물건을 더 사기 위해 각 지역의 리먼 지점에 들르곤 했으므로, 그런 상자 가운데는 그냥 '녹색 공책' 또는 '노란색 색인 카드'라는 라벨만 붙은 것들도 있었다). 그러나 큐브릭은 상자 뚜껑 때문에 갈수록 짜증이 났던 모양이다. 뚜껑이 너무 빽빽해서. 큐브릭의 조수인 토니 프루윈Tony Frewin은 상자 제조회사인 G. 라이더G. Ryder & Co. Ltd의 밀턴 케인스Milton Keynes에게 연락하여 보관 상자로 최적이라고 생각한 크기를 말해주었다. 회사에 보낸 메모에 그는 "뚜껑이 너무 빽빽하지도 너무 느슨하지도 않고 꼭 맞아야 한다"고 썼다. 라이더는 다음과 같은 상자를 만들었다.

Ref: R. 278.

타이프: 황동 철사로 꿰맨 상자로 전장 덮개(상자 뚜껑)와 삼각형 손잡이가 달림.

구성: 1900마이크론(0.080인치) 이중 측면 크래프트 컨테이너 보드.

규격(내부): 16과 4분의 1×11×3과 4분의 3인치(R. 278)

토니는 라이더 사의 누군가가 직원들에게 보낸 메모가 실수로 어느 상자 안에 남아 있는 것을 발견했다. "까다로운 고객이니까 뚜껑이 제대로 열리게 할 것." "그래요, 오후 내내 뚜껑을 열려고 끙끙대며 시간을 낭비해도 상관없다고 생각하는 고객들에 비하면 우리가 까다롭기는 하지요." 토니가 론슨에게 말했다.

자료 정리의 완성

아카이브 상자에 모든 자료가 안전하게 보관되고 나면 그 내용물을 다시 찾아볼 경우에 대비하여 라벨에다 내용물 정보를 알기 쉽게 표시해야 한다. 1935년 레이 스탠턴 에이버리Ray Stanton Avery는 낡은 세탁기 모터와 재봉틀 부속품과 전기톱을 활용해서 자가 접착식 라벨을 만드는 기계를 만들었다. 장차 레이의 아내가 될 교사 도로시 더피Dorothy Durfee는 그 사업에 100달러를 투자하여 에이버리가 클럼 클린 프로덕트Klum Kleen Products 사를 세우도록 도왔다(현명하게도 그들은 다음 해에 회사 이름을 에이버리 접착제Avery Adhesives로 바꾸었다). 그 제품은 금방 성공했고 1997년 레이가 사망할 무렵 에이버리 데니슨 코퍼레이션Avery Dennison Corporation의 연간 판매액은 32억 달러에 달했다.

연대순으로 자료를 보관하고 다시 찾아내는 일은 간단한 날짜 스탬프를 찍어놓기만 해도 쉬워진다. 몇 년 전에 나는 뉴욕에 갔다가 2번가에 있는 바턴의 근사한 문구점Barton's Fabulous Stationers에 들른 적이 있다. 바깥 차양에는 "근사한 문구fabulous stationery"라고 적혀 있었는데, 상점 안에 들어가 이리저리 둘러보니 과연 실망스럽지 않았다. 여러 면에서 그 상점은 내가 벨로스 1377-회전식 탁상용 문구류 정리함을 샀던 우스터파크의 파울러스 상점을 연상시켰다. 파울러스 상점과 똑같이 그 상점은 두 부분으로 나뉘어 있었다. 한쪽에서는 선물과 장난감을 팔고 다른 쪽에서는 문구류를 팔았다. 그리고 파울러스와 똑같이 그 상점도 무슨 비결을 쓰는지 여전히 영업하고 있었다. 비록 선반의 물건들 가운데는 오랫동안 그 자리에 그냥 얹혀 있는 것들도 있었지만. 누렇게 변해가는 노트패드와 부채처럼 접히는 도트식 프린터 용지Letr-Trim Edges가 선반에 진열되어 있었다. 나는 거기서 트로닷Trodat 4010 날짜 스탬프를 샀다.

나는 언제나 날짜 스탬프를 좋아했다. 아마 도서관에서 여러 해 일한 탓일 것이다. 도서관에서는 매일 아침 모든 스탬프의 날짜를 하루씩 앞으로 당겼다. 일반 대출용 스탬프가 바코드 스캐너의 머리에 달려 있는데, 내가 본 것 중에 전통적인 이동식 활자 인쇄에 가장 근접한 것이 바로 그런 스탬프에 딸린 글자와 숫자판이었다. 다른 물건(나는 DVD가 일반화되기 전에 직장을 옮겼기 때문에 CD나 비디오)에는 다이얼식 스탬프가 쓰였다. 이런 것도 대개는 트로닷 제품이었지만 4010 모델같이 자동으로 잉크가 공급되는 것은 아니었다. 도서관 예산으로는 가장 저렴한 수동식 스탬프밖에 살 수 없었다.

우아하게 회전하는 트로닷 스탬프의 동작(잉크패드와 접촉했다가 종이와 만나서 그 메시지를 찍은 다음, 그 과정을 거꾸로 되짚어 돌아간다)은 속도를 늦추고, 가까이서 들여다보고, 원래 기능 이외의 다른 방식으로 스탬프를 써보아야만 감지된다. 책상 위로 손을 뻗어 스탬프를 쥐고 송장에 찍으면 스탬프는 만족스러운 "딸깍" 소리를 내지만 사람들은 그것에 대해 더 이상 생각하지 않는다. 하지만 그 물건은 좀 더 존중받을 자격이 있다. 아름다운 물건이니까.

그렇게 말하지만 사실 내가 바턴 문구점에서 산 트로닷 4010을 실제로 사용한 적은 한번도 없다. 일부러 사용하지 않으려던 것은 아니었다. 구입할 당시 상자가 좀 낡아 보이기는 했지만 안에 들어 있는 스탬프는 완벽한 상태였다. 런던으로 돌아가 제대로 들여다보고 나서야 난 그것이 그 선반에 얼마나 오래 있었는지 깨달았다. 스탬프는 1986년 1월 1일부터 1997년 12월 31일까지밖에 찍어주지 못했다. 트로닷 사가 날짜 스탬프의 연도를 얼마나 앞질러 설정하는지는 모르겠지만 이미 지나간 날짜를 넣지는 않았을 것이다. 그렇다면 트로닷 스탬프는 1980년대 후반부터, 그러니까 지난 15년 동안 뉴욕의 그 상점 선반에 놓여 있었던 것이 분명한데, 기능적으로는 완벽했다.

날짜를 바꿔 넣을 수도 있겠지만 나는 그대로 간직할 것이다.

그 많던 볼펜은
다 어디로 갔을까

생각하기 위해, 창조하기 위해 우리는 뭔가를 적어두어야 하고 생각을 체계화해야 한다. 그러기 위해서는 문구가 필요하다.

문구의 역사는 곧 인간 문명의 역사라고 말해도 그리 심한 과장이 아니다. 단단한 돌 조각을 나무 자루에 꽂아 원시적인 창을 만들 때 썼던 역청부터 프리트 스틱의 풀 사이에는 (인더스 계곡에서 출토된 자를 써서) 일직선이 그어질 수 있다. 최초의 동굴 벽화에 쓰인 염료와 볼펜에 쓰이는 잉크 사이에도 직선이 그어진다. 이집트 파피루스에서 A4용지 사이에도, 갈대 펜과 연필 사이에도. 생각하기 위해, 창조하기 위해 우리는 뭔가를 적어두어야 하고 생각을 체계화해야 한다. 그러기 위해서는 문구가 필요하다.

아니, 다시 말해보자. 예전에는 그 일을 하기 위해 문구가 필요했다. 그런데 지금은? 지금 우리에게는 컴퓨터, 인터넷, 이메일, 스마트폰, 태블릿이 있다. 생각과 아이디어를 기록하기 위해 종이와 펜은 더 이상 필요 없다. 버스를 타고 가다가 휴대전화에 재빨리 몇 자 찍어두면 나중에 집에 가서 노트북을 펼칠 때까지 휴대전화 속에서 얌전하게 기다리고 있다. 모든 것은 태그로 연결해둔 것들과 동기화되고, 색인으로 만들어지고, 클라우드에 저장되고, 수많은 도구를 통해 다시 찾아진다. 뭔가를 끼적거린 종잇조각이 어디 박혀 있는지 뒤지고 다닐 필요도 없다. 알아볼 수도 없는 글씨를 판독하려고 애쓸 필요도 없다. 펜이 닳아버리거나 연필이 부러지거나 잉크가 새어나와 뭉개지지도 않는다. 이어붙인 자국도 없이 매끄럽고 효율적인 미래만 있다.

볼펜은 어디로 갔는가? 몇 년 후면 문구는 더 이상 존재하지 않게 될까? 그럴 것 같지는 않다. 그것은 그냥 죽어버리기에는 너무 오래 존재해왔다. 그저 다시 적응하고 목표를 재조정해야 할 것이다. 작가이자 테크놀로지스트인 케빈 켈리는 "테크놀로지라는 종種"은 불멸이라고 주장한 적이 있다. 소멸한 것 같은 테크놀로지도 어딘가에 살아 저장되어 있다. 뭔가 다른 포맷으로 응용되기도 하고 장난감이나 놀이 기구로 재발명되기도 하고 동호인과 열성적 팬들에 의해 계속 활용되기도 하면서. 켈리는 이렇게 말한다.

극히 드물게 예외는 있지만 테크놀로지는 죽지 않는다. 그것과 생물 종의 차이가 이것이다. 생물 종은 장기적으로는 소멸하지 않을 수 없으니까. 테크놀로지는 관념에 기초한 것이며, 문화는 그것들의 기억이다. 테크놀로지는 잊히더라도 부활할 수 있고 기록될 수 있기 때문에(갈수록 더 나은 수단으로 기록된다) 무시되지 않을 것이다. 테크놀로지는 영원하다.

전구가 발명되어 사람들은 양초로 집을 밝히지 않게 되었지만, 그래도 양초는 사라지지 않았다. 용도가 달라졌을 뿐이다. 양초는 테크놀로지의 영역에서 예술의 영역으로 이동했다. 우리는 양초를 어두침침하고 불을 낼 수도 있는 위험 요인이 아니라 낭만적인 물건으로 본다. 레코드판의 찍찍거리고 불완전한 음질은 CD나 MP3에 비해 오히려 따뜻함과 매력으로 받아들여진다. 손에 책, 그러니까 잉크와 풀과 종이의 묶음을 쥐고 있을 때의 물리적 체험과 e북의 체험 차이(혹시 킨들로 이 글을 읽고 있는 독자라면, 당신이 무얼 놓치고 있는지 모를 거요)를 생각해보라. 문구의 한계, 잉크가 뭉개질 수 있고, 공책 종이가 찢어질 수 있다는 등의 한계는 그 매력의 일부이기도 하다. 무한히 복제되고 공유될 수 있는 컴퓨터 파일과 달리 손 편지는 유일무이한 사적인 물건이다. 포스트잇에 전화번호를 적어두는 일에도 물리적인 것이 담겨 있다. 물리적인 것은 뭔가를 의미한다. 사람들은 그것을 좋아한다.

디지털 세계, 문구의 흔적들

디지털 세계로 이동할 때도 사람들은 물리적인 것에 의해 확신을 얻는다. 어떤 물건의 물리적인 특징을 다른 재료나 형태로 복제하는 것을 뜻하는 스큐어모픽 디자인skeuomorphic design은 오래전부터 소프트웨어 디자이너들에게 소재로 사용되어왔다. 그렇게 하면 사용자들은 새로운 인터페이스에 어떻게 반응할지 즉각 이해할 테니까. 돋보기가 검색을 나타내고 볼트와 너트가 설정을 의미하는 식의 시각적 은유는 이해하기 쉽다. 그것들은 우리의 실제 경험과 관련이 있기 때문에 의미가 통한다. 《우리는 어떻게 포스트휴먼이 되었는가How We Became Posthuman》에서 캐서린 헤일스N. Katherine Hayles는 하나의 개념 체계에서 다른 체계로 넘어가는 과정을 매끄럽게 해주는 장치가 스큐어모프skeuomorph라고 설명했다. 전통적인 사무실 공간을 '데스크탑'의 언어 및 데스크탑의 화면에 복제하는 것이 그 고전적인 사례다. 그 개념은 애플 사가 1983년 리사 컴퓨터 시스템Lisa Computer System에서 처음 선보였다. 그레그 윌리엄스Gregg Williams는 이 새로운 컴퓨터 시스템을 출시하기 전에 〈바이트Byte〉 지에 올린 프리뷰에서 "컴퓨터는 워드프로세싱, 파일링, 전자우편 등 모든 일을 해야 한다"고 주장한 어느 컴퓨터 엔지니어의 말을 인용했다. 그 이전에는 자료의 생산, 분배, 저장이 모두 별도의 절차로 진행되었고 각각의 절차에는 모두 각각의 기본적인 기간 시설(타자기, "외부 사용 금지"인 오렌지색 봉투, 파일함)이 있었지만 이제는 작은 회색 상자가 그 모든 일을 해낼 수 있다.

윌리엄스는 폴더나 보고서 등 우리가 이미 알고 있는 물건을 활용하여 사용자들에게 자료가 안전하게 보관되어 있음을 확신시켜주는 데스크탑의 은유에 대해 설명한다.

마치 이렇게 말하는 것 같다. "어쨌든 컴퓨터 파일은 수수께끼처럼 사라질 수도 있지만 폴더와 보고서와 도구는 사라지지 않는다. 파일이 사라지면 거기에는 논리적인 설명이 있다. 당신이 버렸거나 아니면 다른 곳에 옮겨두었거나. 어느 쪽이든 상황은 여전히 통제 가능하다."

글쎄, 어쨌든 대개는 통제 가능하겠지.

데스크탑의 은유 외에도 문구는 스큐어모픽 디자인으로서 활용도가 아주 높았다. 종이 클립은 이메일의 자료 첨부 이미지로 사용된다. 봉투는 새로 들어온 메시지를 가리키는 이미지로, 펜, 붓, 연필, 지우개는 포토샵에 쓰인다. 압정은 워드프레스에서 게시물을 나타낸다. 펜은 '새 이메일 작성'을 나타낸다. 클립보드와 가위는 자르고 붙이기, 메모 작성 앱은 노란색 리걸 패드 형태로 디자인되었다. 강조용

펜과 스티키 노트 등 이런 비교 목록은 끝없이 이어진다.

그리고 물론 디지털 종이 클립은 이메일에 자료를 첨부할 때만 쓰는 도구가 아니다. 마이크로소프트 오피스 프로그램으로 편지를 쓰고 있으면 툭 튀어나와 "편지를 쓰는 것 같군. 좀 도와줄까?"라고 말하는 바람에 수많은 사람을 화나게 했던 캐릭터인 클리피Clippy는 마이크로소프트 오피스 97에서 처음 등장했고, 오피스 2007이 출시되면서 모습을 감추었다. 이런 캐릭터는 여러 가지(집사, 로봇, 마법사 등)가 있었지만 기본 캐릭터는 클리피였고 사용자들에게서 가장 강렬한 반응을 끌어냈다. 그 캐릭터를 디자인한 사람은 워싱턴 주 벨뷰에 사는 케번 애트베리Kevan Atteberry라는 일러스트레이터였다. 원래는 화가 20명이 디자인한 캐릭터 260종가량으로 시작했던 오피스용 캐릭터의 후보군은 광범위한 사용자 테스트를 거쳐 결국은 열 가지로 좁혀졌다. 그열 가지 가운데 애트베리의 디자인이 두 개 포함되었고 그중 클리피가 가장 높은 지지를 받았다.

클리피는 분명히 젬 클립 디자인에 기초한 것이지만 비율이 살짝 바뀌어 눈이 붙을 자리가 생겼다(철사의 양쪽 끝을 실제 젬 클립보다 훨씬 짧게 줄였다). 애트베리는 "종이 클립의 최고 아이콘"이라 여겼던 젬 클립을 사용함으로써 그 아이콘적인 지위를 더욱 강화해주었다. 클리피 디자인에는 개성을 부여할 여지가 별로 많지 않았으므로 눈과 눈썹으로 감정을 표현하게 했다(눈과 눈썹은 "기분을 전달하는 매우 강력한 요소"라고 애트베리는 설명한다). 처음에 애트베리는 클리피가 얼마나 유명한지 잘 몰랐다. 그 자신은 맥 컴퓨터를 썼기 때문에 더욱 몰랐다. 그러나 고객과 친구들이 워드를 쓰는 것을 보고는 클리피가 얼마나 유명한지 알게 되었다. 그런데 많이 유명하지만 많이 사랑받는 것은 아니었다. "사람들은 그를 사랑하거나 증오하더군요"고 애트베리가 말한다. "모 아니면 도예요. 그래도 싫어하는 사람들은 내가 그 디자이너임을 알게 되면 미안해합니다. 그러면서도 여전히 싫어해요."

이런 시각적 은유는 불필요한 동작에 일종의 디지털 내세來世를 주기도 한다. 시대착오적인 형태로 계속 살아 있게 하는 것이다. 제록스의 팔로알토 연구센터에서 일하는 래리 테슬러Larry Tesler와 그의 팀이 1970년대에 개발한 '자르고 붙이기Cut and Paste'의 언어는 지금도 남아 있다. 텍스트의 한 단락을 이쪽 페이지에서 잘라내 다른 페이지에 붙이는 물리적 과정은 실제 사무실 환경에서 사라졌는데도 그렇다. 마찬가지로 스마트폰의 통화 표시는 여전히 구식 전화기 모양으로 나타낸다.

펜은 죽지 않는다

스티브 잡스가 이끌던 시절 애플은 스큐어모픽 디자인에 대한 의존도가 높았다(아이캘iCal의 가죽 스티치 디자인은 그의 걸프스트림 제트기 인테리어에서 따온 것이었다). 그러나 조너선 아이브Jonathan Ive가 스콧 포스톨Scott Forstall 후임으로 애플의 휴먼인터페이스팀 책임자가 되면서 2013년에 출시된 iOS 7은 디자인적으로 실제 세계에 대한 의존도가 많이 낮아졌다. 마이크로소프트의 윈도 8과 윈도폰에 사용되는

2002년 출시된 맥 OS X 10.2를 위한 일정관리 프로그램으로, 그 뒤 몇 단계 업그레이드되었다.

메트로Metro는 애플이 과도하게 쓰는 스큐어모픽 디자인과 차별화하기 위해 타이포그래피와 깨끗하고 평평한 디자인("진짜 디지털")에 집중했다.

태블릿과 스마트폰에서 스큐어모픽적 요소가 점차 사라지고 더 단순하고 더 평평한 디자인이 들어서면서 실제로는 물리적인 것이 오히려 더 크게 인정받는 결과를 낳을 수 있다(상단에 가죽 이미지를 덧씌워놓은 프로그램*이 아니라 실제로 물리적인 것). 스큐어모픽이 버팀목이 되어주지 않는다면 공책의 글쓰기와 태블릿의 글쓰기의 차이가 더 두드러지게 느껴질 것이다. 두 가지 모두 장점이 있지만 각각은 각기 다른 이유에서 행해진 다른 행동이다. 더 이상 어느 한 쪽이 쇠약해지는 상황을 다른 쪽이 이용하는 것이 아니라, 둘 다 왕성하게 살아날 수 있다.

그리고 손글씨의 죽음을 서둘러 선언하려 했던 사람들이나 특이점 singularity을, 인공지능이 인간 지성을 능가하는 순간을 고대했던 기술 전도사들은 너무 흥분하지 말아야 한다. 문구는 죽지 않을 테니까. 문명이 처음 밝아올 때부터 존재했던 문구는 인터넷 따위의 엉성한 신출내기가 싸움을 걸고 자신을 죽이게 내버려두지 않을 것이다. 게다가 터널에 갑자기 들어가더라도 펜은 작동이 중단되지 않는다. 연필로 쓸 때는 배터리가 닳아 충전기를 빌릴 일이 없다. 몰스킨 공책에 글을 쓸 때는 내용을 미처 저장해두기도 전에 오작동의 경고가 뜨거나 프로그램이 다운되는 사태가 일어날까봐 걱정할 필요가 없다.

펜은 죽지 않았다. 펜이여, 영원하라.

---

* iCal을 가리킨다.

처음으로 책을 내면서 한 무더기의 낱말을 책으로 바꾸기 위해 수많은 단계가 필요하다는 사실을 알고는 놀라기도 하고 살짝 압도당하기도 했다. 그 단계에 관련된 사람들이 그처럼 많은데도 표지에는 단 하나의 이름만 올라가는 것이 부당하다는 생각도 든다.

데이비드 하이엄 어소시에이츠David Higham Associates의 앤드루 고든 Andrew Gordon이 아니었더라면 이 책은 없었을 것이다. 그의 지원과 격려에 대해 대단히 감사한다. 메리골드 애트키Marigold Atkey에게도 감사한다.

프로파일북스Profile Books에서 (과거든 현재든) 일하는 모두, 내가 끼적거린 종이를 책으로 바꿔준 모두에게 감사한다. 특히 리사 오언스 Lisa Owens, 레베카 그레이Rebecca Grey, 대니얼 크루이Daniel Crewe, 애나-마리 피체럴드Anna-Marie Firzgerald, 폴 포티Paul Forty, 앤드루 프랭클린 Andrew Franklin에게 감사하다는 인사를 드린다. 그중 세라 헐Sarah Hull은 원고를 편집하여 일관된 골자를 갖게 하는 경이적인 일을 해냈다. 나의 수많은 오류를 바로잡아준 교정 편집자 피오나 스크린Fiona Screen에게도 감사한다.

이 책의 주제가 물건이 주는 즐거움에 관한 것임을 생각한다면 이 책의 디자인과 구성 역시 독자에게 즐거움을 주는 것이어야 한다. 그런 점에서 네이션 버턴Nathan Burton보다 좋은 북디자이너는 없을 것이다. 그는 이 책에 무엇이 필요한지를 정확하게 파악하여 아름답게 표현해냈다. 본문과 표지에 나오는 그림과 사진을 모아준 프로파일북스의 피트 다이어Pete Dyer와 미셸린 매니언Micheline Mannion에게도 감사한다.

이런 책은 본문에서 거론되는 수많은 문구 브랜드의 도움이 없다면 만들어질 수 없을 것이다. 회사와 관련된 정보를 알려준 스타빌로, 보스틱, 빅, 헬릭스, 3M, 리먼, 셰퍼, 헨켈 등에 특별한 감사를 전한다. 내 질문에 대답해준 케번 애트베리Kevan Atteberry, 제프 니컬슨Geoff Nicolson, 스펜스 실버Spence Silver에게도 감사한다.

런던에서 가장 경이로운 문구점을 경영하는 프레젠트 앤드 코렉트Present & Correct의 닐에게 감사한다. 다들 그곳에 가보라. 지금 당장!

우스터파크의 파울러스 문구점에서 일하는 모든 사람과 밥 페이털Bob Patel에게 감사한다. 그분들 덕분에 내 평생의 열정이 결실을 맺었다.

에드 로스Ed Ross가 트위터에 스테이셔너리클럽#stationeryclub이라는 해시태그를 만들지 않았더라면 이 책이 만들어졌을 가능성은 희박하다. 에드, 고마워요.

마지막으로 내가 조사 작업에 푹 빠진 채 종잇조각과 포스트잇에 둘러싸여 있던 주말과 밤에도 나를 기다려준 나타시아 케이프리Natassia Caffery에게 감사를 전하고 싶다.

(아, 지난 일 년 동안 만나는 사람마다 이 책을 사라고 권한 어머니에게도 감사해야겠군.)

살다 보면 별 생각 없이 이분법을 쓸 때가 많다. 좋고 싫은 감정처럼 그냥 일시적이고 주관적 기준에 따라 나뉠 때도 많지만 더 구체적으로 따져볼 수도 있다. 가령 의상 디자이너나 옷에 관련된 일을 하는 사람이라면 세상 모든 사람은 옷을 좋아하는 사람과 좋아하지 않는 사람의 두 부류로 나뉠 것이다. 음식 관련 사업을 하는 사람이라면 먹기를 좋아하는 사람과 좋아하지 않는 사람으로, 또 주류 관련 일을 하는 사람이라면 술을 좋아하는 사람과 싫어하는 사람 등등으로. 이 책의 저자에게는 아마 세상 사람들이 문구류를 좋아하는 사람과 그렇지 않은 사람으로 나뉘지 않을까 싶다. 좋아하다 못해 이 책에 나오는 그 누군가는 문구점에 들어갈 때만큼 에로틱한 흥분감을 느낄 때가 없다는 사람까지 있으니 말이다. 그런 사람들은 왜 그렇게 문구류를, 아니면 문구점을 좋아할까.

사실 어렸을 때 문방구에 들르는 것은 순전히 문구를 사기 위해서만은 아니었다. 그냥 연필이나 수업용 준비물만 사는 게 아니라 연필도 좀 더 마음에 드는 연필, 공책도 좀 더 상급생처럼 보이는 것, 아니면 프라 모델, 공주 놀이에 필요한 종이 옷장 등등 문방구는 뒤지면 뭐든 나오는 일종의 무질서한 보물창고 비슷한 곳이었다. 이 책의 저자와는 취향이 다르겠지만, 그렇게 진지하지만은 않은 문방구도 좋았다. 문방구는 대개 수만 가지의 자잘한 물건들이 (무질서하게) 쌓여 있는 곳이었다. 주인은 저런 더미에서 어떻게 우리가 원하는 것을 찾아낼까 싶을 정도로. 그래서 아이들이 제일 쉽게 들어갈 수 있는, 편안하게 구경할 수 있는 곳이 문방구 아니었을까.

특이하게도 중학교 첫 학기에 펜글씨 수업이 있었다(무슨 호랑이 담배 먹던 시절 이야기인지!). 펜촉과 펜대, 잉크병을 가지고 다녀야 했다. 아마 스테인리스였을 금속으로 만들어진 펜촉은 이 책에서 인용한 위고의 불평처럼 꺼끌꺼끌하고 길이 잘 들지 않아서(!) 내 펜글씨는 글씨인지 게가 기어가다 엎어진 자국인지 모를 지경이었다. 그런데 옆짝의 필기장을 보니 너무나도 늘씬하게 균형 잡힌 펜글씨가 완성되어 있는 게 아닌가. 그 아이가 쓰는 모습만 봐도 그 펜촉은 너무나 우수해 보였다. 애, 내 것이랑 한번 바꿔 써보자. 그러나 슬프게도 그 우수해 보이는 펜촉을 써도 내 글씨는 달라지지 않았고 그 아이는 "아, 네 것 참 매끈하게 잘 나가네, 촉감도 부드럽고"라고 말했다. 결국 문제는 펜촉이 아니라 펜촉을 쥔 내 손에 있는 것을.

하지만 악필에도 불구하고 펜과 종이에 대한 관심은 사라지지 않았다. 글씨를 잘 써보겠다는 기대는 일찌감치 접었지만 문방구에서 펜을 고르고 있으면 나는 항상 무한긍정주의자로 변신한다. 어쩐지 내가 뭔가를 잘하게 될 것 같은, 내가 어떤 가치 있는 일을 할 도구를 손에 쥐게 될 거라는 소리 없는 흥분감이 스멀스멀 피어오르는 것이다. 문구점, 옛날식으로는 문방구에 가는 것은 그 기분을 다시 느끼기 위해서인지도 모른다.

그런데 이 책은 그런 추억의 환기만이 아닌 다른 방식으로도 문구류에 대해 이야기한다. 문구류가 발전해온 과정을 추적하면서 그 설명 위에 그것을 쓰는 사람들의 삶의 모습을 싣는 것이다. 그것은 곧 발명품과 사용자가 이루는 하나의 거대한 문화다. 의상이나 음식도 그러하겠지만, 문구류도 그냥 하나의 물건에 그치지 않고 삶의 방식을 규정해주며 문화를 파악하고 평가하게 해주는 지표 역할을 한다. 한자문화권에서는 신언서판身言書判이라고 하여 인간을 평가하는 중요한 척도 가운데 하나로 글씨를 꼽았으며, 글씨를 쓰게 해주는 도구를 문방사우文房四友라고 하여 의인화하고 귀한 친구처럼 중히 여기지 않았던가. 문방사우를 논하는 문화에서 자란 우리가 문구류를 그냥 하나의 무생물, 소모품, 소비재로만 취급할 수 없는 것은 당연한 일이 아닐까 싶기도 하다.

연필을 쓰는 문화와 붓을 쓰는 문화는 얼마나 다를까. 우리가 흔히 사인펜이라 부르는 것, 이 책에서 말하는 펠트팁 펜 혹은 파이버팁 펜은 연필 혹은 펜과 붓의 특성을 결합하려는 시도에서 출현했다. 지금은 정말 붓처럼 휘어지는 펜도 있다. 붓의 문화와 펜의 문화가 여기서 성공적으로 만난 것일까. 그렇게 말하기는 힘들다. 붓이 현재 우리의 일상적인 필기도구는 아니니까. 일단은 펜(만년필, 볼펜 등)이 크게 우세한 상황이다. 동양의 전통적인 필기도구가 서양 문물에 밀려났다고는 할 수 없다. 서양에서도 20세기 전반까지만 해도 교육과정에 반드시 포함되던 펜글씨 훈련이 지금은 거의 없어졌으니까. 편리함의 추구가 다른 모든 것에 승리했기 때문이라고 해야겠다.

작가 로알드 달이 작품을 쓸 때 제일 선호한 필기구는 딕슨 타이콘 데로가 연필이었다고 한다. 존 스타인벡은 블랙윙 602 연필이 있어야 마음 놓고 글을 썼다. 《송라인》의 저자 브루스 채트윈과 헤밍웨이는 몰스킨 공책에 영감을 적어나갔다고 한다.

몰스킨 공책이 유명해진 뒤 사람들이 그것에 대해 갖게 된 애착이 오로지 공책 자체의 품질 때문일까. 처음에 문인들이 쓰기 시작했을 때 그들은 아마 품질 때문에 계속 썼을 것이다. 그런데 그들이 썼다는 사실이 알려지고 난 뒤에는 품질 요인에 플러스알파가 더해진다. 헤밍웨이를 좋아하는 사람들은 성지순례를 하듯 그가 썼던 공책을 구하려고 애쓴다. 물론 그런 식의 성지순례 행위에 흥미가 없거나 오히려 배격하는 사람들도 많다. 그래도 스타인벡의 소설을 읽으면서 그가 썼던 블랙윙 연필로 좋은 구절에 밑줄을 긋다 보면 나름대로 감동이 더해질 수도 있다. 반대로 월든 호숫가의 현자 데이비드 소로가 연필 공장을 경영했다는 사실을 알면 신비의 은자隱者 같던 그의 인상이 조금 엷어질까. 설마 그렇지는 않겠지.

이 책에서 이처럼 눈에 띄는 점은 문구류에 대한 집요한 관심에서 출발하면서도 그것들이 당시 사람들이 가졌던 삶의 관심사에 어떻게 관련되는지를 지켜보는 따뜻한 시선이다. 저자는 처음에는 아주 주관적인 관심사, 어렸을 때부터 문구점에서 맛본 즐거움을 돌이키는 데서 시작하여 하나의 문구류에서 자연스럽게 다른 문구류로 넘어가고, 그것이 어떻게 현재와 같은 모습으로 우리 손에 들어오게 되었는지를 유연하고 은근하게 말해준다.

예를 하나 들어보자. 지우개에 대해 이야기하는 5장은 영화 〈이레이저헤드〉의 이야기로 시작한다. 그러면서 오해를 막기 위해 실제로 지우개가 발명된 과정을 서술한다. 사람들은 지우개 달린 연필이 좋은가, 지우개와 연필을 따로 쓰는 게 좋은가에 대해 왈가왈부하기도 했다. 연필과 지우개는 그냥 단순한 소비재로만 끝나지는 않는다. 어떤 조각가는 대표적인 미국산 지우개인 전설적인 핑크 펄을 모델로 하는 거대한 조각을 만들어 이 시대를 대표하는 물건, 그 시대의 상징의 하나로 규정했다(접착용 퍼티인 블루택, 노란색 접착식 메모지인 포스트잇도 같은 성격의 예술 작품으로 변신한다). 특수 지우개인 잉크 지우개로 넘어오면 문제가 복잡해진다. 처음에는 작은 칼 같은 것으로 잉크 자국을 긁어냈지만, 잉크를 지울 일이 많아지자 오타 지우개, 잉크 지우개는 꼭 필요한 사무용품이 되었고 그런 맥락에서 수정액, 수정 테이프가 발명되었다. 그런데 이런 수정용품을 살짝 사악하게 활용하면 어떤 일이 일어날까? 대답은 서류 위조, 사기. 그렇게 하여 리어나도 디캐프리오가 주연한 영화 〈캐치 미 이프 유 캔〉의 실제 주인공인 프랭크 애버그네일의 이야기로 넘어간다. 저자는 애버그네일이 혹시 아버지가 경영하던 문구점에서 자라는 동안 지우개와 스카치테이프가 가진 위조 능력의 유혹에 항복한 건 아닐까라고 조금은 지나치게 너그러운 이해심을 보인다.

그러니까 영화 〈이레이저헤드〉로 시작하여 역시 영화 〈캐치 미 이프 유 캔〉으로 끝나는 수미상관식의 구조를 통해 지우개를 주제로 하는 이야기가 물이 흘러가듯 유연하게 읊어지는데, 그것은 단지 지우개의 발전사가 아니라 그것을 통해 보는 우리 생활사의 한 조각이다.

하지만 이 책이 주목하는 것은 펜과 종이 같은 기본 범주만이 아니라 포스트잇, 형광펜처럼 예전에는 필요성조차 느껴지지 않았던 물건이 일단 발명되고 나서는 미처 생각지 못했던 쓰임새가 사람들에게 각인되어 필수품이 되고 사람들의 생활 속으로 빠르게 침투해 들어와 삶의 일부가 되는 측면이다. 그런 것의 발명자들은 단순한 물건이 아니라 그런 것을 사용하는 삶의 방식을 발명한 것이다. 그런 제품은 이미 있던 수요를 충족시키기 위해 개발되는 것이 아니라 아직은 존재하지 않는 수요를 새로 만들어내고 완전히 새로운 분야를 개척한다.

스타빌로 보스 형광펜의 개발자 권터도 그처럼 새 펜으로 이루어지는 새로운 행동의 영역을 열고자 했다. 형광펜은 없어도 상관없지만 책을 읽을 때 일단 쓰기 시작하면 그 효용에 금방 길들어 없으면 안 되는 물건이 되어버렸다. 포스트잇이 없었을 때 사람들은 그냥 본문 한쪽에 작게 메모했다가 지우거나, 일반 메모지를 끼워두거나 했다. 썼다가 지우려면 연필과 지우개가 있어야 하는데 그런 것이 없을 때도 많을 것이고 또 번거롭다. 일반 메모지를 끼워두면 빠져나가서 잃어버리기 쉽고, 풀이나 테이프로 붙여두면 나중에 떼기도 곤란해진다. 포스트잇은 그런 불편함을 단번에 해결해준다. 생각해보면 이 책에서 다루어진 문구류들은 대다수가 그렇다. 종이 클립, 압정, 스테이플러, 서류함, 홍보용 문구류…… 없으면 안 되는 것은 아니지만 있으면 아주 편리해지는 것들. 그런데 생각해보면 문구류만이 아니라 우리 주위에 널린 일상용품, 또는 문화라는 것 자체가 본질적으로 그렇지 않은가. 의식주처럼 없으면 금방 생명이 끊어지는 것은 아니지만 우리의 유전자 속에 깊이 스며들 없으면 살기 힘든 것이 되어버린 것들의 집합. 문구류도 당당히 그런 문화의 일원이 아닌가.

　간단해 보이는 물건이라도 그 속에 녹아 있는 기술 수준은 상상 외로 높을 수가 있다. 볼펜촉에 들어가는 미세한 텅스텐 공을 정밀하고 균일하게 만드는 데도 높은 수준의 금속세공기술이 필요하다. 지금은 투명한 스카치테이프가 30~40년 전만 해도 훨씬 더 누르스름한 색이었다. 수입품인 스카치테이프는 좀 덜했지만 그 당시의 국산 셀로판테이프는 누렇게 표시가 났고, 테이프 롤 양쪽으로 접착제 찌꺼기가 덕지덕지 삐져나오고, 먼지가 묻어 금방 지저분해졌다. 3M사가 스카치테이프를 개발할 때 바로 그 점이 문제가 되어 눈에 거슬리지 않도록 접착제를 셀로판지에 깨끗하고 투명하고 고르게 펴 바르는 기술을 개발하는 데만도 일 년 가까운 추가 시간이 필요했다고 한다.

　문구점, 문방구에는 그처럼 우리가 채 알아차리지 못했던 첨단기술이 얼마나 더 숨어 있을까. 볼펜 잉크 하나만 보더라도 일반 볼펜에 적합한 잉크, 롤러볼 펜에 적합한 잉크, 수성펜, 만년필에 적합한 잉크가 제각기 다르다. 그런 사소한 차이가 우리 손에 조금 더 편리하고 조금 덜 부담스러운 필기구를 만들어주고, 그리하여 내 손의 일부처럼 익숙해져 평소에는 그 편리함을 거의 의식하지 못하다가 그것이 사라지고 나면, 사라질 위기에 처하면 그때야 비로소 안절부절못하게 된다. 앞에 나온 작가들처럼 바로 그 연필, 그 필기구에 집착하게 되는 것이다. 편리함은 그냥 단순히 얻어지지 않는다. 물밑에서 쉬지 않고 발을 놀리고 있는 백조들처럼.

e북이 등장하고 아마존이 만든 e북 리더인 킨들이 인기를 얻으면서 이제 종이책의 시대는 곧 끝날 것이라는 소리들이 들려왔다. 문구류도 종이책과 비슷한 운명이다. 스마트폰이 펜과 메모장과 플래너를 과연 밀어내게 될까.

이 책의 저자는 종이와 펜이 더는 필요 없는 시대가 될 것인지 걱정한다. 수천 년간 이어져온 데스크탑 문화, 책상과 사무실의 문화가 정말 사라질까. 책의 판매량이 점점 줄어들어 동네 서점들이 살아남지 못하는 것처럼 문구점도 그렇게 사라질까.

그래도 저자는 그렇게 되지는 않을 것이라 생각한다. 편리함을 무기로 하는 볼펜이 대중화되면서 다들 사라질 것이라 예상했던 만년필이 거듭 되살아나고 큰 인기를 누리고 있듯이, 한번 죽었던 몰스킨 공책이 다시 살아나면서 그와 비슷한 다른 공책들도 함께 인기를 누리게 되었듯이, 종이와 펜, 연필의 생명은 그리 쉽게 끝나지 않을 것이라 생각한다.

육체적 존재는 수명이 다하면 사라지지만 기술은 그렇지 않다. "테크놀로지라는 종은 불멸이다." 기술은 새로운 상황에 어떤 식으로든 적응하고 응용되며, 존재의 목표를 재조정하면서 살아남는다.

컴퓨터가 모든 것을 대체하는 날이 곧 올 것처럼 보이고, 이미 태반이 그렇게 되어버린 것 같지만, 그래도 데스크탑은 컴퓨터 작업의 틀을 제시하는 은유로 존재한다. 펜과 공책, 클립, 메모지, 지우개, 가위 등은 기능을 알려주는 아이콘 형태로 컴퓨터 세계에 이미 자리 잡았다. 건축 디자인에서 차갑고 인공적인 유리와 크로뮴이 대세처럼 휩쓸더라도 나무와 흙의 자연친화적인 재료가 가진 따뜻한 장점이 잊히는 것은 아니듯이, e북이 종이책을 전면 대체하는 일은 좀처럼 일어나지 않을 것 같다. 속에 담긴 정보가 종이책의 전부는 아니다. 그것은 책을 읽고 페이지를 한 장 한 장 넘기며 생각하고 되새기는 행위와 인류 문화의 집약체다. 저자가 말하듯이, 물리적인 것은 쉽게 무시되지 못한다. 단순한 것은 강한 생명력과 적응력을 가진다. 종이와 연필은 글을 쓰고 생각을 정리하기 위한 가장 단순한 도구가 아닌가. 또 가죽 장정된 공책과 다이어리가 주는 물리적인 존재감, 나무와 금속과 잉크가 만들어내는 손글씨에서 자판으로 두드려 전자파일로 저장된 자료로는 도저히 얻을 수 없는 뿌듯한 만족감을 느끼기도 한다. 저자는 말한다. 펜은 죽지 않았고 앞으로도 죽지 않을 것이다. 문구류는 영원하다!

차마 저 구호를 따라 외치지는 못하겠지만, 역자도 종이와 펜이 사라지는 상황은 오지 않았으면 좋겠다.

저자 덕분에 오랜만에 문구류에 대한 애정과 호기심을 마음껏 채울 수 있었다. 지금껏 동네 연못에서 혼자 놀다가 문구류 애호가들의 큰 바다를 만나 눈이 휘둥그레진 기분이랄까. 어크로스의 편집부 여러분 덕분에 그 바다에서 마음껏 돌아다닐 수 있었던 것 같다. 책을 소개해주신 김형보 대표님과 생전처음 들어보는 사무용품의 사진과 사용례를 찾기 위해 검색의 늪에 빠져 고생한 박민지 씨에게 감사한다. 이 책을 읽은 사람들이 모두 문구류 애호가가 된다면 즐거울 것 같지 않은가.

2015년 10월 김병화

참고문헌

Frank W. Abagnale, *The Art of the Steal: How to Protect Yourself and Your Business from Fraud* (New York: Broadway, 2001).

Nicholson Baker, *The Mezzanine: A Novel* (New York: Weidenfeld & Nicolson, 1988).

Elfreda Buckland and Donald McGill, *The World of Donald McGill* (London: Blandford, 1990).

Bruce Chatwin, *The Songlines* (New York: Viking, 1987).

Steven Connor, *Paraphernalia: The Curious Lives of Magical Things* (London: Profile, 2011).

Floyd L. Darrow, *The Story of an Ancient Art, from the Earliest Adhesives to Vegetable Glue* (Lansdale, PA: Perkins Glue, 1930).

David Diringer, *The Book before Printing: Ancient, Medieval, and Oriental* (New York: Dover Publications, 1982).

Giorgio Dragoni and Giuseppe Fichera (eds.), contributions by Giovanna D' Amia, Giorgio Dragoni, Giuseppe Fichera, Alessandra Ferretti, Hazel Juvenal-Smith, Armando Petrucci, Augusto Piccinini and Anna Ronchi, *Fountain Pens: History and Design* (Woodbridge: Antique Collectors' Club, 1998).

Henry Gostony and Stuart L. Schneider, *The Incredible Ball Point Pen: A Comprehensive History & Price Guide* (Atglen, PA: Schiffer Pub., 1998).

Philip Hensher, *The Missing Ink: The Lost Art of Handwriting (and Why It Still Matters)* (London: Macmillan, 2012).

Richard Herring and George Croly, *Paper & Paper Making, Ancient and*

Modern (London: Longman, Brown, Green, and Longmans, 1855).

Richard Leslie Hills, Papermaking in Britain, *1488-1988: A Short History* (London: Athlone, 1988).

John Wilfrid Hinde, introduction by Martin Parr, *Our True Intent Is All for Your Delight: The John Hinde Butlin's Photographs: Photography by Elmar Ludwig, Edmund Nägele and David Noble* (London: Chris Boot, 2002).

L. Graham Hogg, *The Biro Ballpoint Pen* (Southport: LGH Publications, 2007).

Virginia Huck, *Brand of the Tartan: the 3M Story* (New York: Appleton-Century-Crofts, 1955).

Dard Hunter, *Papermaking: The History and Technique of an Ancient Craft* (New York: Dover Publications, 1978).

György Moldova, trans. David Robert Evans, *Ballpoint: A Tale of Genius and Grit, Perilous Times, and the Invention That Changed the Way We Write* (North Adams, MA: New Europe, 2012).

Sonja Neef, *Imprint and Trace: Handwriting in the Age of Technology* (London: Reaktion, 2011).

Henry Petroski, *The Evolution of Useful Things: How Everyday Artefacts — from Forks and Pins to Paperclips and Zippers — Came to be as They are* (New York: Knopf, 1992).

Henry Petroski, *Invention by Design: How Engineers Get from Thought to Thing* (Cambridge, MA: Harvard UP, 1996).

Henry Petroski, *The Pencil: A History of Design and Circumstance* (New York: Knopf, 1990).

Herbert Spencer, *An Autobiography* (London: Williams & Norgate, 1904).

Frank Staff, *The Picture Postcard & Its Origins* (New York: F.A. Praeger, 1966).

Ethlie Ann Vare and Greg Ptacek, *Mothers of Invention: From the Bra to the Bomb: Forgotten Women & Their Unforgettable Ideas* (New York:

Morrow, 1988).

Robert Wallsten and Elaine Steinbeck (eds.), *John Steinbeck: A Life in Letters* (Harmondsworth: Penguin, 1976).

Ian Whitelaw, *A Measure of All Things: The Story of Man and Measurement* (New York: St. Martin's, 2007).

JoAnne Yates, *Control through Communication: The Rise of System in American Management* (Baltimore: Johns Hopkins UP, 1989).

옮긴이 **김병화**

서울대학교에서 고고학과 철학을 공부했다. 꼭 읽고 싶은 책을 더 많은 사람들과 함께 읽고 싶은 마음에서 번역을 시작하게 되었고, 그렇게 하여 나온 책이 《음식의 언어》,《행복할 권리》,《증언: 드미트리 쇼스타코비치의 회고록》,《세기말 비엔나》,《파리, 모더니티》,《장성, 중국사를 말하다》,《트리스탄 코드》,《신화와 전설》,《투게더》,《무신예찬》,《웰컴투 뉴스비즈니스》,《두 번째 태양》 등 여러 권이다. 같은 생각을 가진 번역자들과 함께 번역기획모임 '사이에'를 결성하여 활동하고 있다.

문구의 모험

당신이 사랑한 문구의 파란만장한 연대기

초판 1쇄 발행 2015년 10월 21일
초판 6쇄 발행 2023년 7월 1일

지은이 │ 제임스 워드
옮긴이 │ 김병화
발행인 │ 김형보
편집 │ 최윤경, 상태영, 임재희, 홍민기, 김수현
마케팅 │ 이연실, 이다영, 송신아
디자인 │ 송은비
경영지원 │ 최윤영

발행처 │ 어크로스출판그룹(주)
출판신고 │ 2018년 12월 20일 제 2018-000339호
주소 │ 서울시 마포구 양화로10길 50 마이빌딩 3층
전화 │ 070-5038-3533(편집) 070-8724-5877(영업)
팩스 │ 02-6085-7676
이메일 │ across@acrossbook.com

한국어판 출판권 ⓒ 어크로스출판그룹(주) 2015

ISBN 978-89-97379-73-6 03900

만든 사람들
편집 | 박민지 · 교정교열 | 윤정숙 · 디자인 | 오필민 · 본문조판 | 성인기획